国家社科基金重大项目"数字普惠金融的创新、风险与监管研究"(批准号：18ZDA092)

广东省自然科学杰出青年基金项目"时间不一致性投资决策问题的理论及保险实践应用研究"(批准号：2015A030306040)

中国数字普惠金融
热点问题评述
2018 | 2019

———● 曾燕 黄晓迪 杨波 ◎等著

中国社会科学出版社

图书在版编目（CIP）数据

中国数字普惠金融热点问题评述. 2018—2019/曾燕等著.
—北京：中国社会科学出版社，2019.6
ISBN 978-7-5203-4552-1

Ⅰ.①中… Ⅱ.①曾… Ⅲ.①数字技术—应用—金融事业—研究—中国—2018-2019 Ⅳ.①F832-39

中国版本图书馆CIP数据核字（2019）第110373号

出 版 人	赵剑英
责任编辑	刘晓红
责任校对	周晓东
责任印制	戴 宽
出 版	中国社会科学出版社
社 址	北京鼓楼西大街甲158号
邮 编	100720
网 址	http://www.csspw.cn
发 行 部	010-84083685
门 市 部	010-84029450
经 销	新华书店及其他书店
印 刷	北京明恒达印务有限公司
装 订	廊坊市广阳区广增装订厂
版 次	2019年6月第1版
印 次	2019年6月第1次印刷
开 本	710×1000 1/16
印 张	15.25
插 页	2
字 数	235千字
定 价	69.00元

凡购买中国社会科学出版社图书，如有质量问题请与本社营销中心联系调换
电话：010-84083683
版权所有 侵权必究

前　言

2018年是我国数字普惠金融发展历程中看似平凡实则不平凡的一年。站在2019年春天回看我国数字普惠金融的发展，我们感慨良多。2016年G20杭州峰会发布的《G20数字普惠金融高级原则》首次将数字普惠金融界定为"一切通过使用数字金融服务以促进普惠金融的行动。它包括运用数字技术为无法获得金融服务或缺乏金融服务的群体提供一系列正规金融服务，其所提供的金融服务能够满足他们的需求，并且是以负责任的、成本可负担的方式提供，同时对服务提供商而言是可持续的"。可见，数字普惠金融可理解为"数字技术"与"普惠金融"的结合，通过"数字技术"实现"普惠"的目标。早在2005年，普惠金融的概念就由联合国在宣传"小额信贷年"时开始被提起。数字普惠金融的产生和发展是普惠金融事业的里程碑和助推器，标志着普惠金融进入了新阶段。到2018年，数字普惠金融在我国已经发展得如火如荼，无论是政策的鼓励、业界的实践，还是学者们研究的热情，数字普惠金融已经掀起了风头无两的热潮。

然而，数字普惠金融在轰轰烈烈的发展进程中，也暴露出不少经济社会问题，存在一系列风险隐患。无论是P2P"爆雷"潮、"现金贷""校园贷"被严整，还是"相互宝"被下架等，数字普惠金融的热点事件总是牵动着人们的心弦。这一系列数字普惠金融热点问题体现出来的是我国数字普惠金融的创新、风险与监管相互影响和彼此互动。热点事件和热点问题可能是偶然的，但是其中折射出来的深层次原因却可能隐含着中国数字普惠金融发展问题的症结。这正是我们需要深入思考与探析的地方。

因此，本书聚焦数字普惠金融发展的前沿和热点，对2018—2019年中国数字普惠金融的部分热点问题进行了评述，旨在为读者提供数字普惠金融发展至今的一些最新进展和对未来的展望。本书的评述内容涵盖数字普惠金融的多个业态，包括众筹、P2P网贷、消费金融和互联网保险等。本书通过梳理2018—2019年我国数字普惠金融的一些最新热点问题，关注相关的业界实践与政府监管举措，并借鉴国际经验，结合一些学术研究成果与理论，对数字普惠金融的部分业态进行了一些分析、思考和综合评述。在剖析热点事件与问题的过程中，本书努力思索数字普惠金融的价值使命以及在我国发展的困难和挑战，并探索数字普惠金融的发展对其他金融创新、风险管理、监管以及金融消费者能力提升等方面的启示。

我们期望本书的这些探析与评述能够为政府提供一些相关建议，为业界提供一些启发，也为学界提供一些研究课题和研究视角，最终为促进数字普惠金融发展和金融服务实体经济略尽绵薄之力。我们还将持续关注我国数字普惠金融的最新动态，通过对实践的分析和理论的研究，努力推动我国数字普惠金融的发展。在未来，立足中国国情，紧密结合中国实际，有效借鉴国际经验，探寻一条数字普惠金融发展的"中国道路"，向世界讲好数字普惠金融发展的"中国故事"，将是社会各界需要共同努力的重要方向。

曾 燕

2019年3月30日

主要编撰者简介

曾　燕　中山大学岭南（大学）学院，博士，教授，研究方向：数字普惠金融、金融工程、风险管理与保险精算。

黄晓迪　中山大学岭南（大学）学院，博士研究生，研究方向：数字普惠金融、家庭金融。

杨　波　中山大学岭南（大学）学院，博士后，研究方向：数字普惠金融、精准扶贫。

目 录

第一部分 数字普惠金融热点业态聚焦

渗透生活的消费信贷助力平滑消费还是
  透支未来？ ………………………… 黄晓迪 曾 燕（3）

消费金融产品由"普及"到"普惠"的
  探析 ……………………………… 曾 燕 谢 天 刘子吟（24）

现金贷的前世与今生：从乱象到
  转型 ………………………………… 黄晓迪 曾 燕（40）

监管视角下的金融消费者权益保护
  ——基于消费金融领域2018年
  投诉热点反思 ……………… 曾庆霄 杨 波 谢 天（69）

从行业危机反思P2P网贷平台运营模式的困境
  ——兼论对互联网金融平台发展的
  启示 ……………………………… 曹一秋 曾 燕（81）

以史为鉴
　　——P2P网贷发展历程对我国金融创新的
　　　启示 ………………………………… 康思阳　曾　燕（99）

P2P网贷行业监管评析与建议 ………… 曾　燕　吴宇轩（112）

防控风险，服务小微：股权众筹有望打通
　小微融资"最先一公里" ……………… 曾　燕　谢　天（125）

保险科技助力保险普惠
　　——发挥优势，防患于未然 ………… 曾　燕　曾　毅（137）

相互健康保险发展探析
　　——从"相互保"到"相互宝"引发的
　　　思考 ………………………………… 李浩恩　曾　燕（149）

第二部分　数字普惠金融使命与挑战

城商行业务回归本源与地方金融机构发展
　思考 ……………………………………… 陈肖雄　曾　燕（169）

实体企业布局金融的价值与风险
　　——基于"增值"与"脱实"权衡的
　　　视角 ………………………………… 曾　燕　李书萱（186）

金融扶贫中贫困农民金融需求之困
　　——基于金融能力视角 ………… 曾　燕　杨　波　陈凤雨（202）

数字普惠金融服务下沉困境剖析与对策研究
　　——基于金融生态环境视角 …… 杨　波　曾　燕　陈凤雨（217）

后记 ……………………………………………………………（234）

第一部分

数字普惠金融热点业态聚焦

渗透生活的消费信贷助力
平滑消费还是透支未来？

黄晓迪　曾　燕

摘　要

本文研究了在消费金融蓬勃发展的背景下，消费信贷对平滑消费和透支未来的影响，提出了促进消费信贷助力平滑消费与避免透支未来的具体建议。首先，梳理了消费金融蓬勃发展的现状及其喜忧参半的社会经济影响。其次，阐述了适度消费信贷有助于平滑消费。再次，分析了过度消费信贷容易导致透支未来，给出了促进消费信贷发挥平滑消费的积极作用与削弱透支未来的消极影响的政策建议，包括健全征信体系和落实消费金融"场景化"等。最后，总结了适度消费信贷有助于平滑消费、过度消费信贷易导致透支未来对经营信贷的启示。

近年来消费金融[①]蓬勃发展，为广大消费者提供了方便快捷的消费信贷产品和服务。消费信贷[②]已渗透到生活的方方面面——从住房、用车，到电脑、手机，甚至买衣服、看电影都可以分期付款。25岁

[①] 消费金融是面向个人提供消费信贷的金融服务。
[②] 广义的消费信贷主要包括住房贷款、汽车贷款、学生贷款、购物分期付款和纯信用类现金贷款等，狭义的消费信贷指后两类。本文中讨论的消费信贷是广义消费信贷的范畴。

的刘某在天津一家创业公司担任行政助理，2018年她用招商银行信用卡刷了一台联想笔记本电脑，2017年用蚂蚁花呗分24期购买了一部华为P10手机，甚至报名沪江网校的日语课也用的是6期分期的京东白条。① 消费信贷的触角已延伸到人们生活的许多角落。

消费信贷成功地帮助许多消费者实现了消费平滑。例如，律师吴某十分热爱旅游，虽然他工资并不低，但动辄上万元的出游费用也让他有些为难。2017年"十一"假期吴某在"去哪儿"旅行网预订往返机票和酒店住宿时选择了12期分期。分期付款减轻了吴某的用钱压力，避免了消费的太大波动，平滑了消费。②

然而，消费信贷也"误伤"了不少消费者，导致他们透支了未来。例如，初入职场28岁的曲某还在用工资一点一点地"填窟窿"。在北京读研期间，她每月在花呗上动辄花费数千元。因为当时没有固定收入来源，她每月只能还款最低额度，剩余部分自动转下月收利息，如此"滚雪球"。③ 许多消费者都有类似的情况，在使用消费信贷时看似潇洒，却在不知不觉中透支了自己的未来。

通过上文的案例，我们可以看出消费信贷的影响因人而异，可谓"几家欢喜几家愁"。随着消费金融的蓬勃发展，消费信贷与人们的生活越发紧密结合，在社会经济中的地位也日益凸显。那么，消费金融的蓬勃发展究竟对经济社会有何影响？其中，消费信贷对平滑消费和透支未来的具体影响又是怎样的？我们应当如何发挥消费信贷平滑消费的积极作用，削弱其透支未来的消极影响？消费信贷影响平滑消费和透支未来对经营信贷又有何启示？下文将探讨上述问题的答案。

一 消费金融的蓬勃发展喜忧参半

近年来消费金融发展势头迅猛，发展前景可期。第一，消费金融

---

① 资料来源：《人民日报》，http://finance.people.com.cn/n1/2018/1022/c1004-30353817.html。
② 同上。
③ 资料来源：《经济参考报》，http://finance.sina.com.cn/roll/2019-01-29/doc-ihrfqzka2010875.shtml。

市场需求强劲喷发。人们"日益增长的美好生活需要"让消费信贷大受欢迎，2018年消费贷款达37.8万亿元。[①] 第二，消费金融机构纷纷涌现，逐渐形成银行、消费金融公司、互联网消费金融平台、电商消费金融等多方林立的局势。第三，从2018年下半年开始，国务院和银保监会纷纷释放出积极的政策信号，鼓励发展消费金融，促进消费信贷模式和产品创新。[②] 第四，消费金融仍有较好的发展潜力，尤其是以购物分期为代表的短期消费贷款。2018年我国以住房按揭贷款为主的中长期贷款约为短期消费贷款的3.29倍。[③] 中国社科院金融研究所银行研究室主任曾刚指出，这一比例远远高于美国等成熟市场，未来随着市场的发展和升级，短期消费信贷还有不小的增长空间。[④]

但是，在这一派欣欣向荣的景象下也出现了一些不和谐的音符，一些风险隐患开始在人们身边初显苗头，逐步积累扩大。那么，消费金融的蓬勃发展究竟对社会经济有何影响呢？对于这个问题，我们需要辩证地看待。

（一）消费金融蓬勃发展之"喜"

正如前文中所提到的，消费金融的蓬勃发展帮助一些消费者平滑了消费，提高了效用。不仅如此，消费金融的蓬勃发展还有诸多"可喜之处"。

首先，消费金融的蓬勃发展为更多的群体提供了消费信贷服务。2009年以前人们对消费信贷的认知可能还停留在房贷、信用卡以及银行较为严苛的申请条件（固定收入证明、抵押、担保等）。2009

[①] 资料来源：中国人民银行网站，http://www.pbc.gov.cn/diaochatongjisi/116219/116319/3471721/3471763/index.html。

[②] 2018年8月17日银保监会办公厅发布《关于进一步做好信贷工作提升服务实体经济质效的通知》。2018年9月20日国务院下发《关于完善促进消费体制机制，进一步激发居民消费潜力的若干意见》。2018年9月24日国务院办公厅发布《关于印发完善促进消费体制机制实施方案（2018—2020年）》。

[③] 资料来源：中国人民银行网站，http://www.pbc.gov.cn/diaochatongjisi/116219/116319/3471721/3471763/index.html。

[④] 资料来源：《人民日报》，https://www.sohu.com/a/203981003_120702。

年，银监会发布了《消费金融公司试点管理办法》，随后我国首批 4 家消费金融公司应运而生。其后互联网消费金融平台等相继涌现，与之伴随的是不断放低的信贷门槛。受益于"无抵押、无担保"的宽松条件，被排斥在银行大门之外的人们开始越来越多地获得消费信贷。例如，只要芝麻信用满 600 分，有实名认证、支付宝活跃度和一定的支付宝余额，消费者就可以开通蚂蚁花呗。北京某大学的大三学生王某说，他周围 90% 以上的大学同学都使用过消费信贷。①

其次，消费金融的蓬勃发展促进了消费的优化升级②。消费金融促进了"品质化、个性化、体验式"③的消费升级。例如，消费金融帮助肖女士一家提升了生活品质。新购的住房装修完后，肖女士一家资金已十分紧张，但是刚有了孩子的肖女士仍想提升生活品质。通过海尔消费金融 12 期免息的"0 元购"，她购入了海尔旗下令她心仪已久的"双子云裳"洗衣机。这款洗衣机可将大人与孩子的衣服分开洗，提高了肖女士一家的生活品质。④ 再如，消费金融覆盖了旅游、文化、教育、体育、健康、医疗等多领域的消费场景，线上线下结合日益紧密，满足了消费者"个性化""体验式"的消费升级需求。"90 后"的晓某刚开始工作没多少积蓄，但通过申请招商银行的消费信贷产品"薪享贷"，已经实现了环游欧洲的愿望。⑤ 田长海和刘锐（2013）、温雪等（2018）研究表明，消费金融的蓬勃发展的确对消费升级有促进作用。

最后，消费金融的蓬勃发展在一定程度上扩大了内需，拉动了经济增长。近年来我国 GDP 增速节节下降，2018 年已跌至 6.6%。现如今消费作为拉动经济的"三驾马车"⑥ 之一，已经取代投资成为经

---

① 资料来源：《人民日报》，https://news.p2peye.com/article-502683-1.html。
② 消费升级指消费结构的升级，具体是指各类消费支出在消费总支出中的结构升级和层次提高，它直接反映了消费水平和发展趋势，包括从传统消费到新型消费的升级、从实物消费到服务消费的升级、从生存型消费到发展型消费再到享受型消费的升级。
③ 2018 年 10 月 7 日中央电视台"新闻联播"报道，"品质化、个性化、体验式消费引领潮流，消费升级的势头不减"。
④ 资料来源：http://www.sohu.com/a/281772958_429108。
⑤ 资料来源：https://www.zhmf.com/zixun/54671.html。
⑥ 拉动经济的"三驾马车"分别是消费、投资和出口。

济增长的第一拉动力，2018年消费对GDP增速的贡献率是76.2%。①这其中蓬勃发展的消费金融功不可没。在一定程度上，消费金融的蓬勃发展刺激了消费需求的释放。许多学者的研究发现消费信贷的确对消费有正向影响（李广子、王健，2017；李佳等，2018；李江一、李涵，2017；温雪，2018）。

由此可见，消费金融蓬勃发展对社会经济产生了许多积极影响。但是消费金融的蓬勃发展是否百利而无一害呢？答案是否定的。

（二）消费金融蓬勃发展之"忧"

消费信贷是一把"双刃剑"。除了上述积极影响外，消费金融的蓬勃发展也暴露出一系列问题，令人担忧。除了前文提到的消费信贷可能会使部分消费者透支未来，消费金融的蓬勃发展还带来了其他一些风险隐患。

首先，消费金融的蓬勃发展助长了"隐形贫困人口"的超前消费行为，超出了其经济承受能力。什么是"隐形贫困人口"——朋友圈里晒旅游照、住星级酒店、用最新苹果手机，但实际上却没有储蓄，还可能是"房奴""车奴""卡奴""花呗奴"的人群。武晓伟等（2018）指出，"隐形贫困人口"指看起来每天有吃有喝，但实际上是非常穷的人。他们的研究还表明，这一名词总结出一些人群收入与消费不均衡的尴尬境地。例如，从事游戏行业的赵某在2018年支付宝消费共8万元，领先96%的同龄人，饮食消费超2万元，交通出行、文教娱乐也超3万元，其中90%以上都是用蚂蚁花呗支付的。他看似实现了"账单式小康"，却在用税后8000元的月收入支撑着多则上万元的月负债。赵某自嘲自己是工资的中转站，钱刚发到手中就要拿去还款。② 广州白领姚某也面临着同样的情况，尽管一个月的固定债务达7000元，但在2019年2月14日的情人节她还是用信用卡透支了一台价值2000元的游戏机送给男友。姚某表示自己工作三年，

---

① 资料来源：国家统计局网站，http://data.stats.gov.cn/search.htm? s = GDP贡献率。
② 资料来源：《中国青年报》，http://www.chinanews.com/gn/2019/02 - 22/8761342.shtml。

不但没有存款,反而处于负债状态。① 据智联招聘《2018年白领满意度指数调研报告》的数据,两成白领与姚某一样欠下债务。

其次,消费金融的蓬勃发展衍生了虚假宣传、过度诱导等乱象,社会影响恶劣。一方面,变相收费、刻意隐瞒收费信息等行为屡见不鲜。北京消费者胡某于2018年5月欲购买一部价值3000多元的手机。手机店的店员告知他,通过某消费金融平台分期付款不需要很高的利息。但是胡某签合同时还没来得及查看还款方式、每月还款金额等信息,店员就把合同全部拿走了。据店员介绍只需还3600多元,最后胡某发现实际需还款5500多元。② 另一方面,"现金贷""校园贷""套路贷"等乱象频发。"滴滴顺风车命案"司机被爆背负多笔现金贷,③ 早在此前就有因"校园贷"致使大学生跳楼身亡的惨剧发生,④ 此类新闻屡见报端。"校园贷"等现象也引起了政府的重视。⑤

再次,消费金融的蓬勃发展使隐私泄露的信息安全问题更加严重。不少消费者明明没有贷款,却被催收电话、短信频繁骚扰。个人信息被泄露、身份信息被盗用等一系列问题让消费者不堪其扰。2018年,在江苏某医院工作的赵某陆续收到某分期平台的催款短信,但他从未注册过,也未在该平台购买任何商品,之后投诉无果。⑥ 还有后果更严重的案例——巴彦淖尔的于某反映,他的身份证被人盗用在呼市武川县农村信用合作联社贷款5万元且至今逾期,导致他申请房贷、信用卡等都屡屡碰壁。⑦

最后,消费金融的蓬勃发展可能引发系统性金融风险。殷剑峰和

---

① 资料来源:《中国青年报》,http://www.chinanews.com/gn/2019/02-22/8761342.shtml。
② 资料来源:《人民日报》,http://finance.people.com.cn/n1/2018/1022/c1004-30353817.html。
③ 资料来源:《南方都市报》,http://www.sohu.com/a/250133745_161795。
④ 资料来源:河南电视台,http://kid.qq.com/a/20160316/046655.htm。
⑤ 2018年11月3日,时任中国人民银行行长周小川在"钱塘江论坛"上讲道,"过度诱导年轻人提前消费、借贷消费,不仅是一种经济现象、财务状况,也是一种文化现象,是一种人口现象,这可能带来重要的影响"。
⑥ 资料来源:《人民日报》,http://finance.people.com.cn/n1/2018/1022/c1004-30353817.html。
⑦ 资料来源:《内蒙古晨报》,http://www.haodai.net/zixun/127940.html。

王增武（2018）研究发现，美国次贷危机发生的五年前（2002—2007年）有一个重要前兆——居民部门的债务规模上升了39%。对比过去的五年（2013—2018年），我国居民部门债务规模上升了58.55%，是美国的1.5倍。① 中国人民银行的《中国金融稳定报告（2018）》指出，我国居民部门债务风险目前总体可控，但债务积累过快需予以关注。消费金融的迅猛发展在居民债务增长中扮演了不可忽视的角色。在2013—2018年期间，消费信贷在居民部门债务中的比重越来越高，消费贷款占住户贷款的比例从65.37%增长到78.92%。② 因此，我们需要高度警惕消费金融的过快发展可能引发的系统性金融风险。

总的来说，我们需要客观看待消费金融蓬勃发展的这一现象。一方面，它能够帮助一些消费者平滑消费，为更多的群体提供消费信贷服务，促进消费优化升级和拉动经济增长。另一方面，消费金融的蓬勃发展也使部分消费者透支了未来，助长了"隐形贫困人口"的超前消费行为，衍生了行业乱象，加重了信息泄露问题，还可能引发系统性金融风险。下文将聚焦探讨消费信贷对平滑消费和透支未来的影响。

二 适度消费信贷有助于平滑消费③

前文总结了消费金融蓬勃发展的影响是喜忧参半的。在诸多积极影响中，本文主要关注消费信贷对平滑消费的积极影响。孙从海（2003）指出，根据流动性约束理论④，消费信贷有助于平滑消费（前提是适度的消费信贷）。那么是什么掣肘了消费平滑？消费信贷在平滑消费中起到了什么作用？

---

① 资料来源：中国人民银行网站，http://www.pbc.gov.cn/diaochatongjisi/116219/116319/3471721/3471763/index.html。
② 同上。
③ 平滑消费指人们倾向于使自己的一生消费路径平稳，希望将其高收入时期的消费部分转移到低收入时期，以达到消费平稳的目的。
④ 流动性约束理论认为，持久收入假说忽略了现实经济生活中存在的流动性约束，但是消费者可以借助消费信贷来避免消费的锐减。

（一）流动性约束[①]掣肘消费平滑

根据持久收入假说[②]，平滑消费是个体获得一生最大幸福（最大效用）的最优决策。经济学中理性人的目标是一生效用最大化，即获得最大的终生"幸福"。"幸福"的直接体现就是消费，[③] 并且人们希望消费是确定的（大多数人是风险厌恶的）。因此，个体在考虑多期决策时，最优决策是根据个体的持久收入进行跨期资源配置以使消费保持平稳，避免太大的消费波动。通俗地说，一个理性人应将自己一生的收入总和平均到每天来花，就能获得一生的最大"总幸福"。

但是人们在追求美好生活和消费平滑时会受到流动性约束的掣肘。2018年是我国改革开放40周年，人们"美好生活需要"日益增长，但是购房、享受生活，以及抵御风险等需求都会伴随着流动性约束。

首先，巨大的房贷压力收紧了消费的流动性约束。如今我国房价仍然居高不下，住房自有率却高达90%，远远高于美国的64%。[④] 2018年，以住房抵押贷款为主的中长期贷款占住户贷款的60.53%。[⑤] 购房开支的骤增透支了部分居民的消费能力，对消费形成了较强的流动性约束。[⑥] "房奴"在生活中比比皆是，尤其是年轻人。月供"压力山大"的小颜，每个月工资8000元，公积金每月只有2000元，而月供是6600元。她表示有时还需要家里的接济，比如自己买了个新手机，当月就入不敷出了。[⑦]

[①] 流动性约束指经济活动主体（企业与居民）因其货币与资金量不足且难以从外部（如银行）得到，从而难以实现其预想的消费和投资量造成经济中总需求不足的现象。

[②] 持久收入假说是由美国著名经济学家弗里德曼（Milton Friedman，1912—2006）于1956年提出来的。该理论认为，消费者的消费支出不是由他的现期收入决定的，而是由他的持久收入决定的。也就是说，理性的消费者为了实现效应最大化，不是根据现期的暂时性收入，而是根据长期中能保持的收入水平即持久收入水平来作出消费决策的。

[③] 经典经济学假设效用是消费的函数。

[④] 资料来源：Trading Economics。

[⑤] 资料来源：中国人民银行网站，http://www.pbc.gov.cn/diaochatongjisi/116219/116319/3471721/3471763/index.html。

[⑥] 资料来源：中国人民银行，《中国金融稳定报告（2018）》。

[⑦] 资料来源：《人民日报》，https://wap.peopleapp.com/article/897377/915399。

其次，消费金融刺激下的"消费狂欢"加剧了流动性约束。除了火爆的"双十一"，[①] 还有"双十二""6·18年中购物节""3·8女王节"……"乱花渐欲迷人眼"的"消费狂欢"，掀起了全民购物的热潮，同时也加大了消费者的流动性约束，"剁手党""吃土党"成为许多年轻人的自嘲。财务吃紧的窘境令许多消费者"购物剁手一时爽，回看余额两行泪"，难以做到消费平滑。

最后，复杂的背景风险带来的冲击也会收紧流动性约束。收入风险、失业风险、健康风险、死亡风险等带来的冲击都会收紧流动性约束，对家庭和个体的消费和福利造成很大的影响（齐良书、李子奈，2011）。"90后"小夫妻小余和小黄两人的月收入约1.6万元，月供约7000元，小日子过得还算有滋有味。但是自2018年下半年开始，两人都职场失意，收入急剧下滑4000多元。收入风险带来的冲击使小两口只能缩衣节食、放弃精神享受。[②]

由上述分析可知，平滑消费对人们获得幸福十分关键，但是流动性约束却在许多方面阻碍和制约了消费的平滑。那么，消费信贷对掣肘消费平滑的流动性约束有何影响？消费信贷在平滑消费中能够起到何种作用？

（二）适度消费信贷有助于放松流动性约束

流动性约束掣肘了消费平滑，而适度消费信贷能够放松消费者的流动性约束。不同的消费信贷产品在不同的消费场景中都能够发挥这一作用。

适度的消费信贷有效缓解了流动性约束，从而平滑了消费（孙从海，2003）。首先，住房贷款有效缓解了购房的流动性约束，分期付款的使用能够让消费者在买到住房的前提下，使个人和家庭的消费相对平滑。其次，消费信贷能够缓解因"消费狂欢"的短期密集支出带来的流动性约束。现如今各种购物节成为消费的狂欢，却也成了消

[①] 2018年是"双十一"购物节的第十年，2009年"双十一"的成交额只有5千多万元，而2018年天猫"双十一"的整日成交额为2135亿元；2018年"双十一"全网销售额为3143亿元。

[②] 资料来源：《重庆商报》，https：//wap.peopleapp.com/article/3831096/3684175。

费信贷的"主战场",消费信贷在各种购物节大行其道。2018年"双十一",京东白条累计提额达800亿元,每人平均提额3126元;① 花呗也是许多消费者排第一位的支付选择,花呗更给了十次提额的机会。消费信贷为"剁手党"缓解了流动性约束,使其能够将短期内的密集支出平摊在每个月,从而平滑了消费。最后,消费信贷缓解了各种风险、冲击造成的流动性约束。以健康风险为例,据融360的数据,13.27%的消费者使用消费贷款是为了给亲人治病。② 2017年,亚心医院联合东亚银行在湖北省首次推出"医疗消费贷款"。患者的亲属在提供收入、房产、诊断证明等相关材料后,即可申请3万—20万元的低息贷款,有效缓解了患者及其家庭的流动性约束。③

相比于放松流动性约束的其他方式,消费信贷因其诸多优点而备受青睐。除了消费信贷可以放松流动性约束,楚克本等(2018)研究发现,社会保障体系等外部保障机制以及向亲戚、朋友借钱等内部保障机制,也可以放松流动性约束从而平滑消费。但是消费信贷因为其特有优势而深受人们喜爱。首先,消费信贷不用负担人情债,因此有八成消费者借钱首选消费信贷。④ 在北京某媒体工作的李某就认为,消费信贷避免了向亲朋好友伸手借钱的尴尬。⑤ 其次,消费信贷无抵押担保、审核批准速度快。中国工商银行的超短期消费信贷"急用钱"的宣传语就是"急用钱吗?3秒到账,无须等待"。该产品具有随借随还、期限最短为1天的特点,这是为了方便服务超短期内无法周转资金的工行信用卡客户。⑥ 最后,消费信贷申请方式灵活、手续便捷。2018年广东省农信联社发布的互联网首款消费信贷产品"悦农e贷",是与阿里云战略合作的创新成果。"悦农e贷"在广东农信

---

① 资料来源:http://www.sohu.com/a/274648504_100191018。
② 资料来源:http://dy.163.com/v2/article/detail/DPTKILBT0522WI6E.html。
③ 资料来源:华夏经纬网,http://www.huaxia.com/hb-tw/jlhz/jcsx/2017/07/5399054.html。
④ 资料来源:马上消费金融&零壹财经调研数据,http://politics.people.com.cn/n1/2015/1217/c70731-27938562.html。
⑤ 资料来源:《中国青年报》,http://www.chinanews.com/gn/2019/02-22/8761342.shtml。
⑥ 资料来源:《经济日报》,https://mp.weixin.qq.com/s/RER89e94nXU3ug9Q NqBA-kA。

手机银行可获得"一站式"、纯线上的贷款服务,涵盖贷款申请、审批、签约、放款全流程。这款产品安全、便捷、快速,在佛山农商行等试行期间,就获得了客户一致好评和广泛赞誉。①

由此可见,适度消费信贷能够起到放松流动性约束从而促进平滑消费的作用。值得强调的是,只有适度的消费信贷才可能发挥这一积极作用。与之相反,过度的消费信贷则会带来许多消极影响。下文我们主要关注过度消费信贷容易导致透支未来的消极影响。

三 过度消费信贷易导致透支未来

适度的消费信贷有助于平滑消费,然而过度的消费信贷不仅不能平滑消费,还会产生过犹不及的恶果——透支未来。那么,哪些因素会影响过度消费信贷透支未来?过度消费透支未来又有哪些具体危害?

(一)过度消费信贷透支未来的影响因素

究竟是什么因素导致了过度消费信贷行为,从而产生了透支未来的恶果?本文认为,过度消费信贷透支未来的影响因素可从国家、行业和消费者三个层面探析。

在国家层面,影响过度信贷透支未来的因素主要包括信用体系和消费文化。一方面,我国信用体系尚未完善。虽然我国的信用体系建设已经卓有成效,但是不可否认,目前还尚未健全。由于信用"信息孤岛"并未被完全打破,"多头借贷""以贷养贷"过度借贷等行为并未得到完全约束。小孔在大学时因为贪图享受、过度消费信贷,走上了"以贷养贷"的道路,共在72家网贷平台上贷了款。2018年,他刚刚大学毕业就被300万元的债务缠身,不堪其苦。② 直到2018年1月,央行受理了百行征信的个人征信业务申请,旨在将孤立的、隔

---

① 资料来源:《南方快报》,https://wap.peopleapp.com/article/2886118/2774027。
② 资料来源:直播洛阳,https://wap.peopleapp.com/article/rmh3670771/rmh3670771。

绝的信用信息渠道打通。但是，我国信用体系的建设依然在路上。另一方面，如今年轻人的消费观念发生了明显转变，社会消费文化不同往日。"享受消费，活在当下"是很多年轻人的态度。改装全进口Minicooper汽车、购买上万元的日本限量版钢笔。据《天府早报》报道，对于2018年走进大学校园的首批"00后"大学生，电脑、手机、平板早已成了"老三样"，而数码相机、蓝牙耳机、智能手表的"新三样"逐渐成为"标配"。① 年轻人选择"对自己更好一些"，更加追求品质生活，喜爱超前消费，却有很多在不知不觉间就已经发生了过度信贷行为。② 勤俭节约的传统消费文化在当今的社会似乎已被渐渐遗忘。

在行业层面，影响过度信贷透支未来的因素主要包括消费金融机构的行为和行业监管的全面性与有效性。一方面，消费金融机构存在过度诱导等不负责任的行为。在政府的大力打压之下，虚假宣传、变相收费等行为已有所控制，但是对消费信贷的刺激和诱导仍然存在。无孔不入、铺天盖地的广告宣传以及层层诱导的界面设置，都令消费者眼花缭乱、心痒难耐。上海青年鲁某认为，当购物车装满心爱之物，资金又捉襟见肘时，面对唾手可得的消费信贷，很少有人能忍得住。③ 另一方面，行业监管也面临着较大的挑战，监管的全面性与有效性会直接影响消费者的过度信贷行为。对消费金融机构来说，监管层既要严厉打压其诱导过度信贷的不当行为，又要鼓励其促进适度信贷的创新。对于消费者来说，监管层既要管控其不良和过度信贷行为，又要保护消费者的合法权益，促进适度消费信贷。目前，我国消费金融的行业监管已经初见成效，但仍有很长一段路要走。

在消费者层面，影响过度信贷透支未来的因素包括消费者的金融素养、自我控制和心理账户④作用等。在金融素养方面，很多消费者

---

① 资料来源：《中国青年报》，https：//wap.peopleapp.com/article/2319563/2217877。
② 资料来源：海尔消费金融《2018年消费金融报告》。
③ 资料来源：《经济参考报》，http：//finance.sina.com.cn/roll/2019-01-29/doc-ihrfqzka2010875.shtml。
④ 心理账户是芝加哥大学行为科学教授理查德·塞勒（Richard Thaler）提出的概念。心理账户是行为经济学中的一个重要概念。由于消费者心理账户的存在，个体在做决策时往往会违背一些简单的经济运算法则，从而做出许多非理性的消费决策。

没有足够的金融知识，对消费信贷也是一知半解。信用算力董事长兼CEO张某透露，许多初次借款用户被纳入黑名单是因为他们对还款流程不熟悉。[①] 在自我控制方面，过度消费信贷行为更容易发生在自我控制较弱的群体。杨蓬勃等（2014）研究证实了自我控制越强的消费者过度消费信贷行为越少。在心理账户等心理因素方面，人们总是将现在的钱和未来的钱割裂来看（不同的心理账户），有"目光短浅"的"现时偏好型"效用（Meier and Sprenger, 2010）。在花未来的钱时，人们易产生"麻木"的感觉，容易导致过度消费信贷。此外，人们还会对现金和信用卡等支付方式产生迥然不同的心理感受（Raghubir and Srivastava, 2008; Soman, 2001）。相比于现金，信用卡等消费信贷方式会减少人们消极的心理感觉。例如，赵某称花呗的数额更多像是数字的加减法，不像是有真实触感的钱。[②] 曲某也坦白称，用花呗支付时感觉不到心疼，像花的不是自己的钱。[③]

通过上述分析可知，来自国家、行业和个人层面的多种因素都会影响过度消费信贷，从而导致透支未来。那么，过度消费透支未来对消费者有何具体危害？

（二）过度消费信贷透支未来的危害

过度消费信贷透支未来的影响十分恶劣，危害不容小觑。本文将从财富和信用两方面分析过度消费信贷透支未来的主要危害。

过度消费信贷可能导致透支未来财富。据河南广播电视台2018年报道，28岁的农村小伙子小强家庭并不富裕，却十分爱面子。结婚和装修房子时花的十几万元，其中有八万元都是他用几张信用卡透支的。但是面临着每个月的房贷、车贷以及基本的生活开支，小强逐渐无法支撑债务。在他将信用卡全刷爆、所有朋友都借遍，又在50多个网贷平台贷款后，债务已经累积到十几万元，达到透支财富的极

[①] 资料来源：http://www.sohu.com/a/291158493_743535。
[②] 资料来源：《中国青年报》，http://www.chinanews.com/gn/2019/02-22/8761342.shtml。
[③] 资料来源：《经济参考报》，http://finance.sina.com.cn/roll/2019-01-29/doc-ihrfqzka2010875.shtml。

限。最后他还是靠全家人的东拼西凑才还清了债务。① 因此，若消费者过度消费信贷，不加节制和约束地盲目追求"品质"生活，则可能透支未来的财富。消费平滑的本质是通过跨期配置资源使效用最大化。李佳等（2018）研究发现，如果消费者过度消费信贷会过多占用未来的资源，导致未来流动性约束更紧，产生透支未来财富的恶果。

过度消费信贷可能透支未来信用，影响未来生活。许多消费者由于过度使用消费信贷，造成逾期、违约等失信行为，② 形成不良征信记录。这种行为现如今已经越来越无处遁形，而且造成的危害十分严重。

一方面，随着我国信用体系逐步健全，因过度消费信贷而失信的消费者逐渐无法藏身。2018年4月，由央行和发改委牵头的统一社会信用代码制度全面实施，形成了完整统一的主体信用档案。从京东白条的借款额度到共享单车的免押金，"信用网络"已经覆盖到越来越多的角落。③

另一方面，我国对失信人的惩治力度不断加大，过度消费信贷导致透支未来信用酿成苦果。过度消费信贷会对未来的出行、教育、就业、养老等方方面面都造成严重影响，得不偿失。失信人会被国家限制买机票、动车票、高铁票，甚至买房、炒股以及养老金都会受影响，子女也被禁止上重点私立学校。从2013年10月至2018年12月31日，全国法院累计限制1746万人次购买机票，限制547万人次购买动车、高铁票，限制失信被执行人担任企业法定代表人及高管29万余人次。④ 成都法院还联合教育部规定，失信被执行人子女禁止就

---

① 资料来源：河南广播电视台"民生大参考"栏目，https：//wap.peopleapp.com/video/rmh3141144/rmh3141144。

② 信用算力近期联合上海市社会信用促进中心及上海交通大学中国普惠金融研究中心发布的《2018年中国零售金融信用体系报告》指出，很多20—30岁的年轻人在缺乏稳定较高收入的情况下，过度超前消费提升生活品质，导致自己还不起钱背负一身债，最终被纳入黑名单。

③ 资料来源：《人民日报》，http：//opinion.people.com.cn/n1/2018/0629/c1003-30094633.html。

④ 资料来源：《封面新闻》，https：//baijiahao.baidu.com/s？id=1623328964640898085&wfr=spider&for=pc。

读高收费私立学校。① 失信人的惩治领域还在不断扩大，将逐渐覆盖社会保险、知识产权、科研、医疗、婚姻登记等领域。

通过上述分析可知，过度消费信贷容易导致透支未来的财富和信用，对未来生活、就业等诸多方面贻害无穷。前文还剖析了影响过度信贷透支未来的因素，主要包括国家层面的信用体系、消费文化，行业层面的消费金融机构行为、行业监管的全面性和有效性，以及消费者层面的金融素养、自我控制和心理账户作用等。基于以上分析，我们便可有的放矢、对症下药，有针对性地促进适度消费信贷平滑消费的积极作用，削弱过度消费信贷透支未来的消极作用。

四 引导适度消费信贷、谨防过度消费信贷的建议

消费金融应注重高质量发展方能当下有为、未来可期。消费金融的发展应当注重质量，扎扎实实，稳步进行，方能引导消费者适度消费信贷以平滑消费，避免过度消费信贷透支未来。下文提出了促进适度消费信贷平滑消费、抑制过度消费透支未来的六点建议。

第一，政府需要加快健全征信体系，推进联合惩戒体系，构建诚信社会。随着消费金融市场的快速扩张，政府和监管层应当严格控制信用风险。一方面，政府应该推动我国零散、孤立的各类消费金融平台接入百行征信，加快全国统一的征信体系建设，将多头借贷等不当行为扼杀于襁褓之中。另一方面，政府应该灵活运用多种有效执行手段，继续推进多层次、全方位联合惩戒体系，对消费信贷的供给侧和需求侧双管齐下，树立"消费信贷"中"信用"之威严。构建诚信社会的过程中，政府需要注意激励与惩戒并举，同时合理把握信用数据的获取和用户隐私保护的平衡。

第二，政府需要严格监管消费金融机构，贯彻落实消费金融"场景化"。近年来出现的"现金贷""套路贷""校园贷"等种种乱象，其重要原因之一就是丧失了消费场景，不问贷款用途，或者是一味地纵容不良消费场景。政府需要严格监管消费金融机构，将消费金融

---

① 资料来源：《封面新闻》，https://wap.peopleapp.com/article/3602187/3463429。

"场景化"原则落到实处，严防无场景套现。同时，政府还需要谨慎控制有限消费场景，把易产生消费冲动的场景排除在外，进行有效的监管和把控。

第三，消费金融机构需要加强行业自律，努力践行"负责任的金融"。"负责任的金融"不仅体现在保障客户的财产上，更进一步体现在机构能否提供匹配客户金融能力的服务与产品。[①] "了解你的客户"是一个十分重要的准则。这个准则对消费信贷尤为关键，因为在许多消费场景下"无抵押""无担保""快速获得"等特征都加大了风险。因此，一方面，消费金融机构不得刻意诱导过度信贷，不得隐瞒客户，要根据客户的收入、金融素养、信用情况等综合因素进行合理授信、慎重授信、保守授信。另一方面，消费金融机构也需要充分认识到大数据的有偏性和片面性，客观、谨慎地使用大数据客户画像和风控模型。

第四，监管层需要加强对消费者合法权益的保护。在消费信贷的使用过程中，消费者属于合约的被动接受者，一旦选择进入市场，其议价能力相对较低。一方面，许多金融素养较差、金融能力不高、风险意识不强的消费者很容易受到诱导和欺骗。另一方面，随着消费金融与数字技术的日益融合，消费者的隐私保护、信息安全等一系列问题都需要得到有关部门的高度重视。

第五，社会各界需要对消费者加强金融教育，帮助提升消费者金融素养。消费者的金融素养在消费信贷中起到了关键作用。金融素养较差的消费者很难运用好消费信贷这把"双刃剑"，容易过度信贷导致透支未来。因此，社会各界需要共同努力，帮助消费者提升金融素养。不仅政府和学校需要加强相关宣传教育，金融机构更需将金融教育和金融素养的评估常态化、流程化。例如，一方面，在使用消费信贷之前甚至授信之前，消费者需要首先进行金融知识测试和学习金融教育小课程。另一方面，产生逾期、违约行为后，消费者需学习规定时长的金融教育课程，方可重新获得授信等。消费者自身也应当高度重视此问题，努力学习相关知识，提升自身金融素养。

---

① 资料来源：中国普惠金融研究院。

第六，社会各界需要引导适度消费信贷的观念，打造全社会健康信贷的消费文化。如今，消费金融迅猛发展，各种消费信贷工具触手可及，人们很容易迷失在商家的过度宣传中。因此需要社会各界共同努力，引导人们（尤其是年轻人）的消费观念，培养人们健康的消费习惯——既不能不敢使用消费信贷，浪费了其平滑消费的积极作用；亦不能不加节制，过度消费信贷致使透支未来。全社会需要共同营造健康信贷的氛围，打造健康信贷的消费文化，帮助消费者合理适度地运用消费信贷，充分发挥其平滑消费的积极作用，共享经济发展的美好成果。

总的来说，为了发挥适度消费信贷平滑消费的积极作用，抑制过度消费信贷透支未来的消极影响，需要社会各界的共同努力。具体建议包括六点，分别着眼于征信体系、消费金融"场景化"、行业自律、消费者保护、消费者金融素养和消费信贷观念。那么适度消费信贷有助于平滑消费、过度消费信贷导致透支未来对经营信贷有何启示？

五 消费信贷影响平滑消费和透支未来对经营信贷[①]的启示

下文分析了适度消费信贷有助于平滑消费、过度消费信贷易导致透支未来对经营信贷的启示，并基于引导适度消费信贷、谨防过度消费信贷的政策建议，给出了引导适度经营信贷、控制过度经营信贷的建议。

类似消费信贷，经营信用贷款也需适度，过度使用经营贷款易导致资金链断裂、透支企业或个体未来。正如前文所述，一方面，适度消费信贷有助于平滑消费，是因为消费信贷放松了流动性约束。另一方面，过度消费信贷易导致透支未来的财富和信用。经营信用贷款也

---

① 经营信用贷款主要是企业借款人借款用于企业流动资金周转、购置或更新经营设备、原材料、支付租赁经营场所租金、商用房装修等合法生产经营活动的贷款，需要提供企业相关用途证明材料。

有类似的情况,一方面,适度的经营信贷有助于缓释企业或个体户、农户短期内的资金流动性,促进企业和个体户、农户的经营发展。另一方面,过度的经营性信贷加大企业杠杆率,当面临金融冲击、经营不善、积压存货等情况时,易致资金链断裂,透支企业等经营的未来发展和信用。

那么,如何促进适度经营贷款缓释流动性约束,避免过度经营贷款透支未来呢?借鉴对消费信贷的建议,本文认为应当从以下三方面入手:健全征信体系、落实经营贷款"场景化"、提升个体经营者尤其是农户的金融素养,从而助力小微企业发展、农村发展和金融供给侧改革。

第一,政府需要健全征信体系。这有助于发挥适度经营信贷缓释流动性的作用,助力小微企业发展和农村发展。由于传统的经营贷款要求有企业厂房等固定资产抵押物,限制了一些小微企业和个体户、农户等及时得到贷款。最近,"信用"的力量逐渐凸显,经营性信用贷款开始通过缓释资金流动性,渐渐助力小微企业和农户的经营发展。例如,黑龙江税务局与建设银行黑龙江省分行联合推出了"云税贷""税易贷"两款银税互动信贷产品,可以帮助小微企业实现贷款申请、审批、授信、放贷的"一站式"完成。其中,企业的纳税信用状况作为审核的主要内容。2018年,黑龙江省已有2400余家小微企业成功申请到了共约3.5亿元的经营性信用贷款。[①] 再如,在天津市推进、阿里巴巴授信下,天津市农户可以申请经营性信用贷款,包括种养殖业、涉农生产企业两种。[②] 由此可见,企业税收行为、农户信用等信息,都对经营性信用贷款的获取大有裨益。而且需要注意的是,金融机构需要根据信用情况等进行合理授信,促进适度经营信贷缓释小微企业和农村个体户的资金流动性,最终通过金融供给侧改革,促进小微企业和农村发展。

第二,监管部门和金融机构需要落实经营信用贷款"场景化"。

---

① 资料来源:哈尔滨新闻网,https://wap.peopleapp.com/article/rmh2706363/rmh2706363。

② 资料来源:《天津日报》,https://wap.peopleapp.com/article/3402137/3272194。

"场景化"的限制能够护航经营信贷保持适度，避免过度信贷、贷款被挪用等行为。以河南省开封市兰考县为例，2018年5月蚂蚁金服参与其普惠金融建设，在短短四个月内就该县农户累计发放信贷近亿元，授信额度超3亿元。顺利的放贷进展离不开经营信贷的"场景化"。蚂蚁金服紧紧围绕"场景化"，从用户实名信息、淘宝交易地址等判断用户所在地，并通过相关数据对农户的养殖能力、农产品价格等外部环境进行预测分析。① 蚂蚁金服帮助兰考县南马庄村29岁的彭某解决了鸡饲料的资金问题，南马庄村信用合作社负责人范某也为村中超市经营而获得了信用贷款。②

第三，社会各界需要共同努力，提升个体经营者尤其是农户的金融素养。金融素养在经营信用贷款中也起到了十分关键的作用。只有具备一定的金融素养，个体经营者尤其是农户，才可能适度运用经营信贷，避免过度使用经营信贷。一方面，金融素养的提升有助于个体经营者适度运用经营信贷。江苏省常熟市蒋巷村的一位养猪大户缺乏资金买猪饲料，但是由于缺乏金融素养，对经营信贷产品不了解，他只能干着急。还好该养殖户的情况被中国农业银行常熟分行任阳支行的职员平某了解到，紧接着平某帮助该养殖户申请到了无担保、无抵押的200万元信贷，雪中送炭。另一方面，具备金融素养可以帮助个体经营者避免过度经营信贷。黄某是北京市的一位农民，因开设一个养猪场向农村信用社贷款。因为贷款额度不够，又缺乏金融素养，他被信用社主任误导地借用了4个身份证贷款。最后经营失利，黄某无法偿还，反而损害了自己及四个同乡的信用。③ 因此，社会各界需要共同致力于提升个体经营者金融素养，充分发挥经营信贷缓解资金流动性的积极作用，避免透支未来的消极影响。

参考文献

［1］Meier S., Sprenger C., "Present – Biased Preferences and Credit

---

① 资料来源：《人民日报》，https：//wap. peopleapp. com/article/2327731/2226109。
② 案例来源：《天津日报》，https：//wap. peopleapp. com/article/3402137/3272194。
③ 资料来源：https：//m. sohu. com/a/163037537_ 220639。

Card Borrowing", *American Economic Journal: Applied Economics*, 2010, 2 (1): 193 – 210.

[2] Raghubir P., Srivastava J., "Monopoly Money: The Effect of Payment Coupling and Form on Spending Behavior", *Journal of Experimental Psychology: Applied*, 2008, 14 (3): 213.

[3] Soman D., "Effects of Payment Mechanism on Spending Behavior: The Role of Rehearsal and Immediacy of Payments", *Journal of Consumer Research*, 2001, 27 (4): 460 – 474.

[4] 楚克本、刘大勇、段文斌:《健康冲击下农村家庭平滑消费的机制——兼论外部保障与家庭自我保障的关系》,《南开经济研究》2018年第2期。

[5] 李广子、王健:《消费信贷如何影响消费行为?——来自信用卡信用额度调整的证据》,《国际金融研究》2017年第10期。

[6] 李佳、谢芸芸、田发:《消费示范效应下消费信贷对消费行为区域差异性影响研究》,《消费经济》2018年第6期。

[7] 李江一、李涵:《消费信贷如何影响家庭消费?》,《经济评论》2017年第2期。

[8] 龙海明、钱浣秋:《消费信贷对城镇居民消费水平的平滑效应——基于PSTR模型的实证分析》,《南方金融》2018年第5期。

[9] 齐良书、李子奈:《与收入相关的健康和医疗服务利用流动性》,《经济研究》2011年第9期。

[10] 孙从海:《消费信用理论研究与经验考察》,西南财经大学出版社2003年版。

[11] 田长海、刘锐:《消费金融促进消费升级的理论与实证分析》,《消费经济》2013年第6期。

[12] 温雪:《社会资本、消费信贷与农户家庭消费》,《消费经济》2018年第4期。

[13] 武晓伟、王成龙、吴枋伶:《"隐形贫困"与青年群体生活态度的转变》,《中国青年研究》2018年第12期。

[14] 夏谦谦:《互联网消费金融对我国居民消费升级的影响分析》,

《中国物价》2018年第2期。

［15］杨蓬勃、朱飞菲、康耀文：《基于自我控制的消费文化对消费信贷影响研究》，《财经研究》2014年第5期。

［16］殷剑峰、王增武：《分配差距扩大、信用扩张和金融危机——关于美国次贷危机的理论思考》，《经济研究》2018年第2期。

消费金融产品由"普及"到"普惠"的探析

曾　燕　谢　天　刘子吟

摘　要

本文分析了消费金融产品普及却尚未充分普惠的乱象和实现普惠的重要意义,阐述了政府、消费金融机构和金融消费者该如何助力消费金融产品由普及走向普惠。首先,概述了消费金融产品来源多、门槛低和覆盖面广的主要特征。其次,分析了许多消费金融产品有违"适当、有效"的普惠内涵。再次,阐明了消费金融产品实现普惠对金融消费者和行业的重要意义。最后,从政府、消费金融机构和金融消费者三个层面给出了消费金融产品由"普及"到"普惠"的建议,并阐述了消费金融产品的普惠之路对我国数字普惠金融体系建设的启示。

2018 年 1 月 29 日,武汉某大学研究生罗某自缢身亡,手机信息显示其在招联消费金融、贷上钱与借贷宝等 13 个借贷平台共欠下 5.2 万元债务,而他也因无力偿还而选择自杀。[①] 2018 年 8 月"乐清顺风车司机杀人案"震惊全国。据警方通报,行凶者钟某曾在 51 家借款

[①] 资料来源:https://baijiahao.baidu.com/s?id=1591292115060137440&wfr=spider&for=pc。

机构贷款并拖欠还款，当时已陷入山穷水尽之境地。① 种种惨剧的发生让"野蛮生长"的消费金融行业进入人们的视野。② 近年来，随着数字普惠金融的发展，消费金融产品在迅速普及的同时也成为不少人生悲剧的推手。普及的消费金融产品呈现出哪些特征？消费金融产品为什么要由"普及"走向"普惠"？金融消费者、消费金融机构③和政府如何共同努力使消费金融产品走向普惠？消费金融产品的普惠之路对我国普惠金融体系建设有何启发？下文将对上述问题进行探讨。

一 迅速普及的消费金融产品

近年来，在政府对普惠金融的支持和数字技术广泛运用的背景下，消费金融产品得到迅速普及。从金融公司到小贷公司，大量消费金融机构都相继推出消费金融产品。2010年，我国个人消费性贷款余额为7.39万亿元人民币，2018年已达到37.79万亿元。④ 普及的消费金融产品呈现出来源多、门槛低与覆盖面广三大主要特点。

第一，消费金融产品来源多。2010年之前商业银行是人们消费信贷的主要来源，但如今消费金融产品的来源却多种多样。以机构性质划分，⑤ 提供消费金融产品的消费金融机构至少包括消费金融公司

---

① 资料来源：https://www.huahuo.com/news/201808/57797.html。
② 本文讨论的"消费金融"特指狭义消费金融，也被称为"狭义消费信贷"（以下简称消费信贷），是面向自然人提供用以消费的信用贷款的行为，但不包括住房贷款和汽车贷款。消费金融产品则是指非银行消费金融机构为消费者提供的以消费为目的的贷款。本文之所以主要讨论不包括银行消费信贷的消费金融产品，是因为银行消费信贷业务模式成熟，相对风险较小。
③ 这里的消费金融机构指提供消费金融产品的放贷机构，主要包括消费金融公司和小额贷款公司。
④ 资料来源：https://www.qianzhan.com/analyst/detail/220/190125-21047d2f.html。
⑤ 此处根据提供消费金融产品的机构性质划分消费金融产品的来源。此外，根据中国普惠金融研究院发布的《中国数字普惠金融发展报告解读（五）》，消费金融产品的来源还可通过平台的运行模式划分。如今，中国提供消费金融产品的平台主要有以下三种运行模式：以电商平台为核心（电商平台旗下的小贷公司）、以自有产业为核心（如海尔消费金融公司）与无场景依托（大部分小贷公司）。这样的划分模式更有利于对不同类别的消费金融产品进行风险评估。

和小额贷款公司（以下简称小贷公司）。① 根据中国人民银行的统计数据，截至2018年年底我国共有27家持牌消费金融公司和8133家小贷公司。② 这些消费金融机构提供的消费金融产品也非常多样，包括"无场景"和"有场景"两类。"无场景"产品无须金融消费者进行担保和抵押，以"现金贷"为代表。"有场景"产品则需要人们提供卖品和卖场的相关信息，此类产品的代表是电商平台推出的信用卡式"消费工具"，知名的有"花呗"。

第二，消费金融产品对金融消费者的门槛低。在国家政策对普惠金融的鼓励下，消费金融产品对金融消费者的门槛逐渐降低以求能覆盖普罗大众。其中以"无抵押，无担保"为特征的"无场景"类产品可称为低门槛产品的代表。这类产品虽然名称各异，但它们拥有共同的典型特征，就是只需金融消费者提供其身份信息，就能迅速获得贷款。无论"现金贷"，还是"分期贷"，几乎所有符合年龄要求的人都可获得贷款资格。18岁以上的学生或65岁以下的老人即使低收入或无收入也可顺利获得贷款。小额贷款公司的借贷程序非常简单，根据"360借条"的官网指引，年满18岁的金融消费者只需"下载APP"和"激活额度"就可以直接借款，最快5分钟就可到账。③

第三，消费金融产品的覆盖面广。消费金融产品在数字技术的辅助下实现了"借款人群多层次覆盖，线上线下场景多维度覆盖"。过去商业银行主要注重于向"金字塔顶端"的客户提供消费信贷，而消费金融公司更注重"金字塔中部"客户的贷款需求，小贷公司则更勇于"下沉"并注重"金字塔底部"客户的贷款需求。消费金融公司和小贷公司的线上推广力度都很大。它们常常在搜索引擎和社交媒介上发布广告，依托于电商平台的消费金融公司或小贷公司可以轻易向用户宣传自己的"消费金融产品"。打开京东电商平台购买商品

---

① 消费金融公司是指不吸收公众存款，为中国境内居民个人提供以消费为目的的贷款的非银行消费金融机构。小额贷款公司是由自然人、企业法人与其他社会组织投资设立，不吸收公众存款，经营小额贷款业务的有限责任公司或股份有限公司。

② 资料来源：http：//www.pbc.gov.cn/diaochatongjisi/116219/116225/3752847/index.html。

③ 资料来源：https：//cdn‐daikuan.360jie.com.cn。

时，在显眼处可以看到宣传"京东白条"①的广告。对于互联网无法覆盖到的乡村，消费金融公司和小贷公司还会安排业务员进行走访式宣传。以网络小贷公司利信快捷金融为例，其在四川省的16个地级市设置了网点，同时地级市的网点还会派出业务员走访乡镇推广公司的"现金贷"。②

"来源多""门槛低"和"覆盖面广"的消费金融产品目前非常普及——从城镇居民到农村居民、从年轻人到老年人，消费金融产品覆盖了不同地域和不同年龄的群体。提供消费金融产品的机构将"产品普及"作为实现普惠的噱头，但事实却并非如此。

二 消费金融产品"普及"却不够"普惠"的乱象

消费金融产品历来被人们寄予"普惠"的厚望，但在我国其普惠之路却有诸多坎坷。其实普惠金融的起源与消费金融产品密不可分。普惠金融的第一次实践是20世纪70年代的格莱珉银行。该银行创立的目的便是给极度贫困的农民提供小额贷款，使他们能够维持温饱，在满足基本生活的基础上迈上脱贫致富的道路。这些小额贷款有一部分与消费金融产品性质相似，开启了普惠金融的先河，也说明了消费金融产品与"普惠"的密切关联。2006年，联合国定义"普惠金融"为"以可负担的成本为有金融服务需求的社会各阶层和群体提供适当、有效的金融服务"。③其中的"适当、有效"是普惠的重要内涵，既指提供与服务对象偿还能力相匹配的产品，也指提供的产品可以给服务对象带来积极作用。然而令人叹惜的是，如今相当一部分消费金融产品虽然有较高的普及度，但却违背了"适当、有效"的普惠内涵，存在一些乱象，梳理如下。

---

① "京东白条"是京东推出的一种先消费、后付款的支付方式，但要求顾客在京东电商平台上使用。顾客可以享有最长30天的延后付款期与最长24期的分期付款方案。
② 资料来源：利信快捷金融官网，https://www.lixin360.com。
③ 普惠金融（inclusive finance）由联合国2005年在宣传"小额信贷年"时开始被提起。

（一）消费金融产品过度授信现象严重

消费金融产品往往过度授信，授予金融消费者远超其偿还能力的贷款额度。当查询"360借条"的"现金贷"时，醒目处就显示着"算算我能借多少"的按钮。点击计算后，我们发现一位从未办过信用卡且没有收入来源的大学生首次借款额度可达1万元，一位60岁且每月只有1000元退休金的老人竟可借款5万元，这显然超过了他们的偿还能力。[①] 在13家消费金融机构欠下5.2万元的罗某长期处于待业状态，也不应有如此高的借款额度。同时，由于一些小贷公司并未接入中国人民银行征信系统，[②] 各公司之间征信并不流通，所以金融消费者还有可能向多家公司贷款。这或许是罗某能向13家公司贷款的原因。远超偿还能力的授信额度严重违背了普惠金融的"适当"原则，行业的不良贷款率也随之激增。由图1可知2017年国内消费金融公司的不良贷款率是2012年的14倍以上。

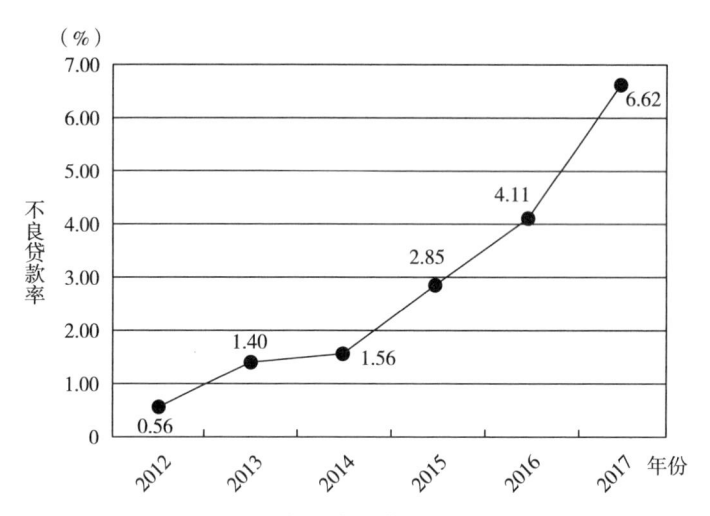

图1 2012—2017年国内消费金融公司不良贷款率

资料来源：易宝研究院《2018年消费金融行业发展研究报告》（2018年统计尚未完成）。

---

① 资料来源："360借条"官网，https://cdn-daikuan.360jie.com.cn。
② 中国人民银行征信系统包括企业信用信息基础数据库与个人信用信息基础数据库，主要使用者是商业银行和其他金融机构。

(二) 部分消费金融产品成为"套路贷"

根据最高人民法院在 2018 年 8 月 1 日发布的《关于依法妥善审理民间借贷案件的通知》[①],"套路贷"被描述为"通过虚增债务、伪造证据、恶意制造违约与收取高额费用等方式非法侵占财物的诈骗行为"。如今的消费金融行业中存在许多"无场景依托"的小贷公司,为了获得高额利润运用种种手法包装产品,对金融消费者隐瞒或欺诈。《最高人民法院关于审理民间借贷案件适用法律若干问题的规定》[②] 限制了借贷双方约定的年利率不得超过 36%,且超过部分的利率无效。然而如今"无场景"产品时常巧立名目收取高昂的费用,折算成年利率则远高于 36%。即使有法律的保护,金融消费者往往迷失于冗长的合同,难以从复杂的复利规则、逾期制度及服务费制度中发现漏洞,更难以维护自己的合法权益。

更为严重的是,与"套路贷"联系在一起的还有不当催收。由于金融消费者担负不起除本金外的高额费用,消费金融机构往往通过骚扰电话、威胁甚至暴力手段催收。不当催收对金融消费者自身和家庭都造成了极大的负面影响。如今被严打的"校园贷"就是典型的例子。[③] 在"聚投诉"平台上可以看见很多关于不当催收的投诉,投诉对象包括消费金融公司、小贷公司和涉及借贷的电商平台。其中投诉量最大的"马上消费金融"2018 年总投诉量达到 6051 件,"ofo 小黄车"达 4926 件。[④] 不当催收正是投诉的焦点之一。不当催收严重干扰了金融消费者的正常生活,违背了"适当、有效"的普惠内涵。

---

① 《关于依法妥善审理民间借贷案件的通知》,http://www.sdcourt.gov.cn/nwglpt/2349373/2525901/2671922/index.html。
② 该法律于 2015 年 6 月 23 日在最高人民法院审判委员会第 1655 次会议上通过。
③ 陈浩等(2019)指出,"校园贷"是一种专门对在校学生开放的消费金融产品。其申请容易,无须担保抵押也可获得不菲的资金。许多大学生由于诱惑选择贷款却无力偿还,面临"暴力催收""裸照威胁"和巨大的心理压力,最终选择自杀。2017 年 9 月 6 日教育部发文表示"任何机构不允许向在校大学生发放贷款"。2018 年 12 月 24 日审计署审计长胡泽君再次强调该问题。
④ 资料来源:"聚投诉"官网,ts.21cn.com。此处特别指出 ofo 小黄车也涉及小贷。

(三) 过度普及的消费金融产品影响社会风气

消费金融产品泛滥会对社会的消费观、价值观乃至安定和谐造成严重影响，对年轻人的影响尤其恶劣。自杀的研究生和疯狂的滴滴司机都只是个例，但他们是受影响群体的缩影。一方面，我们应当警觉许多年轻人已被消费金融产品拉下泥潭。在他们心中，消费金融产品方便省事，是通向奢侈享乐的捷径。在《国际金融报》2017 年 12 月的报道中，[1] 受访的小贷公司负责人表示该公司"逾期率超 50%"，可谓触目惊心。更为可怕的是逾期者大多是年轻人。根据上海交通大学中国普惠金融创新中心发布的《2018 年中国零售金融信用体系报告》[2]，消费信贷的逾期者主要是 20—30 岁的年轻人。根据"海尔消费金融"发布的《2018 消费金融报告》[3]，在该公司 33 个城市的 450 万客户中，35 岁以下的用户超过 80%，且集中在经济发展水平不高的三线城市。就借款用途来说，排前三位的分别是"美容""旅游"与"手机"。过度普及的消费金融产品一定程度上腐化了年轻人的思想，使不少年轻人沉迷于不劳而获的物质享受。另一方面，许多小贷公司尚未进入中国人民银行征信系统，所以金融消费者更轻易地"有借无还"，当"老赖"而不为失信埋单。如今的小贷公司往往对"逾期率"讳莫如深，但若是长此以往，靡靡之风盛行，我国的社会风气将受到很大影响。

综上，从不合理的信贷额度、大行其道的"套路贷"到对社会风气的负面影响，消费金融产品在实践中呈现出不少乱象，给金融消费者、消费金融机构和国家都带来极大危害。若消费金融行业想要给大众和社会带来更正面的影响，就必须"由乱而治"，促进消费金融产品由"普及"走向"普惠"。

---

[1] 资料来源：http://finance.sina.com.cn/money/bank/bank_hydt/2017-12-02/doc-ifyphkhk 9548422.shtml。

[2] 资料来源：https://baijiahao.baidu.com/s?id=1622914170306444983&wfr=spider&for=pc。

[3] 资料来源：http://finance.ifeng.com/a/20181116/16575881_0.shtml。

三 消费金融产品由"普及"到"普惠"的重要意义

中国普惠金融研究院提出金融行业应向顾客提供适当的、信息透明的和结构合理的产品。这些提法与"适当、有效"的普惠内涵不谋而合，也表明了消费金融产品由"普及"到"普惠"的重要性。消费金融产品的服务对象是普罗大众，承载着金融消费者对未来的期许。若能保证消费金融产品的普惠，可以进一步满足人们对美好生活的需要，也有助于消费金融行业的稳步发展。消费金融产品由"普及"到"普惠"的重要意义具体如下。

（一）普惠的消费金融产品可满足"美好生活需要"[①]

普惠的消费金融产品可以做到对金融消费者的贷款需求进行甄别，助力其满足"美好生活需要"。2018年8月18日银保监会办公厅发布《关于进一步做好信贷工作提升服务实体经济质效的通知》指出："要积极发展消费金融，满足人们日益增长的美好生活需要"，而普惠的消费金融产品正有助于达到这一目的。其实农民和城镇低收入人群都是消费金融产品的需求者，他们有许多"美好生活需要"。[②]根据利基研究院2018年1月发布的《农村消费金融趋势研究报告》，如今我国农村人口不仅满足于温饱，还希望通过向消费金融机构贷款合理提高生活水平。[③] 对城镇低收入人群来说，他们既可以用贷得的款项购置价格较高的耐用品，又可购买课程充实自身，锻炼职业技能或是提高文化素质。2018年下半年网络教育机构"万门大学"就与分期消费贷款产品"京东白条"联合推出了无息贷款购买"终身VIP"的活动，金融消费者可向"京东白条"无息贷款15000—20000元购买"万门大学"的"终身VIP"，从此可以观看平台上线的所有

[①] "普惠"的内涵已在前文"二"中第一段指出，此处不再赘述。
[②] 资料来源：http：//www.cnki.com.cn/Article/CJFDTotal - XAJR200912031.htm。
[③] 资料来源：http：//www.199it.com/archives/670622.html。

网课。① 这是消费金融产品普惠的范例,也是行业未来发展的重要方向之一。

(二) 普惠的消费金融产品有助于进一步激发市场潜力

虽然前文指出了消费金融产品的"普及"引发了不少乱象,但消费金融产品仍有较大市场潜力。"普惠"的产品也是开拓消费金融市场和进一步激发市场潜力的重要助力之一。虽然种种乱象让消费金融产品似有"泛滥"之嫌,但的确还有许多"适当、有效"的贷款需求亟待被满足。根据"AI投研邦"和"雷锋网"联合发布的报道,消费金融产品还远未能满足"三农"及乡镇的贷款需求。② 这些需求非常迫切,也对金融消费者有利,正是普惠的消费金融产品应当满足的。同时,对比我国与发达国家的数据,也能发现消费金融行业仍有很大的发展空间。目前,我国消费信贷余额仅有美国的40%,消费信贷占GDP比重约12%,远低于美国等发达国家20%的平均水平。③ 当我们展望未来时,各类人群对普惠消费金融产品的需求依旧强烈,规范化后的消费金融产品极具市场潜力。2018年9月24日,国务院办公厅发布《完善促进消费体制机制实施方案(2018—2020年)》,方案指出应当发展消费金融,助力居民的积极消费需求。如果消费金融产品能做到"适当、有效",则无疑会更好地服务金融消费者,消费金融行业也可以实现"可持续性发展"。而若行业只注重"量"的提升而不注重产品的"适当、有效",其发展就绝非长远之计,并且会对社会的很多方面造成负面影响。

综上所述,普惠的消费金融产品能够在造福大众的同时促进行业长久发展,进而实现繁荣。不过消费金融产品由"普及"到"普惠"的道路绝非一蹴而就,而是需要政府、消费金融机构和金融消费者的不懈努力。

---

① 资料来源:http://shop.m.jd.com/?shopId=666722。
② 资料来源:https://mp.weixin.qq.com/s/btjviBOFIfei_O-BVj6qZw。
③ 资料来源:易宝研究院《2018年消费金融行业发展研究报告》,http://zj.ctoutiao.com/985333.html。

四 助力消费金融产品由"普及"到"普惠"的建议

消费金融产品实现普惠需要政府、消费金融机构和金融消费者的共同努力。政府与监管部门应进一步规范行业制度、健全信用体系、落实金融消费者教育与权益保护。消费金融机构应提供与消费者金融能力相匹配的产品。金融消费者本身虽然无法改变消费金融产品的类型,但应当提升金融素养和自控能力,理智选择适合自己的消费金融产品。唯有三方的共同努力方可促进消费金融产品由"普及"走向"普惠",更好地在我国普惠金融体系中发挥积极作用。[①] 对三方的具体建议详述如下。

(一)政府应进一步完善监管制度,积极开展金融教育

政府的监管和金融教育对消费金融行业的发展十分关键。商业机构天然趋利,容易忽视"普惠"内涵,而完善的监管制度可有效减少乱象。同时,政府也应加强对金融消费者的金融教育力度,建设全社会的金融教育长效机制。

首先,政府监管的关键在于从源头上防止"套路贷"的滋生。如今政府及有关部门已在严厉打击"套路贷"等行为,但"打击"不应只表现在审理案件方面,还应追根溯源。"追根溯源"指要对各消费金融机构日常业务完善规范措施。如果要保留"现金贷"类产品,有关部门就应该规定其从产品描述、合同签订到收费规则都应公开透明,以备审查。同时,有关部门要完善具体到个人的问责制度。如今许多消费金融机构的底层业务员往往在诱骗金融消费者借贷后跑路,企图逃避责任。有关部门除严格监管消费金融机构外,也应当督促各机构建立对业务员的作业规范,促使其谨慎放款。

其次,政府及有关部门应进一步完善信用体系的建设。Zilberfarb

---

① 普惠金融体系源自 2005 年联合国宣传"小额信贷年"时提出的概念,其含义与普惠金融类似,是能有效、全方位地为社会所有阶层和群体提供服务的金融体系。

(1989)指出,信用体系可有效控制透支业务的风险。信用体系应包括征信体系、失信惩戒制度和守信激励制度三个方面。完善的征信体系是消费金融机构建立有效风控模型的基石,全面有效的征信数据可以帮助消费金融公司降低欺诈和道德风险。国家一直强调征信体系建设的重要性,但目前我国的征信体系还不完善。中国人民银行征信系统虽已覆盖8.7亿人,但其中只有3亿余人有被收录的信贷记录。[①]然而由互联网金融公司牵头成立的百行征信使征信覆盖率有所提升,弥补了一部分人群的信用空白,但还是无法做到对大众的全面覆盖。政府应进一步完善征信体系的建设,提高人群覆盖率与信息覆盖面。同时,合理的失信惩戒制度可以有效遏制消费金融市场的逾期现象。监管部门绝不能放过金融消费者"浑水摸鱼",化身"老赖"的行为。2018年发布的《关于对失信主体加强信用监管的通知》发出了对失信人员的警告信号,提出要加强建设"一次失信,处处受限"的格局,这对习惯性失信人群具有一定的震慑作用。但是失信惩戒措施力度不够,依旧是现今消费金融市场的"老大难"问题。我国应进一步落实失信惩戒制度,增加失信代价,确保消费金融市场的有效运行。此外,政府也应尽快建立完备的守信激励制度。正如2016年国务院发布的《关于建立完善守信联合激励和失信联合惩戒制度加快推进社会诚信建设的指导意见》所述,政府应当"褒扬诚信",给诚实守信者以公共服务、行政审批等各方面的优惠。当守信激励制度与失信惩戒制度双管齐下,我们有理由相信金融消费会更倾向于选择诚信。

最后,政府与有关部门应积极推动金融知识教育的普及。金融教育被纳入国民教育体系是提升未来公民金融素养最直接有效的方法,也能最大限度地普及金融知识,能为公民未来的金融素养打下良好的基础。同时,金融教育开展应采取线下线上相结合的模式。线下模式是推进金融教育的基础,也是金融消费者较为信任的模式。调查显示,金融消费者习惯于向相关消费金融机构咨询,并且认为金融知识

---

① 资料来源:https://mp.weixin.qq.com/s/UECopkpQMnI9XcTtwNYz-A。

获取最有效的途径之一便是网点宣传。① 但是线下模式也有成本较高、覆盖率低等显著弱势（蔡浩仪等，2012）。正是囿于线下宣传的成本，现今多数金融教育主要以"金融月"等形式进行，缺乏可持续性。而线上模式则能很好地弥补这一点不足。互联网能用很低的成本持续地覆盖大众，线上金融教育一般更具互动性与趣味性，更易为大众所接受。正如深受欢迎的支付宝"答答星球"，其运用用户对决、答题闯关等方式普及金融安全知识，短短20天内参与用户数突破两亿。

（二）消费金融机构应改良消费金融产品运行机制

消费金融机构对消费金融产品运行机制的改良应集中在四个方面。一是要着力发展风险更低的产品种类；二是要提供与顾客偿付能力相匹配的消费金融产品；三是要加强多方合作机制；四是要提高数字技术的友好度。下面将分点阐述。

在消费金融产品设计方面，消费金融机构应着力发展风险更低的"含场景"产品。如今的消费金融产品主要包括"无场景"和"含场景"两类。前者主要由无场景依托的小贷公司提供，不需金融消费者提供消费用途和卖场信息，风险控制的难度很大。薛洪言等（2017）也指出，"无场景"的业务模式是消费金融乱象发生的主要原因。相比之下，"含场景"产品通常由消费金融公司或电商平台等机构提供，需要顾客给出卖场和商品的信息，并由公司或平台进行审核备案，对消费场景的需求有效防止了借款赌博、借款传销等高危违法行为的发生。同时，上述机构自身也有充足渠道获取金融消费者的信息，风控更有把握。消费金融公司与中国人民银行征信系统对接，随时可以查询金融消费者的征信信息。电商平台则掌握了金融消费者在该平台上所有的消费记录。另外，以"消费贷"和"分期贷"为代表的"含场景"产品其利率较低且大多针对教育产品或大件生活必需品。这样的产品需求量很大，且对金融消费者的生活质量有切实的提高作用，兼备普惠特征与市场潜力。

---

① 资料来源：《消费者金融素养调查分析报告（2017）》。

在对服务对象的甄别方面，消费金融机构应提供与金融消费者偿付能力相匹配的消费金融产品。各消费金融平台在授信时需合理计算金融消费者的偿付能力，要考虑其偿还贷款的同时是否能负担基本的生活成本。以美国的"工资贷"①为例，Bhutta（2014）指出，"工资贷"起初以金融消费者的月工资为限计算其偿付能力，但之后改为按照金融消费者月工资的一定比例计算偿付能力，这便将金融消费者的生活成本纳入了考虑范围。在合同签订方面，消费金融行业可以模仿保险业做法，在签订借款合同之前要用面谈或电话录音的方式再次告知签约者合约内容。机构方业务员应当对关键问题进行提问，确定签约者清楚各条款后才签订合同。此后双方都应该保留录音作为具有法律效力的证据。

在消费金融机构的运营方面，各机构应进一步强调"多方合作"的概念。资金方、技术方和场景方的三方合作不失为一种好的机制。曾经大热的"助贷模式"②说明消费金融行业已经形成多方协作意识，但是其引爆的风险使监管机构对其做出严格的监管规定。"助贷模式"逐渐被"龙头企业"的金融科技服务取代。近日，蚂蚁金服和京东数科等头部公司将重点从 to C 转向 to B，再次肯定了多方合作的必要性。消费金融机构提供低成本的资金，而金融科技公司则提供一套"从端到端"的全流程业务方案。两方"术业有专攻"，将形成优势互补的良好局面。同时，一些地方性消费金融机构本身具有更为优惠的政策与成熟的线下渠道，可以更好地向未被互联网覆盖的"长尾人群"提供消费金融产品。如此可以实现"线上线下全覆盖"，以更大的优势和更低的风险发展消费金融行业。

在技术方面，消费金融机构应提升数字技术的友好度以达到"技术普惠"③的目的。消费金融行业的扩张得益于数字技术的应用，但

---

① 工资贷（payday loan）指的是一个月内的短期"现金贷"，即贷款者承诺在自己发薪水后立即偿还贷款。

② "助贷模式"指消费金融平台与金融科技公司合作，平台提供资金，金融科技公司则对借贷者进行资质审核并对消费金融产品进行风险控制。但由于金融科技公司资质良莠不齐，该模式还存在较大改进空间。

③ 2017年马云提出"技术普惠"，意指把核心技术变成大众可简单操作的产品，使科技为人所用。

如今不少消费金融机构的客户端难以操作，对广大使用者不够"友好"。这容易造成使用者频繁的操作失误，不仅降低了他们的满意度，还容易引起纠纷。在2017年11月16日的第三届世界互联网大会上，阿里巴巴集团董事局主席马云表示要"着力推进技术普惠，让普通人用得好互联网技术"。① 蚂蚁金服旗下的"分期工具""花呗"就始终致力于提升其数字技术的友好度。该产品刚上线时曾因操作提示不显著等问题让许多消费者在使用支付宝时误开通了"花呗"，引起用户强烈不满。所幸该团队痛定思痛，其后不断提高客户端的操作便捷性和提示显著性，终于将"花呗"做成了饱受用户信任的消费金融产品。"花呗"的经验告诉我们，提升数字技术的友好度可有效提升用户的操作体验，减少用户对产品的不满。这有利于机构与消费者建立互信、长久的发展。

（三）金融消费者应提升金融素养和自控能力

消费者应当提升金融素养和自控能力，并了解与消费金融产品有关的法律法规。宫兆辉（2018）指出，消费者增加消费知识和信用意识可有效降低消费金融行业的风险。首先，消费者若具备基本金融素养，便不会轻易被带有误导性的贷款广告迷惑，同时也因为了解基本法律法规而可以甄别合法产品和"套路贷"。然而根据中国人民银行发布的《消费者金融素养调查分析报告（2017）》，② 填写问卷的18600名消费者在"贷款知识"模块的客观题正确率仅为52%，而更有65%的消费者认为自己不具备足够的金融素养。这足见我国消费者的金融素养亟待提升。消费者首先应当对消费金融产品有基本的了解，至少在贷款前了解给自己提供产品的机构性质和目标产品的全部收费规则。其次，消费者也应当知晓与消费金融有关的重要法规，比如民间借贷不超过36%的年化利率限制。这既有助于消费者避开消费金融产品中的陷阱，又使消费者遭遇"套路贷"后能利用法律维权。最后，

---

① 资料来源：https://baijiahao.baidu.com/s?id=1563277081151230&wfr=spider&for=pc。
② 资料来源：http://www.financialnews.com.cn/gc/201707/t20170714_120974.html。

消费者也应当提升自控能力，理智评估自己能承受的还款压力，尽量不要因享乐而过度透支。

在政府、消费金融机构和消费者的共同努力下，消费金融产品有望在2019年从"普及"逐步走向"普惠"，造福大众的同时促进经济发展。本文对消费金融产品由"普及"到"普惠"的探析同样也对我国数字普惠金融体系的整体建设有所启示。近年来，我国数字普惠金融取得了长足的发展。门槛较低、面向大众且以互联网为媒介的新型金融产品如雨后春笋般纷纷诞生，但大多数产品不约而同地陷入"爆雷"的困局。[①] 从网贷产品到各类众筹产品，金融产品的确越来越普及，对大众的可得性变高了，但从"普及"到"普惠"仍任重道远。现今我国的普惠金融体系需要"去芜存菁"。2017年9月22日，时任中国人民银行副行长的易纲在中国普惠金融国际论坛上就曾指出，"要发展负责任的金融，消费金融机构应秉承促进社会公平发展的理念提供金融产品"，[②] 这番话实有洞见。金融产品光"普及"远远不够，不可被归为"普惠金融"的范畴。唯有各类新型金融产品的运行机制臻于完善、政府的监管制度趋向健全，再加之金融消费者自身的金融素养和法律意识也逐渐提升，我国的数字普惠金融体系才可被建设得更加完善。

参考文献

［1］ Bhutta N., "Payday Loans and Consumer Financial Health", *Journal of Banking and Finance*, 2014（47）: 230 - 242.

［2］ Zilberfarb B. Z., "Overdraft Banking: An Empirical Analysis", *Journal of Banking and Finance*, 1989, 13（6）: 869 - 881.

［3］ 蔡浩仪、徐忠：《消费金融、信用分配与中国经济发展》，《金融

---

① 2015年众筹发展至极盛，但随后由于非法集资的隐患受到严格限制。2018年前，P2P网贷发展十分迅速，但2018年6月起大量P2P网贷平台陷入兑付危机，形成"爆雷潮"，直接影响数百万投资者，涉及金额超439亿元人民币。资料来源：https://www.01caijing.com/article/25911.htm。

② 资料来源：https://www.sohu.com/a/193933247_734123。

研究》2005年第9期。

［4］陈浩、周永、常婉婷:《"校园贷"风险防范与教育引导机制研究》,《法制博览》2019年第3期。

［5］宫兆辉:《我国互联网消费金融的风险防范研究》,《经济师》2018年第12期。

［6］薛洪言、陶金:《现金贷变局》,《清华金融评论》2017年第6期。

现金贷的前世与今生：从乱象到转型

黄晓迪　曾　燕

摘　要

本文研究了我国现金贷的重重乱象、监管举措与现金贷的风险和价值，提出了现金贷创新转型的具体建议。首先，梳理了我国现金贷发展历程中的重重乱象及其成因。其次，分析了我国现金贷的监管举措与监管的内在逻辑和实施成效。再次，阐述了现金贷存在的种种风险与其社会经济价值，指出现金贷有其存在和发展的客观需求。最后，从监管护航和行业创新两个角度给出了现金贷转型之路的建议，包括完善金融监管和金融法制体系，加快征信体系建设，加强金融消费者金融教育，创新改进现金贷产品设计以及加强行业信息共享和行业自律等。

2018 年，现金贷监管之火正旺，现金贷乱象却如野草一般烧之不尽。监管重拳之下，仍然有不少现金贷平台①花样频出，顶风作案。2018 年 5 月 30 日，互联网金融风险专项整治工作领导小组办公室向

---

① 现金贷平台指提供现金贷业务的平台，一般由银行、消费金融公司、小额贷款公司、网络小额贷款公司、P2P 网贷平台等机构推出。例如，"微粒贷"由微众银行推出，"马上贷"由马上金融（消费金融公司）推出，"曹操贷"由拍拍贷（P2P 网贷）推出。资料来源：https://www.tuandai.com/article/detail_17834.html。

P2P 网络借贷风险专项整治工作领导小组发送了《关于提请对部分"现金贷"平台加强监管的函》（以下简称整治办函〔2018〕59 号文件），点名批评了一些变相违规、违法的现金贷平台，表明了严监管的态度和决心。早在 2017 年 12 月 1 日互联网金融风险专项整治工作领导小组办公室和 P2P 网贷风险专项整治工作领导小组办公室印发《关于规范整顿"现金贷"业务的通知》（以下简称整治办函〔2017〕141 号文件），正式拉开了现金贷业务监管重拳的序幕。整治办函〔2017〕141 号文件下发后，我国现金贷行业开始了大规模的清退和洗牌。

人们不禁疑问，曾经风头无两的现金贷究竟出现了何种乱象？我国现金贷乱象的成因有哪些？监管层又采取了何种监管措施？而现金贷监管的内在逻辑和实施成效如何？此外，虽然现金贷饱受争议，存在种种风险，但是由于其服务对象中包含被传统金融机构[①]所排斥的长尾群体[②]，有其存在的社会需求和价值。那么现金贷转型之路该如何走？现金贷目前尚未有统一定义，本文参考巴曙松等（2018a）的定义将现金贷界定为短期小额、无场景、无抵押的纯信用贷款。[③] 本文将长尾群体界定为被传统金融所排斥从而无法从传统金融机构获取信贷机会的金融消费者。下文将逐一探究上述问题的答案。

一 我国现金贷乱象丛生及其成因

我国现金贷的实践探索早已存在，但是真正使现金贷为人所熟知是 2015 年腾讯推出的"QQ 现金贷"。在短短几年内现金贷的发展十

[①] 根据陈云贤（2018）的定义，传统金融机构主要包括全国性商业银行、证券公司、基金公司、保险公司等机构，具有庞大规模和海量资金，往往无法满足具有差异化金融需求的金融消费者。

[②] 本文长尾群体的概念来自 Anderson（2004）提出的"长尾"（Long Tail）这一概念。Anderson（2004）指出，对于许多产品而言，智能技术正将大众市场转变为数百万个小众市场。虽然每个小众市场很小，但加总起来的业务量比传统的大众市场还要大。因此，未来真正的机会在于服务于"长尾"——数以百万计的各种小众市场。

[③] 需要说明的是监管文件中一般对现金贷加双引号以示强调，本文为了简便不加双引号。

分迅猛,截至 2017 年 11 月 19 日我国现金贷平台共有 2693 家。[①] 然而在这一派繁荣的景象下,现金贷的乱象也引发了社会各界的关注。下文具体介绍我国现金贷发展过程中出现的乱象与其背后的成因。

(一) 我国现金贷乱象丛生

本小节主要集中梳理了 2018 年之前的现金贷乱象。由于 2017 年 12 月的整治办函〔2017〕141 号文件开始对现金贷全面规范整顿,其后现金贷的实践情况会在第二节的监管剖析中具体阐述。通过对现金贷实践的梳理,本文认为我国现金贷的乱象可以概括为以下六个主要方面。

(1) 我国现金贷利率畸高,信息披露不透明。一方面,部分现金贷的实际年化利率畸高。据麻袋理财研究院统计,部分现金贷实际年利率高达 100%—300%。[②] 据叶文辉 (2017) 指出,在 "魔法现金" 平台借款 1000 元 7 天,实际年利率高达 579.37%。[③] 另一方面,如此畸高的实际年利率却往往不为金融消费者所知。现金贷平台大多用日利率进行广告宣传,巧立收费名目、变相提高利率,信息披露不透明。例如,"钱站" APP 一笔 7 天期的 1000 元借款,日利率不到千分之一,看似费用颇低。但该平台还要收取信息认证费、风控服务费等共 96.95 元的 "砍头息"[④],实际到账金额仅为 903.05 元,实际年化利率约为 140%。[⑤]

(2) 现金贷平台普遍用高息来覆盖坏账率。2017 年,严监管政策尚未出台之前,现金贷行业坏账率普遍在 20% 以上。[⑥] 有些现金贷平台的坏账率更能高达 50%,也就意味着放出去的现金贷最多能收

---

① 资料来源:2017 年 11 月 20 日国家互联网金融安全技术专家委员会发布的《我国现金贷发展报告》,http://wemedia.ifeng.com/37820829/wemedia.shtml。

② 资料来源:麻袋研究院,http://www.madailicai.com/static/info/institute/20170417 14 26.html。

③ 资料来源:叶文辉 (2017) 据网贷之家公开资料整理。

④ 砍头息指的是给借款者放贷时先从本金里面扣除一部分钱,这部分钱就叫作砍头息。

⑤ 资料来源:《人民日报》,https://wap.peopleapp.com/article/768734/787829。

⑥ 资料来源:《南方日报》,http://gd.sina.com.cn/zimeiti/2017-04-20/detail-ifyepsra 4832876.shtml。

回一半。① 但是即便坏账率如此之高,现金贷依然利润巨大,"高息覆盖坏账率"成为现金贷行业的流行模式。以趣店为例,趣店创始人罗敏曾表示不还钱也不会催收,就当作福利送给金融消费者了。② 在如此"大方"的创始人治理下,这家 2017 年 10 月在美国上市的集团2017 年全年净利润达到 21.645 亿元,同比增长 275.3%。③

(3) 现金贷多头借贷、"以贷养贷"的共债现象严重。多头借贷是指在多家机构借贷(巴曙松等,2018a)。据百融金服发布的《2017 年现金贷行业分析报告》,有 49.4% 的金融消费者存在现金贷多头借贷的情况。④ 共债是指在多家机构贷款以新贷养旧贷的"以贷养贷"行为。前海征信卅伍研究院"常贷客"产品的数据显示,通过现金贷"拆了东墙补西墙"的"以贷养贷"共债者比例超过 60%。⑤

(4) 不少平台以现金贷之名行"套路贷"⑥ 之实。有些现金贷平台存在"自行放款"行为,有金融消费者反映曾在一些现金贷 APP上"测试"自己的信用额度,但是填完资料后平台就自行将贷款汇款到消费者账户。⑦ 有些现金贷平台会强制金融消费者逾期,不少消费者反映在快要逾期的时候会发生平台故障、客服失联、不提醒逾期等。然而一旦逾期,平台的各项功能便自动复原。此外还有不经金融消费者同意自行展期等层出不穷的"套路贷"诈骗行为。

(5) 部分现金贷平台恶性催收猖獗。许多现金贷平台自行或委托第三方机构进行恶性催收,如通过暴力、恐吓、侮辱、诽谤、骚扰等

---

① 资料来源:《北京商报》,http://finance.ifeng.com/a/20161226/15102607_0.shtml。
② 资料来源:《中国新闻周刊》,https://tech.sina.com.cn/i/2017-11-06/doc-ifynnn sc7191805.shtml。
③ 资料来源:趣店 2018 年 3 月 12 日发布的未经审计的 2017 年第四季度及全年财报。
④ 百融金服是一家利用大数据技术为各级金融机构提供针对个人与小微企业风控服务的高科技公司。截至 2017 年百融金服已服务现金贷平台近千家。
⑤ 资料来源:《每日经济新闻》,https://www.wdzj.com/news/hangye/89890.html。
⑥ 根据最高人民法院 2018 年 8 月 1 日下发的《关于依法妥善审理民间借贷案件的通知》,套路贷定义为通过"虚增债务""伪造证据""恶意制造违约""收取高额费用"等方式非法侵占财物的新型犯罪。
⑦ 资料来源:一本财经,http://www.tmtpost.com/2577010.html。

方式。据 21CN 聚投诉 2018 年度报告，现金贷所属的互联网消费金融是 2018 年第一大被投诉行业，投诉的两大突出问题之一便是恶性催收（另一大问题是利率超标）；2018 年有效投诉量排名前三的马上消费金融、闪银和玖富，都是现金贷的重要提供方。①

（6）个人隐私信息被随意泄露、恶意散播和倒卖。一方面，个人隐私的随意泄露和恶意散播体现在催收中，北京坚果金服科技有限公司被投诉，其旗下"杏仁钱包"的催收人员将消费者的淫秽色情图片散布给通讯录好友。② 另一方面，在现金贷的获客等环节，肆意倒卖用户数据已经成为现金贷业务链条之一。

总之，现金贷在野蛮生长中伴随着乱象丛生，引发了社会各界的争议和担忧。面对影响如此恶劣的现金贷乱象，我们需要深入剖析其背后的成因。

（二）我国现金贷的乱象成因

我国现金贷乱象的成因是综合的、多层次且相互作用的，需要我们客观、全面地看待。下文从宏观、中观和微观三个层面逐一分析我国现金贷乱象的成因。

我国现金贷乱象宏观层面的主要成因是现金贷相关的金融监管缺位，金融法制约束不足和金融环境、金融基础设施较为滞后等。传统金融机构无法覆盖到同样有金融需求的长尾群体，现金贷便是为了满足多样化金融需求的产物之一。但是目前我国的金融监管体系、金融法制体系、金融环境体系和金融基础设施的发展却不能与现金贷的迅猛生长相匹配。

在金融监管体系③方面，现金贷的金融监管缺位。现金贷的暴利

---

① 21CN 聚投诉，简称"聚投诉"，是 21CN 主办的公益性的消费投诉服务互联网平台、中央网信办批准的互联网新闻信息服务公众账号、广东十佳网络公益项目、国内最大的消费投诉公开信息数据库。

② 资料来源：《中国经营报》，https://tech.sina.com.cn/i/2018-03-17/doc-ifyshfuq5336601.shtml。

③ 金融监管体系主要包括对金融机构设立、金融机构资产负债业务、金融政策法规执行落实情况、金融分业、金融市场（如市场准入、市场融资、市场利率、市场规则）等的监管（陈云贤，2018）。

吸引银行、信托、消费金融公司、网络小贷公司、P2P网贷平台疯狂涌入，它们或直接参与，或注入资金。但2017年12月整治办函〔2017〕141号文件之前却几乎没有对现金贷准入、利率等方面的限制。此外，银保监会成立后我国以行为监管为核心之一的双峰监管①特征初显，但并未能进行有效的金融消费者保护等行为监管②，导致了个人数据倒卖、恶性催收等乱象。

在金融法制体系③方面，对现金贷的金融法律界定模糊、金融法制教育缺失，以及金融执法困难等问题给了现金贷乱象滋长的空间。现金贷是短期小额现金信用贷款，然而金融消费者却很难将其与高利贷④、"套路贷"⑤区分开来。这主要有两方面原因。一方面，我国金融法律对现金贷界定模糊，直到整治办函〔2017〕141号文件出台才明确了现金贷应当严守年利率36%的法定红线。凡越此线者，都是以现金贷之名行高利贷之实。另一方面，我国的金融法制教育缺失。因为不具备相关金融法制知识，金融消费者无法准确判断自己是否受到"套路贷"等金融犯罪的欺诈，更难以找到正规有效的投诉渠道进行维权（李鹏、王翠娜，2018）。此外，诸如现金贷金融执法困难等问题也是2018年之前现金贷乱象愈演愈烈的原因之一。⑥

---

① 双峰监管是英国等采用的审慎监管与行为监管分离的模式。2018年3月21日原有的银、保监会合并为银保监会，我国双峰监管特征初步显现。资料来源：华尔街见闻，https://wallstreetcn.com/articles/3250316。

② 行为监管，与审慎监管关注金融机构的稳健经营不同，指的是监管部门通过制定公平的市场规则，对金融机构的经营活动及交易行为实施监督管理，包括禁止误导销售及欺诈行为、充分信息披露、个人金融信息保护、实现合同及交易公平、打击操纵市场及内幕交易、规范债务催收等。行为监管致力于降低金融市场交易中的信息不对称，推动金融消费者保护及市场有序竞争目标的实现。资料来源：21世纪经济报道，http://money.163.com/18/0308/05/DCBR7NRR002580S6.html。

③ 金融法制体系包括金融立法、金融执法、金融司法、金融法制教育等多个方面（陈云贤，2018）。

④ 根据2015年最高人民法院法释〔2015〕18号文件，以是否超过年利率36%作为高利贷的判断标准。

⑤ "套路贷"是指通过"虚增债务""伪造证据""恶意制造违约""收取高额费用"等方式非法侵占财物的新型犯罪。

⑥ 现金贷相关金融政策法规执行落实难的情况将在下一小节"我国现金贷的监管举措和监管剖析"中进行详细分析。

在金融环境体系①和金融基础设施②方面，社会信用体系尚未健全以及金融基础设施的网络化、虚拟化、智能化不足也给了现金贷乱象可乘之机。现金贷属于次级贷款③的一种，因此相比于一般的有抵押、有场景、用途确定等的信用贷款风险更大（黄益平，2018）。我国社会信用体系的建设虽然已经取得了若干关键进展和突破，但是仍有很大的发展空间。全国信用信息共享平台直到2018年6月才联通44个部委和所有省区市，④因此社会信用体系自然无法对2017年迅雷之势的现金贷乱象起到有效遏制作用。此外现金贷具有线上为主、跨区域放款等特征，需要搭配以网络化、虚拟化和智能化的金融基础设施。但是我国金融基础设施却没有提供与之对应的安全科技信息系统、便捷的金融服务网络以及配套的金融程序和标准等。

我国现金贷乱象中观层面的主要成因是部分现金贷平台一味逐利，没有践行"负责任的金融"。"负责任的金融"有两个层次的体现：第一，这体现在机构能否提供匹配客户金融能力⑤的产品与服务。⑥第二，"负责任的金融"体现在对金融消费者信息透明，告知金融消费者其金融行为所需承担的风险和后果。⑦此外，值得注意的是，金融消费者的偿还能力也是需要现金贷平台重点审核的关键条件。下面从三个方面具体阐述现金贷乱象中观层面的主要成因。

首先，部分现金贷平台风控不到位，或风控能力不强，或有意忽视，为很多金融消费者提供了与其偿还能力、金融能力不匹配的产品

---

① 金融环境体系包括经济基础、现代产权制度、社会信用体系、现代公司法人治理结构等（陈云贤，2018）。
② 金融基础设施包括支付清算体系、科技信息系统、金融服务网络、配套设备技术等（陈云贤，2018）。
③ 次级贷款是指向信用较低、收入不高等资质较差的人群发放的贷款。
④ 资料来源：新华社时事资料手册，http：//www.banyuetan.org/ssjt/detail/20180718/1000200033135841531882950257496296_1.html。
⑤ 金融能力不仅包括消费者在金融知识、态度、行为、技能等方面展现的能力（金融素养），还包括消费者获取金融产品和服务的机会，最终在最大限度上获得个人的金融福利（刘国强，2018）。
⑥ 资料来源：中国普惠金融研究院，https：//mp.weixin.qq.com/s/0AdpKCV4t4_E-06zuVazo2w。
⑦ 资料来源：2017中国普惠金融国际论坛，https：//www.sohu.com/a/193933247_734123。

和服务。一些平台向学生、无固定收入人群提供现金贷，这都是不负责任的金融行为（黄益平，2018）。部分平台打着"大数据风控"的旗号，但实际的风控水平堪忧。不少平台申请步骤简单、放款速度快，而几秒到账的背后是形同虚设的风控审核。[①] 甚至对于很多平台来说，在现金贷暴利面前，风控与否都无关紧要。[②]

其次，部分现金贷平台为了追逐暴利，不负责任地刻意误导、弱化提醒、强制逾期、诱导金融消费者过度借贷。为了获取高昂的逾期费，[③] 部分平台有意弱化提醒、强制逾期，很多金融消费者直到收到催收电话才得知自己逾期了。[④] 当金融消费者到期无法还款时，有些平台会提供"再借贷"服务以继续获取展期费用（叶文辉，2017），还有些平台会故意引导金融消费者去其他平台贷款还债。[⑤]

最后，部分现金贷平台形成或参与违规、违法的业务链条。违规、违法的现金贷业务链条具体包括数据倒卖、多头借贷撮合、恶性催收等。[⑥] 这些链条形成的部分重要原因就是一些现金贷平台不负责任地一味牟利，罔顾金融消费者的权益，没有践行"负责任的金融"。

我国现金贷乱象微观层面的主要成因是现金贷金融消费者的信用风险和道德风险相对更大、金融能力更加有限、自我控制更弱等。现金贷的飞速发展离不开长尾群体旺盛的信贷需求。但是这类群体因其种种特征也对我国现金贷乱象推波助澜。

在信用风险和道德风险方面，现金贷面向的大多是无法获得传统信贷服务的群体，信用风险更高。现金贷用户中 20—39 岁的用户占

[①] 资料来源：《北京商报》，http：//finance. ifeng. com/a/20161226/15102607_ 0. shtml。

[②] 资料来源：《经济参考报》，https：//wap. peopleapp. com/article/679824/696968。

[③] 趣分期的服务协议第六条"违约责任"写道：逾期违约金按所有未偿还价款总金额的 1% 为日息进行征收，未到一日按一日计算。资料来源：融 360，https：//www. rong360. com/gl/2016/05/25/100814. html。

[④] 资料来源：2017 中国普惠金融国际论坛，https：//www. sohu. com/a/193933247_ 734123。

[⑤] 资料来源：《经济参考报》，https：//wap. peopleapp. com/article/1156910/1185276。

[⑥] 资料来源：《网贷之家》，https：//www. wdzj. com/news/yc/3865150. html。

比66%，大多数月收入在2000—4000元。[①] 该群体的金融消费者收入普遍偏低，还款能力较弱，信用风险较高。此外，随着现金贷门槛不断降低，也混杂入一些"骗贷"欺诈团伙，增大了道德风险。[②]

在金融能力方面，很多现金贷金融消费者金融能力有限。金融能力不仅包括消费者在金融知识、态度、行为、技能等方面展现的能力（金融素养），还包括消费者获取金融产品和服务的机会，最终在最大限度上获得个人的金融福利（刘国强，2018）。以金融能力中的金融素养为例，一方面，我国金融消费者贷款知识普遍薄弱；现金贷用户整体年轻化、收入低，金融素养更加匮乏。[③] 另一方面，现金贷具有迷惑性的"日费率"以及"砍头息""滞纳金"等名目繁多的费用使实际年利率的计算更加复杂化（王靖一，2018）。这让本身金融能力就有限的现金贷金融消费者更加应对乏力。

在自我控制等方面，现金贷放松了流动性约束[④]，自我控制较弱的金融消费者容易产生过度借贷、过度消费行为（杨蓬勃等，2014）。现金贷的确助长了一些金融消费者的过度消费（巴曙松等，2018a）。例如，刚刚大学毕业的庞某是广州一名公务员，她工资不高，积蓄也不多。但是当发现自己"微粒贷"的额度是5.2万元时，她便用尽额度买了两个奢侈品牌的包，最终陷入难以还款的困境。[⑤]

综上，我国现金贷乱象的成因是多层次、多方面的，既有宏观层面的现金贷金融监管缺位、金融法制约束不足、金融环境和金融基础设施较为滞后等，也有中观层面部分现金贷平台一味逐利、未践行"负责任的金融"，还有微观层面现金贷的金融消费者信用风险、道德风险相对更大等。针对这些成因，我国监管层也出台了一系列监管

[①] 资料来源：一本财经2018年发布的《现金贷行业研究报告》，http://www.sohu.com/a/219937766_740270。

[②] 资料来源：http://www.sohu.com/a/238457483_470097。

[③] 资料来源：央行金融消费权益保护局发布的《消费者金融素养调查分析报告（2017）》计量分析结论指出年龄和收入都与金融素养显著正相关，http://www.financialnews.com.cn/gc/201707/t20170714_120974.html。

[④] 流动性约束指经济活动主体（企业与居民）因其货币与资金量不足且难以从外部（如银行）得到，从而难以实现其预想的消费和投资量造成经济中总需求不足的现象。

[⑤] 资料来源：《南方周末》，https://baijiahao.baidu.com/s?id=1617258861554771932&wfr=spider&for=pc。

政策来整治现金贷乱象。下文将对我国的现金贷监管举措、监管逻辑和监管成效作出具体分析。

二 我国现金贷的监管举措和监管剖析

前文分析了我国现金贷的重重乱象及其成因，现金贷乱象的恶劣影响也逐渐引起了监管层的高度重视，监管层开始频频出手整治。下文将梳理我国现金贷监管的具体举措并深入剖析现金贷监管的内在逻辑和实际成效。从现金贷2015年正式兴起到2018年共4年的时间里，我国现金贷的监管经历了三个阶段的变化。下文将详细阐述三个阶段我国现金贷的监管举措。[①]

（一）我国现金贷的监管举措

现金贷于2015年起作为消费金融[②]的分支之一正式兴起，在监管缺位的背景下野蛮生长。随着现金贷乱象引致的社会经济问题日益凸显，对现金贷的监管经历了由宽松到严厉的转变。下文梳理了我国现金贷监管发展演变的三个阶段。

2015—2016年现金贷并未引起监管层的重视，监管呈宽松和观望态度，现金贷监管缺位。2015年7月8日央行等十部门发布《关于促进互联网金融健康发展的指导意见》（以下简称银发〔2015〕221号文件）。[③] 银发〔2015〕221号文件按照"鼓励创新、防范风险、趋利避害、健康发展"的总体要求和"依法监管、适度监管、分类监管、协同监管、创新监管"的原则，确立了互联网金融七大主要业态的监管职责分工。但是银发〔2015〕221号文件并未对现金贷

---

① 对现金贷的具体监管举措详见附录。
② 消费金融是面向个人消费者提供消费信贷的服务。
③ http://www.gov.cn/xinwen/2015-07/18/content_2899360.htm。其中十部门分别为工业和信息化部、公安部、财政部、国家工商总局、国务院法制办、原中国银行业监督管理委员会、中国证券监督管理委员会、原中国保险监督管理委员会、国家互联网信息办公室。

进行明确定位，有些相近的是网络借贷和互联网消费金融两个业态。①2015年8月6日最高人民法院发布《关于审理民间借贷案件适用法律若干问题的规定》（以下简称法释〔2015〕18号文件），划定了年利率36%的法定红线。②但是现金贷是否适用法释〔2015〕18号文件却有些模糊。③2016年8月17日，原银监会、工业和信息化部、公安部、国家互联网信息办公室制定了《网络借贷信息中介机构业务活动管理暂行办法》，指出网络借贷信息中介机构不得从事发放贷款活动，但也未明确现金贷是否属于这一禁止范围。④

2017年监管层开启对现金贷的全面规整，密集的监管重拳接连落地。2017年4月10日，原银监会发布的《关于银行业风险防控工作的指导意见》（以下简称原银监发〔2017〕6号文件"）中明确提到，要做好现金贷的清理整顿工作，并要求网络借贷信息中介机构依法合规开展现金贷业务，将现金贷划入年利率36%的法定红线内。⑤这是监管层首次提及现金贷。紧随其后2017年4月14日《证券日报》等多家媒体报道P2P网络借贷风险专项整治工作领导小组办公室印发《关于开展"现金贷"业务活动清理整顿工作的通知》，要求全国各省市开展现金贷清理整顿工作，全面摸清风险底数，对P2P网贷平台和网络小贷进行排查和整治。⑥该文件的补充说明还总结了现金贷的四大主要特征：平台利率畸高，实际放款金额与借款合同金额不

---

① 银发〔2015〕221号文件指出，网络借贷包括个体网络借贷（即P2P网络借贷）和网络小额贷款。个体网络借贷是指个体和个体之间通过互联网平台实现的直接借贷，属于民间借贷范畴，受合同法、民法通则等法律法规以及最高人民法院相关司法解释规范。网络小额贷款是指互联网企业通过其控制的小额贷款公司，利用互联网向客户提供的小额贷款。

② http://www.court.gov.cn/fabu-xiangqing-15146.html。

③ 法释〔2015〕18号文件第一条指出，"本规定所称的民间借贷，是指自然人、法人、其他组织之间及其相互之间进行资金融通的行为。经金融监管部门批准设立的从事贷款业务的金融机构及其分支机构，因发放贷款等相关金融业务引发的纠纷，不适用本规定"。

④ http://www.cbrc.gov.cn/govView_37D312933F1A4CECBC18F9A96293F450.html。

⑤ http://www.cbrc.gov.cn/chinese/home/docDOC_ReadView/717B009106CB42BBBD9D6422BD67DC29.html。

⑥ 资料来源及全文可见：零壹财经，http://wemedia.ifeng.com/12754481/wemedia.shtml。

符，无抵押、期限短，依靠高息覆盖风险、暴力催收。这开启了全国各地对现金贷的摸底排查，以上海、深圳和广州为代表，各地相关机构积极响应，搜集违规平台的名单。①

2017年年末一场更加严厉的监管风暴来袭。2017年11月21日互联网金融风险专项整治工作领导小组办公室下发特急文件《关于立即暂停批设网络小额贷款公司的通知》（以下简称整治办函〔2017〕138号文件），特别指出部分网络小贷机构开展现金贷业务存在较大风险隐患，要求各级监管部门一律不得新批设网络小贷公司。② 2017年12月1日，互联网金融风险专项整治、P2P网贷风险专项整治工作领导小组办公室正式下发整治办函〔2017〕141号文件，划定了现金贷更宽泛的特征，包括"无场景依托、无指定用途、无客户群体限定、无抵押"等，但是并未给出现金贷的明确定义。该文件还提出了较为详细的监管要点，包括开展原则、准入门槛、资金来源、参与机构、利率限制等。

2018年的监管工作以落实整治办函〔2017〕141号文件为主，并对"偷天换日"逃避监管的"变种现金贷"进行严厉打击。2018年5月30日，互联网金融风险专项整治工作领导小组办公室向P2P网络借贷风险专项整治工作领导小组发送了整治办函〔2018〕59号文件。该文件指出，"部分平台通过手机回租违规放贷、强行搭售会员服务和商品变相抬高利率、恶意致借款人逾期、虚假购物再转卖放贷等手段，逃避监管，变相开展'现金贷'业务，坑害金融消费者"，要求相关部门对上述乱象进行清理整顿。该文件的附件《现金贷花样不断翻新，"偷天换日"逃避监管》点名指出了"乐回租""M09信用钱包""51闪电购"等平台的违规、违法行为。

综上所述，我国现金贷监管经历了宽松、严管、加强巩固的阶段。在现金贷监管发展演变的过程中，监管举措由浅入深的内在逻辑蕴含其中。同时，不同阶段的监管举措也引发了现金贷不同的市场

---

① 资料来源：上海市互联网金融行业协会，http://www.asifi.com.cn/index.php?m=content&c=index&a=show&catid=61&id=963。

② 全文可见http://www.chinamfi.net/News_Mes.aspx?type=16&Id=42452。

反应。

（二）我国现金贷的监管剖析

前文分析了我国对现金贷的监管经历了宽松、严厉、加强巩固三个阶段。下文将阐述监管转变的内在逻辑及不同阶段监管举措的具体成效和市场反应。

2015—2016 年，对互联网消费金融的政策支持为现金贷营造了相对宽松的监管环境，现金贷在监管缺位的背景下实现了迅猛发展。2015 年 7 月 8 日中国人民银行等十部门发布银发〔2015〕221 号文件以促进互联网金融健康发展。① 2015 年 11 月 23 日国务院出台的《关于积极发挥新消费引领作用，加快培育形成新供给新动力的指导意见》指出，要紧紧围绕消费升级需求，鼓励市场主体提高产品质量、扩大新产品和服务供给。② 2015—2016 年在整体政策环境宽松、监管缺位的背景下，现金贷呈爆发式增长。例如，信而富③ 2015 年 6 月与腾讯合作推出"QQ 现金贷"，实现了规模和知名度的大幅提升。④ 再如"2345 贷款王"⑤ 2016 年现金贷发放总量达到 411.75 万笔，同比增长 2937%；现金贷发放总金额达 62.74 亿元，同比增长 2160%。⑥

2017 年现金贷的猖獗乱象引发沸腾舆情，监管部门频频出手整治，监管举措倾向于"一刀切"。2017 年现金贷迅猛扩张和暴利引起了社会更多关注。"2345 贷款王" 2017 年上半年净利润达 2.38 亿元，同比暴增 4469.09%，毛利率高达 97.12%。⑦ 趣店 2017 年上半年活跃人数

---

① 全文可见 http：//www.gov.cn/xinwen/2015-07/18/content_2899360.htm。其中十部门分别为中国人民银行、工业和信息化部、公安部、财政部、国家工商总局、国务院法制办、原中国银行业监督管理委员会、中国证券监督管理委员会、原中国保险监督管理委员会、国家互联网信息办公室。
② 全文可见 http：//www.gov.cn/zhengce/content/2015-11/23/content_10340.htm。
③ 信而富成立于 2001 年，总部位于上海，是一家专注于国内消费信贷服务的金融科技公司，最初是专门给银行等金融机构提供个人信用评分的技术提供服务商。
④ 资料来源：新流财经，http：//www.bugutime.com/news/4566.html。
⑤ "2345 贷款王"是 A 股上市公司二三四五旗下的现金贷平台，为用户提供最长 30 天、额度在 500—5000 元，日费率为 0.1% 的线上现金贷。
⑥ 资料来源：零壹财经，https：//www.01caijing.com/article/13758.htm。
⑦ 资料来源：凤凰财经，http：//finance.ifeng.com/a/20170820/15588981_0.shtml。

约700万，同比增长了500万人。[①] 2017年4月原银监发〔2017〕6号文件中明确提到要做好现金贷的清理整顿工作，但成效不佳，现金贷依然发展势头不减。2017年10月18日趣店正式登陆纽交所，进入百亿美元市值行列。[②] 11月关于现金贷的负面舆情已然鼎沸，现金贷利率畸高、恶性催收等乱象以及趣店上市等受到舆论的口诛笔伐，网民关于现金贷监管的呼声也越来越高。[③] 于是2017年11月21日和12月1日，整治办函〔2017〕138号文件同整治办函〔2017〕141号文件两大监管重拳分别重磅落地。

以整治办函〔2017〕141号文件为主的2017年监管呈现出雷霆之势和"一刀切"的倾向，这在我国金融监管和法制体系等尚不健全、现金贷平台良莠不齐的背景下总体来看是明智的。整治办函〔2017〕141号文件对现金贷的利率做出了"一刀切"限制，还对准入管理、贷款展期次数、禁止"砍头息"等作出了详细明确规定。此外，整治办函〔2017〕141号文件还对银行业金融机构[④]、网络小额贷款公司和P2P网络借贷信息中介机构的行为提出了严格的具体要求。虽然现金贷有一定的经济社会价值，但总体来看，这种严监管的态势是十分明智的。一方面，这是因为现金贷乱象存在较大金融风险和社会风险隐患。另一方面，我国目前金融监管、法制体系等尚需时日健全，但是目前现金贷平台鱼龙混杂、良莠不齐，金融消费者的金融能力提升也非朝夕之功。在现金贷乱象如此猖獗之时，只有先采取"一刀切"的监管，才可能对现金贷行业拨乱反正。因此，对于现金贷的监管只能先治标，在有效遏制住乱象之后再为治本赢得时间。从现金贷乱象倒逼监管升级到监管迫使现金贷行业洗牌，这只是健康发展的第一步（黄益平，2018）。但是对现金贷整体监管的"一刀切"

---

① 资料来源：《南方周末》，https://baijiahao.baidu.com/s?id=1617258861554771932&wfr=spider&for=pc。

② 资料来源：《证券时报》，http://stock.eastmoney.com/news/1611，201710277890 53452.html。

③ 资料来源：2017年11月20日国家互联网金融安全技术专家委员会发布的《我国现金贷发展报告》，http://wemedia.ifeng.com/37820829/wemedia.shtml。

④ 整治办函〔2017〕141号文件中指出银行业金融机构包括银行、信托公司、消费金融公司等。

也有些不同的声音,有些学者建议按照年利率36%的红线予以区别对待(叶文辉,2017;杨东,2018a)。

整治办函〔2017〕141号文件仍存在模糊地带,2017—2018年严监管之下的逃避监管现象仍然屡禁不止。虽然相比于之前的监管文件,整治办函〔2017〕141号文件的监管要点已经详细了许多,但是仍存在不少模糊地带。例如,禁止"砍头息""综合资金成本"披露、要求"场景依托"等条款,都仍然存在易被某些现金贷平台钻营的模糊不清之处。例如,整治办函〔2017〕141号文件虽然明确禁止从本金中先行扣除"砍头息",但是有些平台在资金到账之后紧接着划走"砍头息"以规避"先行扣除"。再如,2018年5月30日互联网金融风险专项整治工作领导小组办公室发布的整治办函〔2018〕59号文件,指出了一些现金贷平台"换穿马甲",以"手机回租"[①]、强行要求办会员卡或搭售其他商品[②]等手段规避"场景依托"的要求。"变种现金贷"仍然偷天换日,恶性催收问题依然是2018年被投诉的最主要问题之一。[③]

综上可知,由于现金贷乱象极其恶劣的影响和复杂而多层次的原因,现阶段仍需要有力的强监管。但是由于现有的监管条令仍有模糊之处,现金贷平台依然屡禁不止地规避监管、违规运营。在监管与现金贷平台"猫捉老鼠"式的互动博弈中,我们需要意识到现金贷之所以引来监管如此严打,是因为现金贷乱象所蕴含的种种风险。尽管如此,我们也不能全盘否定现金贷存在的社会经济价值。下文将详细阐述现金贷的风险与社会经济价值。

[①] 例如,整治办函〔2018〕59号文件中提到的"乐回租"平台,先以评估价格(即借款金额)回收用户手机,然后将手机回租给用户,并与客户约定租用期限(即借款期限)和到期回购价格(即还款金额),回购价格高于回收价格部分以及相关"评估费""服务费"即借款利息。

[②] 例如,整治办函〔2018〕59号文件指出部分平台强行要求贷款客户办理会员卡、高价购买商品等,变相抬高利率。如"M09信用钱包"会员卡价格199元,有效期7天,如用户借款2000元,14天需还款2028元,名义年化率36%;如算上购卡成本,实际年化率高达291.9%。又如滨州借款人高某在"甲鼎速贷"平台借款过程中,需先以300元的价格购买市场价为40元的炒锅。

[③] 资料来源:《华夏时报》,http://baijiahao.baidu.com/s?id=1604614912326473002&wfr=spider&for=pc。

三 我国现金贷的风险与社会经济价值

前文梳理了现金贷的乱象及其成因，阐述了现金贷的监管举措并剖析了监管逻辑和成效。不可否认，现金贷是一把"双刃剑"，现金贷发展过程中暴露出的乱象的确存在多重风险。虽然饱受争议，但是现金贷的确有其市场需求和社会经济价值。事实上国外有许多类似于现金贷的高利贷形式，[①] 发薪日贷款（以下简称发薪贷）[②] 就是其中的典型代表之一（肖经建，2017）。与现金贷类似的发薪贷也受到社会各界的诸多质疑和争论，经常被拿来与我国现金贷作对比。发薪贷与现金贷有类似的特征、相似的服务人群，但是也有很大的差异。发薪贷与我国现金贷类似，年化利率普遍在400%左右，具有期限短、额度小等特点（巴曙松等，2018b）。但是发薪贷实质是工资抵押贷款（王靖一，2018），而且以线下商店经营为主。这与我国现金贷无抵押、以线上运营为主的特点不同。

国际上对发薪贷的学术研究和监管政策都相对比较成熟。因此，下文具体阐述我国现金贷的风险与社会价值，并将其与国外的发薪贷进行对比。

（一）我国现金贷的重重风险

正如前文所述，我国现金贷存在利率畸高、暴力覆盖坏账、共债严重、恶性催收，以及隐私泄露等乱象，这其中包藏着较大的风险隐患。本文认为，我国现金贷存在的风险可以概括为以下五个主要方面。

（1）现金贷加大了金融消费者陷入债务陷阱的风险。黄益平（2018）指出，我国现金贷涉嫌掠夺性贷款[③]，极易使金融消费者陷入

[①] 我国现金贷中的超短期小额现金贷更类似于美国的现金租赁，都具有超短期小额、无担保、高利息的特点，现金租赁通常15天到期。此外除了现金租赁和发薪日贷款，美国还有汽车所有权贷款、当铺贷款等高利贷形式（肖经建，2017）。

[②] 发薪日贷款，也称薪水预付或者工资抵押贷款，由放贷人提供短期小额、无担保贷款，借款人以此维持到下一个发薪日前的开销，并在发薪日还款（郭新明、孙天琦，2012）。

[③] 掠夺性贷款指以不了解信贷市场且信用较低的群体为目标，是一种有误导性或欺诈性的贷款行为。

债务陷阱。首先,我国很多现金贷平台的贷前审核都极其不规范,导致很多不具备相应偿还能力和金融能力的金融消费者也能获得贷款,增大了其陷入债务陷阱的风险。其次,不少现金贷平台诱导金融消费者多头借贷,鼓励其以旧还新,"拆了东墙补西墙"。最后,许多现金贷平台强制或诱导金融消费者把短期贷款反复展期成长期贷款,加之令人咋舌的高昂逾期费,消费者最终难逃长期债务陷阱。例如,云南某高校的张某 2016 年第一笔现金贷只有 1000 多元,但是随着债务链条的越拉越长,债务雪球越滚越大,最终背上了 7 万多元的债务。[1]

(2) 由于部分现金贷平台风控不到位、多头借贷现象严重,容易使行业的信贷风险聚集。一方面,除了前文所述的部分现金贷平台依仗着畸高利率"零风控"放贷,还有一些现金贷平台,只要金融消费者有大平台(如"微粒贷")的借贷记录,就给消费者放贷。[2] 这更加使行业风险进一步聚集。另一方面,多头借贷易引发"类信用卡危机"的风险(黄益平,2018)。日本刷卡风暴、韩国信用卡危机和中国台湾地区卡债危机都是因为过度发卡、过度授信、重复授信而引致的信用卡危机。[3] 这和我国 2017 年的现金贷乱象有相似之处,不得不令人警惕。

(3) 我国现金贷乱象易引发金融风险传导蔓延,增大局部金融风险。[4] 一方面,由于现金贷的暴利,很多银行业机构纷纷为现金贷平台注资。除了直接注资外,现金贷的资产证券化等融资渠道也使风险的传导性更强。[5] 另一方面,不少现金贷平台与银行进行助贷模式[6]合作。目前,现金贷平台的助贷模式主要有三种,分别是保证金模式、配资模

---

[1] 资料来源:《经济参考报》,https://wap.peopleapp.com/article/679824/696968。
[2] 资料来源:https://www.douban.com/group/topic/87096965/。
[3] 资料来源:零壹财经,https://baijiahao.baidu.com/s?id=1605890593563689577&wfr=spider&for=pc。
[4] 局部金融风险区别于系统性金融风险,是指某些市场、某些地区或者某些部门存在的金融风险。
[5] 资料来源:《人民日报》,http://capital.people.com.cn/n1/2018/0116/c405954-29766402.html。
[6] 现金贷的助贷模式是指现金贷平台作为助贷机构向资金方推荐借款人,并获取相关服务费的业务。

式和联合放贷模式。① 此外，现金贷平台还会与 P2P 平台合作，P2P 平台的资金属于涉众资金，具有金融风险的外溢性。助贷模式的增信服务和兜底承诺的可信度值得怀疑，很可能导致风险的传导从而增大局部金融风险。

（4）我国现金贷乱象引发"老赖"横行，影响社会风气。一方面，现金贷坏账率居高不下的背后是一群"老赖"的横行。甚至有些"老赖"与朋友断绝联系、更换工作和住所，借现金贷之后从不打算还款。② 另一方面，整治办函〔2017〕141 号文件出台后引发"老赖"一场"名正言顺"不还款的狂欢，严监管政策的推出让很多"老赖"认为现金贷是不合法的，可以理直气壮地不还钱。许多现金贷平台的坏账率一夜之间提高了 10%—15%，有些存量逾期甚至高达 70%。③ 这不仅影响了社会风气，而且也不利于我国诚信社会的建设。

（5）部分现金贷平台诱导借贷、恶性催收等行为影响社会稳定，扰乱社会秩序。一方面，部分现金贷平台由于信息不透明、诱导过度借贷，导致金融消费者背负巨大的经济和心理压力。另一方面，恶性催收行为也给金融消费者带来了巨大的困扰和伤害。这已经酿成了不少社会惨剧，类似新闻屡见报端。2018 年 1 月 49 岁的刘某在给 19 岁的女儿偿还现金贷的过程中还债无望，最终不堪压力自杀身亡。④ 2018 年 3 月河北一大三学生因深陷现金贷债务陷阱，债务压力巨大最终选择结束了生命。⑤ 现金贷酿成的种种惨剧造成了十分恶劣的社会影响，冲击了社会稳定，扰乱了社会秩序。

我国现金贷的风险与发薪贷的风险类似，但是风险比发薪贷更大。Bertrand 和 Morse（2011）研究发现，如果增强发薪贷的信息披露力度，

---

① 保证金模式是由平台获客及风控，银行作为资金方，平台抵押保证金，如出现不良资产，保证金将被用来兜底。配资模式即银行与平台共同出资，银行提供大头资金，风险共担。联合放贷模式即由银行把资金提供给平台自行放款。资料来源：一财网，https://tech.sina.com.cn/i/2017-11-23/doc-ifypathz5430793.shtml。
② 资料来源：新京报，http://www.bjnews.com.cn/finance/2017/11/09/463440.html。
③ 资料来源：885 财经，http://www.885.com/a/143085.html。
④ 资料来源：中国青年网，https://wap.peopleapp.com/article/902837/920745?from=groupmessage&isappinstalled=0。
⑤ 资料来源：https://www.sohu.com/a/224678430_99940372。

金融消费者会减少11%的比例使用发薪贷。可见现金贷与发薪贷相似，都存在因信息不透明而诱导借贷之嫌。此外，还有学者指出发薪贷会使消费者支付抵押贷款、房租、水电费、医疗健康费用的难度增加，甚至流离失所（Melzer，2011）。然而我国现金贷比国外发薪贷风险更大，不管是对金融消费者的风险，还是行业风险和局部金融风险。一方面，这是因为其无抵押、线上运营等特征；另一方面，我国的金融监管、金融法制体系以及金融环境和金融基础设施的建设水平较国外还有很大的差距。

可见，我国现金贷具有易使金融消费者陷入债务陷阱、使行业信贷风险集中、增大局部金融风险、影响社会风气和扰乱社会秩序等风险。与国外发薪贷相比，我国现金贷的风险隐患更加严重，更需要引起我们的高度重视。尽管现金贷风险如此令人担忧，但是现金贷依然有其存在的必要性和社会价值。现金贷的社会经济价值也是值得我们客观看待并深入探究的。

（二）我国现金贷的社会经济价值

正如整治办函〔2017〕141号文件所承认的现金贷"在满足部分群体正常消费信贷需求方面发挥了一定作用"，现金贷的存在的确有其社会经济价值。同样，通过与国外发薪贷对比，本文认为现金贷的社会经济价值可以具体概括为以下三个主要方面。

（1）现金贷确实服务了我国部分长尾群体的资金周转等正常信贷需求，丰富了我国的数字普惠金融体系。根据2018年11月19日央行发布的《2018年第三季度支付体系运行总体情况》，我国人均持有信用卡0.47张。[①] 星合资本董事长郭宇航指出，目前月收入在5000元以下的人群中至少有2.4亿人没有信用卡。[②] 也就是说，有相当一部分群体的信贷需求无法通过银行等传统金融机构来获得。巴曙松等（2018b）研究指出，美国发薪贷的用户以25—44岁的低收入雇员为主。根据一本财经2018年发布的《现金贷行业研究报告》（以下简称《报告》），

[①] 全文可见http：//www.ec.com.cn/article/dssz/jrzf/201811/34521_1.html。
[②] 资料来源：《人民日报》，https：//wap.peopleapp.com/article/768734/787829。

现金贷用户中最多的是 20—39 岁、月收入在 2000—4000 元的群体，其中服务员、工人、司机、厨师、营业员、保安、保洁都是比较常见的职业。《报告》还统计了关于大家最关心的现金贷资金用途，有 52% 是用于资金周转，生活急用、房租、还其他信贷也都是常见用途，购物只占 17%。[①] 清华大学五道口金融学院廖理表示现金贷在国内确有市场，的确改善了部分群体的福利。[②] 在传统金融无法触及或不愿涉足的角落，现金贷平台等新兴组织业态发挥了"毛细血管"的作用（陈云贤，2018）。可见，现金贷更好地深入下沉了长尾群体，补充和丰富了我国数字普惠金融体系。

（2）现金贷作为满足长尾群体信贷需求的通道，合理恰当地加以运用可以减少其他信贷违约和盗窃犯罪的可能性。杨东（2018a）研究指出，现金贷因为满足了一些得不到正常金融服务群体的需求，不至于使民间的高利贷更加肆无忌惮。Desai 和 Elliehausen（2017）研究表明，美国发薪贷禁令实施后，金融消费者的逾期率发生了微小的升高。这些研究结果表明，发薪贷款会使一些金融消费者受益，运用得宜会降低他们其他信贷的违约率。此外，也有一些学者研究发现发薪贷的使用会在一定程度上降低盗窃犯罪的可能性。Morse（2011）运用自然灾害作为一种外生冲击研究发薪贷的影响，结果表明发薪贷不仅对加州金融消费者的房屋赎回起到了帮助作用，还抑制了盗窃行为。

（3）我国现金贷或可作为长尾群体的信用记录补充来源。长尾群体被传统金融排斥的一个很重要的原因是其信用风险大，信用记录不足等。长尾群体的信贷需求通常以小额为主，传统金融机构对长尾群体进行资质审核所需时间精力较多。因此，传统金融机构也不愿在长尾群体上浪费人力物力。没有良好可靠的征信是长尾群体无法获取正常信贷服务的关键因素之一。银行的风控基于央行征信，但是中国有数亿人没有征信记录。[③] 截至 2018 年 9 月央行征信系统收录 8.7 亿人，但可形成征

[①] 资料来源：一本财经 2018 年发布的《现金贷行业研究报告》。全文可见 http://www.sohu.com/a/219937766_740270。

[②] 资料来源：网贷之家，https://www.wdzj.com/hjzs/ptsj/20171026/12086-1.html。

[③] 资料来源：《人民日报》，https://wap.peopleapp.com/article/768734/787829。

信报告的仅2.75亿人。① 截至2018年10月末，我国金融信用信息基础数据库为9.7亿自然人建立了统一的信用档案，接入各类法人放贷机构3900多家。② 在未来小贷公司、网贷机构等将逐步、全面地接入征信系统。2018年1月央行向百行征信③发放了个人征信牌照，我国首家市场化个人征信机构正式诞生。截至2018年10月百行征信已与241家机构签署信用信息共享合作协议，涵盖P2P平台、网络小贷公司、消费金融公司等。④ 可见，若是现金贷平台能够规范发展，长尾群体合理地使用现金贷有希望补充其信用记录。

综上可知，我国现金贷有其存在的社会经济价值，包括满足了部分长尾群体的信贷需求从而具有普惠的价值，降低了其他信贷违约和盗窃犯罪的可能性以及提供了补充长尾群体信用记录的可能性。因此，对于现金贷我们不能全盘否定。虽然我国现金贷乱象带来了许多风险隐患，但是我们需要引导其健康规范地发展，以充分发挥其积极作用。那么纵览现金贷的前世今生，现金贷目前的所谓"转型"不少是成为"变种现金贷"的换汤不换药。现金贷究竟应当如何转型发展成为一个备受关注的问题，下文将给出具体建议。

四 现金贷转型之路的建议

上文阐述了我国现金贷的重重乱象和监管举措，现金贷蕴含着种种风险，但也有其不可否认的社会经济价值。因此，在强监管风暴和行业动荡之后，如何帮助现金贷稳步走好转型之路，从而防范风险、发挥价值，成为监管层和现金贷行业需要共同思考的问题。下文结合我国具体

---

① 资料来源：融360，https://www.u51.com/zhishi/xykzx/18146065.html。
② 资料来源：央行征信中心，https://www.creditchina.gov.cn/gerenxinyong/gerenxinyongliebiao/201810/t20181022_128667.html。
③ 百行征信有限公司，是在中国人民银行监管指导下，由市场自律组织——中国互联网金融协会与芝麻信用、腾讯征信、前海征信、考拉征信、鹏元征信、中诚信征信、中智诚征信、华道征信8家市场机构按照共商共建共享共赢原则，共同发起组建的一家市场化个人征信机构。
④ 资料来源：央行征信中心，https://www.creditchina.gov.cn/gerenxinyong/gerenxinyongliebiao/201810/t20181022_128667.html。

情况和国际经验，从监管层和现金贷行业两个角度给出了现金贷转型之路的具体建议。

（一）监管护航现金贷转型之路

监管层需要不断健全我国金融监管体系、金融法制体系等，创新监管手段和技术，同时加强对消费者的金融教育。以整治办函〔2017〕141号文件为转折点，现金贷开始进入规范整顿期，行业经历了一波大规模的清退和洗牌。短暂的震荡之后，现金贷未来可期。一方面，现阶段我国现代金融体系结构[①]的建设步伐正在不断加快。另一方面，随着我国数字技术日新月异，未来监管科技[②]在现金贷监管中的运用也将大有可为。下文从健全我国金融监管、法制体系等和加强消费者的金融教育两个方面详细阐述监管护航现金贷转型之路。

（1）监管层需要大力加强对现金贷的金融监管、金融法制、金融环境和金融基础设施的建设。监管层需要加快我国现代金融体系的建设步伐，为现金贷的转型之路提供良好的基础和环境。

首先，在金融监管方面，监管层需要进一步细化现金贷要素把控[③]，并配合以强有力的行为监管[④]（杨东，2018a）。一方面，对现金贷的要素把控需要进一步细化，对现金贷利率、期限、额度和目标人群的监管需要进一步明确，让"变种现金贷"无漏洞可钻。例如，对超短期、微额的现金贷可适当突破36%的利率上限（杨东，2018a），否则可能导致现金贷平台更变本加厉地逃避监管（肖经建，2018）。另一方面，现金贷监管需要更加重视金融消费者保护。可借鉴国际经验，现金贷借款上限必须小于消费者月收入的一定比例等，并在信息披露中切

[①] 现代金融体系结构包括金融市场体系、金融组织体系、金融法制体系、金融监管体系、金融环境体系和金融基础设施六个部分（陈云贤，2018）。

[②] 英国金融行为监管局认为，监管科技指金融科技公司为金融机构提供的自动化解决方案，利用新技术更有效地解决监管合规问题，减少不断上升的合规费用。国际金融协会则认为，监管科技是更加有效和高效地解决监管与合规要求而使用的新技术。资料来源：未央网，https://www.weiyangx.com/297428.html。

[③] 现金贷包括利率、期限、额度、目标人群四个主要要素（杨东，2018a）。

[④] 国家金融与发展实验室副主任曾刚等指出，金融消费者保护是行为监管最主要的内容。资料来源：21世纪经济报道，http://money.163.com/18/0308/05/DCBR7NRR002580S6.html。

实保护消费者的知情权。① 此外监管层还需严格把控现金贷的行业准入和资金来源，允许合规、规范的机构开展现金贷，但要严格防范风险向公众资金和传统金融机构外溢。除了传统的审慎监管②、行为监管等，金融监管还需要注重监管科技的运用，塑造双维监管③体系（杨东，2018b）。在监管的科技维度中，充分运用实时化、智能化的监管科技，发挥监管沙盒④的积极作用，引导现金贷产品设计创新。

其次，在金融法制方面，监管层需要将对违规、违法现金贷的金融执法、金融司法落到实处，并加大对金融消费者的金融法制教育。金融法制需要与金融监管密切配合。在对现金贷的金融监管正本清源后，需要落实好金融执法、金融司法，切实做到对现金贷"开正门、堵邪门"。一方面，对合格、规范的平台敞开大门；另一方面，对违规、违法现金贷要坚决打击、清理整顿。现金贷的司法和执法涉及多个部门，同时具有跨领域、跨区域等特点，且"变种现金贷"的隐蔽性强，"马甲"不断翻新，花样层出不穷。因此金融司法和执法要克服协同合作的巨大难度。此外对金融消费者的金融法制教育也是一个重要的努力方向。

最后，在金融环境和金融基础设施方面，监管层需要加快健全社会征信体系，促进金融基础社会的网络化、虚拟化和智能化。一方面，打

---

① 但需要注意的是美国等对发薪贷等的监管虽然相比于我国现金贷监管成熟得多，但是仍处于不断地探索前进的过程中。例如，美国金融消费者保护局（CFPB）于2017年5月推出了对发薪贷等的强制承保监管条款，要求贷款人应当确定金融消费者能够在满足基本生活成本和其他金融限制的情况下，不用借新的贷款就能偿还发薪贷等。但是CFPB于2019年2月又提出了修改提议，拟取消此条款，并推迟其他条款的生效时间。因此我国在借鉴国际经验时，不可一味地盲目照搬。监管层需要在切实考虑我国实际情况的同时，清晰掌握背后的经济逻辑，做出有效决策。资料来源：美国金融消费者保护局官网，https://consumerfinance.gov/policy-compliance/guidance/payday-lending-rule/。

② 审慎监管是指监管部门以防范和化解银行业风险为目的，通过制定一系列金融机构必须遵守的周密而谨慎的经营规则，客观评价金融机构的风险状况，并及时进行风险监测、预警和控制的监管模式。

③ 双维监管是指在传统金融监管维度之外增加科技维度，构成的双维监管体系（杨东，2018b）。

④ 监管沙盒（Regulatory Sandbox）的概念由英国政府于2015年3月率先提出。按照英国金融行为监管局（FCA）的定义，"监管沙盒"是一个"安全空间"，在这个安全空间内，金融科技企业可以测试其创新的金融产品、服务、商业模式和营销方式，而不用在相关活动碰到问题时立即受到监管规则的约束。

破信用"信息孤岛",健全完善、实时、共享的社会征信体系将助力现金贷规范健康发展。我国信用体系生态化逐步完善为以政府公开为主、社会协作为辅的框架,守信激励和失信惩戒机制充分发挥作用。另一方面,应大力推动支付清算体系、科技信息系统、金融服务网络和配套设备技术的网络化、虚拟化和智能化。金融基础设施的发展升级能够为现金贷的金融监管、金融法制提供有力的基础工具,促进现金贷顺利转型。

(2)监管层要加快建设国民金融教育体系,尤其要加强对现金贷金融消费者的金融教育。央行金融消费权益保护局发布的《消费者金融素养调查分析报告(2017)》指出,接受良好教育的金融消费者是金融市场稳定的基石。[①] 此处的教育应当是指金融教育。贝多广和莫秀根(2018)研究指出,正规的学校教育与金融素养并没有直接的关系。吴卫星等(2018)指出,金融素养与教育程度正相关,但教育程度并不能很准确地作为金融素养的代理变量。

一方面,金融教育应当尽快被纳入我国国民教育体系。2018年9月教育部办公厅下发通知,要求各地各高校集中开展校园不良网贷风险警示教育工作,开设金融安全相关课程。[②] 该通知点名指出了"变种现金贷"中的"回租贷"给在校大学生带来的严重危害。不只在大学教育,金融教育还应当进一步普及至中学甚至小学。贝多广和莫秀根(2018)研究发现在他们的样本中,具有初中和高中学历的成年人也只有20%左右能够进行利率运算。在小学、中学推广普及金融教育,编写实用性高、趣味性强的金融知识教育读物,开设金融安全、金融知识等相关课程,有助于从根本上提升国民金融能力。此外,针对已经不在教育体系之内的金融消费者进行金融扫盲也十分迫切。

另一方面,专门针对现金贷金融消费者的金融教育尤为重要。正如前文所述,很多使用现金贷的金融消费者属于长尾群体,其金融能力更低、金融素养更差。因此,我们对待特殊人群要采取特殊措施。例如,

---

① 资料来源:央行金融消费权益保护局发布的《消费者金融素养调查分析报告(2017)》。全文可见 http://www.financialnews.com.cn/gc/201707/t20170714_120974.html。
② 资料来源:中国新闻网,https://wap.peopleapp.com/article/2342073/2240274。

在现金贷审核通过之后、获取贷款之前,要求现金贷平台强制金融消费者观看一定时长的金融教育视频。金融消费者在观看视频后,需要进入灵活设计的金融知识答题环节,[①] 答对一定比例的题目后才可以获取贷款。否则消费者需要反复答题直至合格。在获取贷款之前、产生逾期后等关键环节时点,监管应当要求现金贷平台强制金融消费者观看一定时长的金融风险警示视频,播放并讲解因为现金贷而债台高筑甚至家破人亡的案例,以引起金融消费者的重视,增强其风险意识。

(二)行业创新突围现金贷转型之路

前文从健全我国金融监管、法制体系等和加强消费者金融教育两个方面阐述了监管层面促进现金贷转型的建议。在监管护航现金贷转型之路的同时,现金贷行业也应当积极发挥主观能动性,不断创新产品形式、提升数字技术水平、加强行业信息共享和行业自律,突围现金贷转型之路。下文从三个方面提出具体建议。

(1)现金贷平台应当遵循国际普惠金融客户保护七原则[②]等,不断创新改进产品设计。现金贷从重重乱象中突围转型的关键动力之一就是现金贷平台对产品的不断改进和创新。为了行业的健康可持续发展,充分发挥现金贷普惠的积极作用,现金贷平台首先应当遵循国际普惠金融客户保护七原则。根据国际普惠金融客户保护七原则,现金贷应当进行如下创新:①完善的现金贷产品设计及交付方法,应当摒弃"砍头息"和"变相砍头息"[③] 等,助贷业务应当回归本源。②防止过度负债,平台不得刻意诱导、强制过度借贷和多头借贷,平台有责任保护消费者远

[①] 此处灵活设计答题的意图在于不会使题库泛滥以至于丧失了其金融教育的效果,为了避免金融消费者敷衍了事,可以设计根据其自身的实际收入情况、实际借款金融、利率和费用计算等进行答题考核。

[②] 国际普惠金融客户保护七原则如下:①完善的产品设计及交付方法(Appropriate product design and delivery);②防止过度负债(Prevention of over-indebtedness);③信息透明(Transparency);④合理定价(Responsible pricing);⑤公平对待与尊重客户(Fair and respectful treatment of clients);⑥保护客户隐私(Privacy of client data);⑦建立投诉机制(Mechanisms for complaint resolution)。资料来源:中国普惠金融研究院,https://mp.weixin.qq.com/s/juZbOYQJAKyRqJwbjfUL9w。

[③] 此处的"变相砍头息"指虽然没有先行从本金中扣除,但是在本金到达消费者账户的同时,或者紧随其后地扣除。

离债务泥潭。③切实做到信息透明，平台需要以特别提醒的方式向消费者公开其实际年利率、实际费用数额、逾期费等相关信息，不得刻意隐瞒、误导消费者。④合理定价要求平台需要在低于法定利率上限的基础之上，对不同资质的金融消费者予以不同的合理定价。⑤公平对待与尊重客户，一方面要求平台不能对金额小的消费者不催收、金额大的消费者恶性催收，另一方面也要求催收过程中给予金融消费者充分的尊重。⑥保护客户隐私，在大数据采集信息和保护隐私之间有清晰的界限，平台不得肆意倒卖、泄露个人信息。⑦建立投诉机制，不仅仅要为金融消费者提供明确的投诉渠道，同时平台也要有力、高效地解决投诉问题。此外，整治办函〔2017〕141 号文件中还强调了"了解你的客户"原则。① 这些原则都是现金贷平台在设计改良产品、进行不断创新转型的过程中需努力的重要"指南针"。

（2）现金贷行业应当把握住智能金融②的大趋势，有效运用金融科技③重塑现金贷。薛洪言和陈若平（2018）指出，借助金融科技，困扰现金贷行业的乱象有望从根本上缓解。例如，智能营销可以降低获客成本，知识图谱技术能够有效反欺诈，智能风控使现金贷畸高利率的下行成为可能，以及智能催收将在改善客户体验的同时提高催收效率等（薛洪言、陈若平，2018）。杨东（2018）也提到，与传统人工审核相比，智能风控不仅能够提升处理海量数据的效率，而且能够快速学习、提升服务质量，也能够解决反欺诈和多头借贷识别。整治办函〔2017〕141 号文件出台后，一些技术实力过硬、运营规范的平台已在积极调整后步入正轨（王靖一，2018）。随着时代发展，我国的金融与科技结合日益紧密，智能金融将强势来袭。在这一背景下，现金贷转型之路更需

---

① "了解你的客户"原则又称 KYC（Know‐Your‐Customer）原则是指金融机构坚持"了解产品"和"了解客户"的经营理念，保护金融消费者的权益，加强投资者适当性管理，向投资者销售与其风险识别能力和风险承担能力相适应的金融产品。资料来源：http://m.jrj.com.cn/madapter/finance/2018/04/02204724340730.shtml。

② 智能金融即人工智能与金融的全面融合，以人工智能、大数据、云计算、区块链等高新科技为核心要素，全面赋能金融机构，提升金融机构的服务效率，拓展金融服务的广度和深度。

③ 金融科技指通过利用各类科技手段创新传统金融行业所提供的产品和服务，提升效率并降低运营成本。

要顺势而为，有效运用金融科技手段根治顽症，涅槃重生。

（3）现金贷创新转型需要加强行业信息共享和行业自律。从前世到今生，从乱象到转型，现金贷平台之间不应单打独斗地各扫门前雪。行业之间的信息共享和行业自律也是现金贷突围转型的一个关键着力点。黄益平（2018）指出，不仅央行征信系统应当向规范的现金贷平台开放，现金贷信息共享机制也应当尽快建立起来。① 例如，2017年北京市网贷协会已经建立了一个国内的网贷平台数据交换平台，用于解决高息转贷、多头负债和过度负债等问题。此外，现金贷的行业自律组织或者行业协会还应当作为行业与监管层对话的桥梁。例如，2017年美国金融服务中心协会因反对美国金融消费者保护局提出的短期贷款规则，组织签署请愿书递交白宫。这发挥了行业和监管之间有效沟通的良好效果，2019年年初美国金融消费者保护局拟修改其中某些条款。

综上所述，现金贷转型之路需要现金贷行业突围创新，具体需要从创新改进产品设计、有效运用金融科技、加强行业信息共享和行业自律三方面发力。其中遵循国际数字普惠金融七原则等进行创新改进产品是现金贷的立足根本，有效运用金融科技、把握并顺应智能金融的趋势是现金贷转型的关键驱动力，行业信息共享与行业自律是现金贷健康发展的重要保证。

总之，现金贷如果能够在监管护航、行业创新突围的共同努力下走好转型之路，建立起有效的风险防控体系，充分发挥现金贷普惠的积极价值，则很有可能做到涅槃重生、未来可期。

参考文献

[1] Bertrand M., Morse A., "Information Disclosure, Cognitive Biases, and Payday Borrowing", *The Journal of Finance*, 2011, 66（6）: 1865–1893.

[2] Desai C. A., Elliehausen G., "The Effect of State Bans of Payday Lending on Consumer Credit Delinquencies", *Quarterly Review of Eco-*

---

① 资料来源：中国经济网，https://www.wdzj.com/news/hangye/55931.html。

nomics and Finance, 2016（64）：94–107.
[3] Melzer B. T.,"The Real Costs of Credit Access：Evidence from the Payday Lending Market", Quarterly Journal of Economics, 2011, 126（1）：517–555.
[4] Morse A.,"Payday Lenders：Heroes or Villains?", Journal of Financial Economics, 2011, 102（1）：28–44.
[5] 巴曙松、黄文礼、许南燕：《现金贷的风险来源分析及其监管》，《武汉金融》2018年第4期。
[6] 巴曙松、王志峰、王凤岩：《美国发薪日贷款演变、监管及启示》，《金融监管研究》2018年第3期。
[7] 贝多广、莫秀根：《超越普惠金融》，中国金融出版社2018年版。
[8] 陈云贤：《国家金融学》，北京大学出版社2018年版。
[9] 郭新明、孙天琦：《美国年化利率大于300%的发薪日贷款的有关情况》，《西部金融》2012年第1期。
[10] 黄益平：《普惠金融应有界限，让现金贷成为负责任的金融》，《财经界》（学术版）2018年第3期。
[11] 李鹏、王翠娜：《现金贷消费者保护：侵权表现、困境与出路》，《新金融》2018年第4期。
[12] 刘国强：《我国消费者金融素养现状研究——基于2017年消费者金融素养问卷调查》，《金融研究》2018年第3期。
[13] 吴卫星、吴锟、王琎：《金融素养与家庭负债——基于中国居民家庭微观调查数据的分析》，《经济研究》2018年第1期。
[14] 肖经建：《美国"现金贷"对中国的启示》，《清华金融评论》2018年第1期。
[15] 薛洪言、陈若平：《智能金融与现金贷：金融科技如何重塑现金贷?》，《清华金融评论》2018年第1期。
[16] 杨东：《从现金贷监管政策看消费金融规范和发展之路》，《清华金融评论》2018年第1期。
[17] 杨东：《监管科技：金融科技的监管挑战与维度建构》，《中国社会科学》2018年第5期。

[18] 杨蓬勃、朱飞菲、康耀文：《基于自我控制的消费文化对消费信贷影响研究》，《财经研究》2014年第5期。
[19] 叶文辉：《互联网现金贷业务风险防范和监管对策》，《国际金融》2017年第9期。

附录

现金贷相关的监管

序号	时间	文件名称	发文机构	文件编号
1	2015年7月	关于促进互联网金融健康发展的指导意见	央行等十部门	银发〔2015〕221号
2	2015年8月	关于审理民间借贷案件适用法律若干问题的规定	最高人民法院	法释〔2015〕18号
3	2016年8月	网络借贷信息中介机构业务活动管理暂行办法	原银监会、工信部、公安部、国家互联网信息办公室	原银监会令〔2016〕1号
4	2017年4月	关于银行业风险防控工作的指导意见	原银监会	原银监发〔2017〕6号
5	2017年4月	关于开展"现金贷"业务活动清理整顿工作的通知	P2P网络借贷风险专项整治工作领导小组办公室	网贷整治办函件〔2017〕19号
6	2017年4月	关于开展"现金贷"业务活动清理整顿工作的补充说明	P2P网络借贷风险专项整治工作领导小组办公室	网贷整治办函件〔2017〕20号
7	2017年11月	关于立即暂停批设网络小额贷款公司的通知	互联网金融风险专项整治工作领导小组办公室	整治办函〔2017〕138号
8	2017年12月	关于规范整顿"现金贷"业务的通知	互联网金融风险专项整治工作领导小组办公室	整治办函〔2017〕141号
9	2018年5月	关于提请对部分"现金贷"平台加强监管的函	互联网金融风险专项整治工作领导小组办公室	整治办函〔2018〕59号

监管视角下的金融消费者权益保护

——基于消费金融领域2018年投诉热点反思

曾庆霄 杨波 谢天

摘 要

本文从2018年消费金融领域投诉热点视角反思我国金融消费者权益保护的现状，进而多角度向监管机构提出监管建议。首先，通过梳理21CN聚投诉平台2018年消费金融领域投诉热点，指出从业机构通过变相收费、不当催收与滥用隐私信息等方式侵害金融消费者权益，并据此阐明保护金融消费者权益的必要性。其次，归纳金融消费者权益保护的举措，并通过对比举措与实际效果的差距，说明监管机构在金融消费者权益保护方面存在的问题，主要包括监管覆盖面不够广、监管内容不够全、监管手段滞后等。最后，针对上述问题，从监管对象体系建设、监管内容建设、监管机构建设和平台建设等方面提出对策建议。

近年来消费金融发展方兴未艾，一定程度上满足了"经济社会发展和人民群众需要"。[①] 但消费金融领域里金融消费者权益受侵事件频发，引起社会广泛关注。我国金融监管机构虽采取了多项措施，但却未

---

① 资料来源：习近平总书记在主持中共中央政治局第十三次集体学习上就完善金融服务、防范金融风险发表的讲话内容，http://www.gov.cn/xinwen/2019-02/23/content_5367953.htm。

能有效抑制消费金融领域业务乱象。据21CN聚投诉平台发布的《2018年年度报告》，2018年该平台累计受理有效投诉31.5万件，其中来自消费金融领域的共20.9万件，占投诉总量的66.4%。[①] 2018年消费金融领域的投诉量相较于2017年的2.7万件增长了8倍，投诉占比相较于2017年的32.4%增长了1倍，消费金融行业连续两年成为平台上被投诉最多的领域。[②] 这些数据说明金融消费者对从业机构提供产品和服务的满意度低，其投诉反映的行业问题并未明显缓解。长此以往，金融消费者权益将会持续受损，消费金融行业发展势必受到质疑，消费金融服务实体经济的能力面临很大挑战。据此，本文将研究当下消费金融领域存在的问题，剖析现有的监管举措及其不足，并提出相应的对策和建议。

一 从投诉热点看金融消费者权益保护的必要性

针对21CN聚投诉网站的投诉热点，本文归纳当前投诉热点分别是从业机构变相收费、不当催收和滥用金融消费者隐私信息。[③] 在变相收费方面，通过查看金融消费者关于收取费用的具体内容，归纳此类投诉的主要特点是：从业机构以保险费、会员费、礼包费等方式强制收取费用，或用"阴阳合同"变相收取高息等，主要侵犯了金融消费者财产安全权、自主选择权和公平交易权。在不当催收方面，通过总结金融消费者关于催收机构采取的主要行动，归纳此类投诉的主要特点是：从业机构通过截取通讯录信息向关联人催收，群发短信曝光债务人债务情况，滥用征信中心申报函及伪造立案信息、仲裁信息等进行催收，主要侵犯了金融消费者的受尊重权和知情权。在滥用隐私信息方面，投诉反映的问题较为集中，其特点是从业机构未经同意肆意传播或滥用金融消

[①] 资料来源：21CN聚投诉《2018年年度报告》，http://ts.21cn.com/news/a/2019/0129/10/33146381.shtml。

[②] 资料来源：21CN聚投诉《2017年年度报告》，http://ts.21cn.com/news/a/2018/0131/01/32849424.shtml。

[③] 资料来源：21CN聚投诉《2018年年度报告》，http://ts.21cn.com/news/a/2019/0129/10/33146381.shtml。

费者身份信息、头像信息、通讯录信息等，主要侵害了其信息安全权和知情权。金融消费者权益受侵，会导致个人、企业、社会的一系列问题，需要得到保护。本文从从业机构的展业规范、侵权行为特点和逐利动机等方面来说明金融消费者权益保护的必要性，具体阐述如下。

从业机构的展业方式要被规范与整治，否则企业发展难持续。相较于传统金融行业，消费金融机构的展业方式还不成熟。一方面其展业产品有待市场检验，展业路径也还处于探索阶段。另一方面其业务模式较为复杂。由于既把互联网技术与消费场景相融合，又采用了大数据的风控策略，这使消费金融从业机构展业行为难被固定和规范，从业机构的自由发挥空间很大。例如，行业内有这样一类较通行的营销做法：从业机构在 APP 端设置埋点①，通过数据分析判断消费者意愿，进而确定下一步销售策略。通过埋点设计，机构还可轻易获取客户行为等其他信息。一旦生存压力加大，它们极容易滥用这些信息追求短期获利，一旦东窗事发便难以持续发展。2018 年 11 月 28 日中国消费者协会发布了《100 款 APP 个人信息收集与隐私政策测评报告》，该报告指出在消费金融领域大量 APP 存在通过埋点方式涉嫌过度收集或使用用户信息的情况，中小企业问题尤为突出。②

从业机构的侵权行为要被甄别和界定，否则市场秩序难规范。上文所述的服务费、会员费、保险费、培训费等就是从业机构为了绕开贷款综合利率不得高于 36% 上限而设计的"马甲"③。这些马甲形态的出现，说明从业机构实施的侵权行为已不再是"明目张胆"，而是具有极好的"隐蔽性"。2018 年 5 月下发的《关于提请对部分"现金贷"平台加强监管的函》④ 中就列明了现金贷"换穿马甲"的各种形态，如以

---

① 埋点是互联网领域重要的数据信息获取方式，可以监控用户行为事件。用户一旦触发该事件，就会上传埋点代码中定义的、需要上传的有关该事件的信息。资料来源：http://www.woshipm.com/pmd/751876.html。
② 资料来源：http://www.cca.org.cn/jmxf/detail/28310.html。
③ 网络用语。马甲指一个现实人在同一论坛注册多于 2 个（含 2 个）ID 并同时使用时，常用的或知名度较高的那个 ID 一般称为主 ID，其他 ID 称为马甲 ID，简称马甲。
④ 2018 年 5 月 30 日，互联网风险专项整治工作领导小组下发《关于提请对部分"现金贷"平台加强监管的函》（整治办函（2018）59 号），附件为《现金贷花样不断翻新"偷天换日"逃避监管》。

手机回收形式放贷、在贷款中搭售其他产品、虚假购物转卖发放贷款与故意导致借款人逾期以收取高额费用等。如果监管对这类隐蔽和变种收费问题不能有效探查，从而及时为市场纠偏，市场秩序将陷入混乱之境。

从业机构的逐利动机要被指引和疏导，否则行业前景不乐观。以上投诉中的关键词为"信息、费用、催收"。"信息"在互联网金融交易中是重要的资源。从业机构通过信息转化精准描绘客户画像，进而从合适的客户身上赚取利润。"费用"是金融交易存续的关键因素之一，收取服务费用和利息费用也是获取利润的主要方式。"催收能力直接影响坏账率，进而影响盈利水平"（刘美茹，2019）。这三个词都与企业获利的动机息息相关。事实上，企业逐利无可厚非，但从投诉报告反映的情况来看，如果企业以侵害金融消费者权益作为代价扩大利润，消费金融行业肯定无法健康发展。正如罗伯特·希勒（2012）所言，金融的本质并非谋利，而是要实现其他有社会价值的目标。若其运行脱轨，单纯逐利，金融的力量将极具破坏性。

以上分析说明，从业机构只有被有效监管，才能合规展业，"阳光"交易，合理获利，金融消费者也才能获得公平公正的市场环境，消费金融行业前景才能更加广阔。正是基于对这种必要性的认可，我国监管机构对金融消费者权益保护采取了各种积极措施。

二 消费金融领域金融消费者权益的保护举措

2013 年中国人民银行发布的《中国人民银行消费者权益保护工作管理办法》是我国针对金融消费者权益保护的首个权威文件。[①] 随后监管机构相继出台相关监管制度规定，如 2017 年国务院办公厅发布《关于加强金融消费者权益保护的指导意见》[②]、中国人民银行印发《中国人民银行金融消费者权益保护实施办法》[③] 等。2018 年监管机构联合多方，针对金融消费者权益保护采取了积极措施，包括开展专项活动、整

---

① 资料来源：http://www.pbc.gov.cn/jingrxfqy/145720/145728/2867620/index.html。
② 资料来源：http://www.pbc.gov.cn/jingrxfqy/145720/145728/3339209/index.html。
③ 资料来源：http://www.gov.cn/gongbao/content/2017/content_5213211.htm。

章建制补充新规、惩戒持牌机构等。以下为消费金融领域中监管机构采取的金融消费者权益保护的主要举措。

第一，金融监管当局频繁采取针对收费和催收乱象的整治行动。2018年监管机构对于乱象整治专项行动的力度明显增大。《关于规范整顿"现金贷"业务的通知》[①]是指引消费金融市场2018年市场发展方向的一份重要文件。其既对从业机构收取费用内涵进行了规范，还提出了设置贷款金额上限、贷款期限、贷款展期限制、"冷静期"等要求，明令禁止了诸多不当行为。2018年2月全国掀起"扫黑除恶"专项活动，将"暴力催收"纳入专项整改的重要内容。2018年4月中国互联网金融协会下发《互联网金融逾期债务催收自律公约（试行）》[②]，强化了催收规范性及提出了行业自律要求。2018年5月中国人民银行联合公安部及国监总局等出台《关于规范民间借贷、维护经济金融秩序有关事项的通知》[③]，再次对互联网消费金融市场上从业机构变相收费、不当催收和滥用个人信息等乱象进行了特别要求。

第二，金融监管当局在信息安全等方面积极补充新规。2018年我国在个人信息规范管理方面出台的新规较为密集。2018年5月1日开始实施的《信息安全技术：个人信息安全规范》[④]划定了个人信息保护的责任边界，对个人信息收集、保存、使用、流转等环节进行了要求。电子商务行为作为个人信息传递的重要载体，此前也未有相应流程规范，2018年8月31日全国人大常委会第五次会议表决通过的《电子商务法》[⑤]则明确了通过电子行为进行民商事活动的具体规范。此外，2018年5月百行征信有限公司获得人民银行许可并成立，标志着规范采集消费者信息的征信机构开始履行职责。

---

① 资料来源：该通知由互联网金融风险专项整治工作领导小组办公室、P2P网贷风险专项整治工作领导小组办公室于2017年12月1日共同发布，明确了"现金贷"业务开展的六大原则。
② 资料来源：http://www.nifa.org.cn/nifa/2955692/2955730/2971163/index.html。
③ 资料来源：http://www.cbrc.gov.cn/chinese/newShouDoc/94B66446DDF840BDBD0C66D6517583A1.html。
④ 资料来源：国家标准GB/T 35273—2017。
⑤ 资料来源：中国人大网，http://www.npc.gov.cn/npc/lfzt/rlyw/2018-08/31/content_2060827.htm。

第三，金融监管当局对持牌机构的不合规行为严惩不贷。2018年中国人民银行对持牌机构频繁开出"罚单"。当年1月海尔消费金融因违反消费者权益保护的相关规定被罚款10万元。① 这是《消费者权益保护法》施行以来中国人民银行对持牌机构开出的关于消费者权益保护工作不力的首张罚单。随后杭银消费金融公司、北银消费金融公司、中银消费金融公司等相继被罚。这些持牌机构被罚款的主要原因是乱收费和不当查询客户征信等，反映出它们在费用收取和对客户信息管理等方面的认识需要加强、操作亟待规范。

通过上述举措，从业机构的行为得到了规范，整顿中明令禁止的内容一定程度上被遏制，市场乱象局面有了改善。例如，所有持牌金融机构的官方贷款利率都回到36%的红线以下，APP端对金融消费者关于获取信息增加了授权免责条款，以威胁、恐吓为主要手段的暴力催收方式基本销声匿迹。然而监管举措并没有使消费者权益受侵的情况明显缓和（21CN聚投诉报告中2018年与2017年的数据对比说明了这个问题），这暴露出监管举措存在不足。

三　消费金融领域金融消费者权益保护存在的问题

2018年我国监管惩戒力度不断加强，但不断攀升的投诉量说明从业机构侵权蔓延之势仍在持续。通过梳理投诉内容与监管实施效果，我们发现在消费金融领域监管举措收效不佳。这说明我国目前在消费金融领域金融消费者权益保护存在许多问题，具体阐述如下。

第一，金融消费者被乱收费的现象未因专项整治而被扭转，主要原因是监管覆盖面还不够广泛。2018年出台的专项整顿中，基本内容都与遏制市场乱收费问题相关。"砍头息"② 被禁止后，其他服务费被巧

---

① 资料来源：《中国人民银行青岛市中心支行行政处罚信息公示表》，2018年1月10日，http://qingdao.pbc.gov.cn/qingdao/126166/126184/126191/3460399/index.html。

② "砍头息"指从借贷本金中先行被扣除的利息、手续费、管理费等费用。2018年3月6日，中国互联网金融协会发布《关于网络借贷不实广告宣传涉嫌欺诈和侵害消费者权益的风险提示》称，各会员从业机构应严格依法合规经营，不得直接或变相收取"砍头息"，http://www.nifa.org.cn/nifa/2955675/2955763/2980239/index.html。

设名目迅速推出,乱象在根源上未被制止。究其原因,整治行动要求主要针对发文单位。例如,中国银行保险监督管理委员会发布的对象,就主要是针对各地市的银保监局和各政策性银行、大型银行、股份制银行、外资银行等。整顿对发文机构以外的其他从业机构的约束影响力较弱。不仅如此,被监管的金融机构因为整顿行动进一步规范了从业行为,这恰巧给其他机构提供了变相吸引金融消费者的机会。随着消费经济的迅猛发展,金融消费者的借贷需求将更为旺盛,如果从业机构不能被全面监管,其侵犯金融消费者权益的情况将屡禁不绝。

第二,各种催收乱象未因监管要求密集出台而被制止,主要原因是监管内容不够健全。政府及有关部门提出的监管要求能直指乱象,但市场上的侵权热点仍此起彼伏。究其原因,从业机构需要采取措施创利获得生存,哪个流程被监管严格管制,它们就会尽快在其他方向找到突破口。由于监管的触角未能延伸到从业机构创利的全流程,监管的内容未能直指利润获取的重要节点,从业机构实施侵权行为的源头动机没被有效引导,市场乱象持续存在。

催收问题就是一个典型例子。在各种监管整治下,纯粹以暴力形式催收的现象基本得到了遏制,但以影响债务人关联人或债务人声誉等方式的其他行为却更加猖獗。这主要是因为催收作为人力密集型业务,金融机构会委托外包机构施行。对于委外机构,其主要目标是达成催账效果,当监管机构针对暴力催收进行整顿时,它们会采取各种创新方式绕道催收,例如在金融消费者下载 APP 时植入 SDK[1] 爬取金融消费者的通讯录或通讯详单,再通过对该类信息的解析,找到最能迫使金融消费者归还欠款的方式。监管内容若还只在约束暴力催收,未能进一步延伸,对这种新形式的催收内容管控就会非常弱。IFC 的研究报告就指出监管机构除针对催收活动外,还应提供个人破产选择及申诉机制(例如设立申诉专员办公室)来保护金融消费者。[2]

---

[1] SDK 指软件开发工具包(英文全称为 Software Development Kit)。一般指由第三方服务商提供的实现软件产品某项功能的工具包。

[2] 资料来源:国际金融公司(International Finance Corporation,IFC)在 2009 年委托 Oliver Wyman 公司完成新兴市场国家债务催收做法的研究内容,https://www.sohu.com/a/136502095_565332。

第三，金融消费者的信息安全问题未因信息规范发布而缓解，主要是因为监管手段滞后。快速发展的个人信息获取技术将个人信息安全问题推向风口浪尖。从业机构对金融消费者的信息轻易获取、传播、使用，金融消费者的信息安全权被轻易掠夺，消费金融领域的个人信息安全受到威胁。美国于1974年发布了《隐私权法》，随后1986年发布了《电子通信隐私法》，但我国目前在此方面的立法还是空白，仅有一份《个人信息安全规范》可以参照。这部规范从2018年5月1日起实施，其内容被市场消化还需要时间。同时该规范制定的原动力不是监管机构立法，而是集合从业机构和专业管理机构进行规范梳理，所以它只是推荐性国家标准，不是强制性国家标准。正是因为信息类监管手段的应用水平明显落后于从业机构滥用信息的速度，监管机构扮演的角色只能是"没牙的老虎"（理查德·吉尔伯特等，2014）。

伴随着金融科技的高速发展，数字金融的渗透面越来越广，金融消费者权益也因此受到更多威胁。虽然监管机构进行了积极探索，但是效果不是很理想。在金融监管方面，我们既要着眼当前存在问题，又需考虑长远发展，这样才能真正实现对广大金融消费者的保护。

四 消费金融领域金融消费者权益保护的对策建议

针对上述分析所呈现的监管覆盖面窄、监管内容不全、监管手段滞后的问题，下文试图从监管的对象体系建设、内容建设、机构建设和平台建设入手，综合考虑监管机构、从业机构和金融消费者三类主体关系，提出消费金融领域监管对金融消费者权益保护的对策建议。具体阐述如下。

第一，金融监管当局应当扩大监管覆盖面，对消费金融的关联产业链及金融技术服务公司进行全面监管。当前的监管覆盖问题主要是对金融服务类企业的影响力偏弱。刘美茹（2019）指出，目前消费金融的关联产业链包括征信、电子签、系统提供商、催收行业、贷款超市、第三方支付、数据倒卖等，这些关联机构通过对有资质的金融机构服务以获得业务机会，但基本不受金融监管。扩大监管覆盖面，就是要加强对上述金融服务类企业的管控。本文建议主要采取两类措施：一是通过强化金融机构的管控责任，扩大对相关从业机构的监督效果，例如在考核中加大金融机构对服务机构的管理要求，强调金融机构与其服务机构就侵权后果责任共担，增加对金融机构的首问责任或者先行赔偿要求等。二是提高从业机构参与金融活动的准入门槛。世界银行发布的《金融消费者保护的良好经验》[①]指出，提供金融服务的机构必须取得特许执照且其行为必须受到合适监管。据此，监管机构应对金融服务类企业设置设立难度，对经营范围进行限制，对服务项目进行备案，并要求金融机构对服务机构严格准入等。例如，对于催收类机构，可以参照 IFC 的研究建议，对催收人员进行资质认定，要求其参与业务考核，明确从业人员无暴力犯罪、不良信用记录、重大债务等。[②]

这里还要重点提出关于对金融技术服务公司监管的问题。近几年来，数字技术有力地推动了消费金融的发展。金融技术服务市场的参与者众多，它们多从数字科技服务角度参与金融活动，例如提供数据平台支持、数据应用支持、数字营销支持、数字贷后服务支持等。本文建议将金融技术服务公司纳入管控体系，使金融科技监管 Regtech[③]（杨东，2018）及时覆盖相关从业机构。监管机构应通过对从业机构资质、行为、流程等提出专业化要求来引导金融技术服务公司提供合规有效的金融科技服务。数字技术服务这个新兴市场不能陷入另一个"乱象深渊"。

第二，金融监管当局从机构获利全流程视角来健全监管内容。监管机构往往通过"专项整治"惩治市场乱象，但这样往往只干预了从业机构的部分行为，未厘清乱象源头从而标本兼治。想要追根溯源，金融监管当局就必须要关注从业机构创利行为全流程，通过干预创利过程来引导机构兼顾金融消费者权益和自身发展的动态平衡。理查德·吉尔伯特等（2012）指出："解决被监管者拥有信息优势的问题最根本的一点

[①] 资料来源：https://max.book118.com/html/2018/0922/8135032077001124.shtm。

[②] 资料来源：https://www.sohu.com/a/136502095_565332。2009 年国际金融公司（International Finance Corporation, IFC）委托 Oliver Wyman 公司对新兴市场国家债务催收做法进行研究，以上摘自研究内容。

[③] 资料来源：Regtech 是"Regulation"与"Technology"的合成词，于 2015 年 3 月首次出现在英国科学办公室对"金融科技优势"的研究报告中，在随后发布的该年度预算报告中也有体现。此后，各国监管机关和标准制定者发布的各类文件中采纳了 Regtech 这一表达方式。

是，应该创造条件，要求企业'把赚钱的理由说出来'"。董新义（2016）提出，以产品特性、产品风险程度和金融消费者对产品的理解程度等作为划分监管内容的基准。

综观从业机构的创利行为全流程，不管是线下还是线上业务，主要内容分为三大方面：营销与引流、申请与审批以及贷后与核损。本文建议监管机构在制定监管方案时，监管内容能覆盖贷前、贷中、贷后的业务全生命周期，通过直接干预利润达成结果来提升监管效力。例如，针对问题频发的现金贷业务，本文建议直接限定现金贷业务的金额，限制大额现金贷业务的开展，这样有利于在源头上掐断不符合消费场景的消费金融业务。因为除了装修贷款等少量正常大额消费情形外，市场上大额现金贷的借贷资金多用于微小企业资金周转、股市楼市投资等。消费人群在资金需求旺盛但无法通过金融机构获得贷款时，虽明知个人权益受侵也会接受现金贷从业机构的产品和服务。所以，监管内容要直指金融产品和服务提供者的具体获利行为，以规制从业机构的展业动机，从而保护金融消费者权益。

第三，金融监管当局通过设立独立机构和搭建统一平台以提高监管手段的预判性和专业性。英国于1997年成立了"金融服务监督局"（Financial Services Authority），美国则于2010年在美联储体系内建立独立的金融消费者保护局。作为统一监管机构的金融消费者保护局改变了两国多年来金融消费者保护居于金融监管次要地位的状况（中国人民银行西安分行课题组，2011）。而目前我国金融消费者权益保护的监管机构分散、法制内容不集中，导致监管效能滞后于现实发展要求。孙天琦（2016）提出，因为我国金融体制为混业监管，所以存在管理不到位、覆盖不到位、潜在风险控制不到位等问题。借鉴英美两国的探索经验，我们建议我国也设立独立的金融消费者监管机构，统一目前由一行两会都下设消费者权益保护机构的局面，建立"包含金融机构业务行为标准、金融产品监管标准、金融争议调解机制、金融消费者教育规范为主要内容的框架"（徐云松，2016）。通过专门的机构专注金融消费者权益保护工作，我国政府能及时洞悉金融市场的乱象，有效预见金融风险苗头，采取积极措施提高监管手段的专业性和预判性，及时解决监管滞后问题。

除了机构建设的独立性外，监管机构可以通过搭建统一的信息平台建设来丰富监管手段。《金融消费者保护的良好经验》指出，为了从源头避免发生系统性的消费者投诉，监管机构要公开金融消费者保护活动的统计信息，并提出关于改变监管方式和金融消费者教育方式的建议。为此，我们建议搭建如下三类平台：一是建立金融消费者宣传教育的统一平台。从国际经验来看，美国、加拿大、日本的中央银行设立了金融教育网页，提供了可供金融消费者学习和下载的资料；韩国中央银行设立了"经济教育中心"，还专门为学生及年轻人设立了提供在线经济金融教育的网站（中国人民银行西安分行课题组，2011）。[①] 我国可以借鉴有关国家的做法，通过平台搭建，使金融消费者从监管方获得统一、安全、公正的宣传教育信息，逐步形成"决策自主、风险自担、收益自享"的理性消费理念，从而不断提升金融素养[②]和自我保护能力。二是建立纠纷解决共享平台。目前，金融消费者可以向金融机构，消费者保护委员会、工商管理部门，银保监局、中国人民银行等机构投诉，也可向法院起诉或根据合同约定提起仲裁。近年来，各地纷纷设立了金融消费者纠纷调解中心或者银行业纠纷调解中心，以"调解"作为解决纠纷的重要手段，减少了司法资源的浪费。从国际经验来看，英国的金融服务监督局下设金融巡视服务有限公司，在投诉处理制度之上，通过介入金融服务纠纷来行使保护金融消费者的职能。我国可以构建集纠纷投诉、纠纷调解、纠纷转办、纠纷案例发布于一体的纠纷解决平台，统筹各地的纠纷调解中心工作，并能通过平台运行经验，形成我国的《金融纠纷调解条例》，将金融纠纷调解的受理范围、程序内容等统一规范，以确保其科学性和可操作性（李慈强，2016）。三是建立产品服务登记和披露平台。通过汇总和发布金融机构的产品和服务信息，定期披露从业机构的运营和动态信息，监管为金融消费者构建一个公开客观

---

① 资料来源：youth.bok.or.kr。
② 金融素养是根植于消费者内在认知的综合性概念，无法直接观测，也难以直接衡量。消费者金融素养包含知识、态度、行为和技能等维度，并通过财务规划、储蓄、银行卡管理等日常金融活动外化为具体的行为。资料来源：《消费者金融素养调查分析报告（2017）》（中国人民银行金融消费权益保护局，2017年6月），http://www.pbc.gov.cn/jingrxfqy/145720/145735/3349610/index.html。

全面的信息查询平台，从而使其选购的产品和服务有平台监测及专业力量保护。通过以上三类平台化的建设，监管机构的监管手段更为丰富，监管信息更为全面，监管效果更为公正和透明。

在国家大力倡导消费金融发展的政策红利下，监管对金融消费者权益保护既面临发展际遇，也要应对乱象挑战。金融监管当局只有从被动式的监管响应转变为主动式、包容性的监管作为，通过宏观方面的监管体系构建和微观方面的行为监管"两手抓"，金融消费者的权益才能被长效保护，金融业才能高质量发展。

参考文献

[1] 董新义：《以功能性规制为基础构建金融消费者权益保护法》，《国家监察官学院学报》2016年第11期。

[2] 罗伯特·希勒：《金融与好的社会》，束宇译，中信出版社2012年版。

[3] 理查德·吉尔伯特等：《监管》，王昕璐等译，中信出版社2014年版。

[4] 李慈强：《论金融消费者权益保护视野下金融纠纷调解机制的构建》，《法学论坛》2016年第5期。

[5] 乔新生：《消费者权益保护法总论》，中国检察出版社2018年版。

[6] 世界银行：《金融消费者保护的良好经验》，中国人民银行金融消费权益保护局译，中国金融出版社2013年版。

[7] 孙天琦：《我国应该建立独立的金融业行为监管（消费者权益保护）体系》，《上海金融》2016年第4期。

[8] 徐云松：《我国金融行为监管体系的构建与发展研究：国际经验与借鉴》，《征信》2016年第8期。

[9] 杨东：《监管科技：金融科技的监管挑战与维度建构》，《中国社会科学》2018年第5期。

[10] 中国人民银行西安分行课题组：《金融消费者保护：理论研究与实践探索》，经济科学出版社2011年版。

从行业危机反思 P2P 网贷平台运营模式的困境

——兼论对互联网金融平台发展的启示

曹一秋 曾 燕

摘 要

本文从 2018 年 P2P 网贷行业危机出发，通过分析 P2P 网贷平台运营模式的现状，反思了我国 P2P 网贷平台运营模式的困境，并阐述了 P2P 网贷行业危机对互联网金融平台发展的启示。首先，梳理了我国 P2P 网贷平台的三类运营模式，包括纯信息中介模式、担保模式和债权转让模式，并分析了它们的演变过程。其次，揭示了 P2P 网贷平台运营模式的困境，主要表现为纯信息中介型平台盈利难、担保型平台流动性风险大、债权转让型平台法律风险大。再次，结合平台经济学理论和 P2P 网贷行业现状，分析了 P2P 网贷平台运营模式困境的主要成因。然后，针对平台如何提升盈利能力和防范风险，提出了 P2P 网贷平台走出困境的具体对策。最后，阐述了此次 P2P 网贷行业危机对互联网金融平台发展的四点启示。

2018年7月14日投之家因涉嫌集资诈骗被立案侦查。由于投之家是P2P网贷[①]行业最大、最权威的第三方资讯平台——网贷之家的关联平台，投之家事件对P2P网贷行业造成巨大冲击。[②] 2018年7月以来P2P网贷行业出现种种危机[③]表现：P2P网贷存量平台急剧减少、行业成交额萎缩、待还余额连续下降、出借人数和借款人数双向锐减、满标时间整体延长、债权转让数量激增等。[④] 危机爆发后，监管机构迅速介入并开展P2P网贷行业风险处置和整治工作。互联网金融风险专项整治工作领导小组办公室、P2P网络借贷风险专项整治工作领导小组办公室分类施策，对稳步推进互联网金融和P2P网贷风险化解提出了明确要求：一是尽快开展行业检查和企业自查，边查边整，即查即改；二是允许合规机构继续经营；三是引导不合规机构良性退出；四是依法严惩恶意违法违规机构；五是严厉打击借款人恶意逃废债行为，完善征信系统，建立失信惩戒制度等。[⑤] 2018年8月更多机构参与到P2P网贷风险处置工作中。例如，互联网金融行业自律协会和四大资产管理公司（AMC）等机构均参与协助化解P2P网贷行业危机。

此次P2P网贷行业危机的成因是多方面的。除了经济下行压力加大、金融业整体"去杠杆"等外部因素，P2P网贷平台提供担保或承诺保本保息、发售理财产品、开展类资产证券化业务等运营模式不规范的内部因素更是引爆此次P2P网贷行业危机的关键。因此，本文从2018年P2P网贷行业危机进行反思：P2P网贷平台运营模式的现状和困境是什么？P2P网贷平台运营模式的发展为什么会陷入困境甚至引发P2P网贷行业危机？P2P网贷平台应如何走出困境？本文将一一探讨这

---

① 2016年8月中国原银监会、工业和信息化部、公安部、国家互联网信息办公室四部委联合发布的《网络借贷信息中介机构业务活动管理暂行办法》将P2P网贷定义为"个体和个体之间通过互联网平台实现的直接借贷"。

② 资料来源：https://36kr.com/p/5143582.html。

③ 零壹财经报告《关键时刻：P2P网贷危机调研报告》指出："P2P网贷行业正在遭遇其发展史上最严重的危机。"第一财经报道《频频爆雷P2P网贷行业走向何方》也提到，"我国P2P行业面临着前所未有的流动性危机和生存发展的挑战"。

④ 资料来源：《关键时刻——网贷再出发：2018年P2P网贷危机调研与数据分析》，http://www.01caijing.com/article/34780.htm。

⑤ 资料来源：http://baijiahao.baidu.com/s?id=1607881980288723872&wfr=spider&for=pc。

些问题,为 P2P 网贷平台走出困境提供对策,并阐述 P2P 网贷行业危机对互联网金融平台[①]发展的启示。

一 P2P 网贷平台运营模式的分类及其演变

从 2005 年第一家 P2P 网贷平台 Zopa 在英国成立以来,P2P 网贷迅速传入各国,在世界范围内流行起来。由于各国的社会制度环境、经济发展等方面均存在差异,P2P 网贷平台在不同国家分化出了不同的运营模式,尤其在我国产生了多种具有"中国特色"的运营模式。下文具体介绍我国 P2P 网贷平台运营模式的分类及其演变。

(一) P2P 网贷平台运营模式的分类

国内 P2P 网贷平台的运营模式有多种分类。2015 年 10 月中国人民银行发布的《2015 中国网贷运营模式调研报告》从线上线下运营的角度将 P2P 网贷平台的运营模式分为三类:纯线上模式、线上线下相结合的 O2O 模式,以及线下针对特定行业的模式。杨东(2015)将 P2P 网贷平台的运营模式大致分为两类:一是纯信息中介服务型模式;二是前者异化而产生的模式,包括引入担保机制的担保模式和引入专业放贷人的债权转让模式。具体来说,杨东(2015)将 P2P 网贷平台运营模式分为中介服务型、担保型、债权转让型三类。2015 年 10 月,江苏省互联网金融协会发布的《P2P 平台企业收费规定指导意见(征求意见稿)》也采取了和杨东(2015)相同的分类。刘骏(2017)从 P2P 网贷监管规制的角度,沿用同一分类,但将债权转让模式进一步补充为不改变债权性质的专业放贷人模式和改变债权性质的资产证券化模式两类。此外,北京大学数字金融研究中心课题组(2018)介绍了投资人之间进行债权转让的模式。该模式又称为投资人债权变现模式,为大部分 P2P 网贷平台所采用。P2P 网贷平台在其中提供债权转让的居间

---

① 互联网金融平台是指传统金融机构与互联网企业依托互联网网站或其他类似的电子媒介实现资金融通、支付、投资和信息中介服务的新型金融商业模式,包括第三方支付平台、P2P 网贷平台、股权众筹融资平台、互联网基金销售平台等。

服务。

基于上述分类，结合 P2P 网贷平台运营现状，① 本文将我国 P2P 网贷平台的运营模式主要概括为三类：纯信息中介模式、担保模式和债权转让模式。根据担保主体，担保模式包括平台自身担保模式和第三方担保模式；根据债权债务关系，债权转让模式包括专业放贷人模式、投资人债权变现模式和资产证券化模式。下文沿着 P2P 网贷行业发展的主线，具体介绍 P2P 网贷平台运营模式的演变。

（二）P2P 网贷平台运营模式的演变

2007 年，P2P 网贷进入中国，国内成立的第一家 P2P 网贷平台定位于纯信息中介。定位于纯信息中介的 P2P 网贷平台提供信息搜集和交互、资信评估以及借贷撮合等服务。② 在这个过程中，借款人和投资人直接签订债权债务合同，P2P 网贷平台不介入资金链条参与吸收公众资金或提供贷款、不承诺刚性兑付③（杨东，2015）。2007 年 6 月，国内成立的第一家 P2P 网贷平台拍拍贷采用的就是这一模式。其成立后发展较快，累计注册用户从 2009 年 10 月的 10 万人增长到 2018 年年底的 9144 万人，成为国内用户规模最大的 P2P 网贷平台。④

2009—2011 年，P2P 网贷行业逐渐出现担保型平台。这类 P2P 网贷平台引入担保机制作为增信手段来降低投资人可能遭受的本息损失的风险。例如，2009 年上线的红岭创投以"本金垫付"的形式率先引入担保模式，成立了自己的担保公司——深圳可信担保有限公司。一旦借款人出现逾期，红岭创投将对投资人的本息先行垫付。2010 年上线的

---

① 纯线上的 P2P 网贷平台主要承担着纯信息中介的角色；线下的 P2P 网贷平台以债权转让为主；线上线下相结合的 P2P 网贷平台通常引入担保机制为投资人提供本息保障（叶湘榕，2014）。
② 资料来源：《网络借贷信息中介机构业务活动管理暂行办法》。
③ 刚性兑付是指在网贷投资过程中，P2P 网贷平台承担了投资资金安全保障的全部责任，一旦标的到期无法按约兑付，P2P 网贷平台需要自行"兜底"，垫付本金或者本息。
④ 资料来源：拍拍贷官网（https://map.ppdai.com/）和零壹财经数据统计（https://www.01caijing.com/data/index.htm）。

人人贷参照银行的风险准备金制度，首创了 P2P 网贷行业的风险备付金①模式。这两种模式都属于平台自身担保。当借款人出现逾期或违约时，P2P 网贷平台以自有资金或风险备付金先行垫付或者购买坏账合同，对逾期或违约的项目进行兜底，保障投资人的资金安全。

平台自身担保模式迎合了国内中小投资人的刚性兑付需求，带动了 P2P 网贷行业爆发式发展，但该模式也催生了一些问题平台。据 2018 年清华大学金融科技研究院课题组发布的《网贷行业 2018 年问题平台报告》显示，截至 2018 年 8 月，P2P 网贷行业新增网贷问题平台 432 家，其中有 304 家 P2P 网贷平台承诺刚性兑付②，占比达 70.6%。新增问题平台中涉嫌自融的问题平台承诺刚性兑付的比例最高，为 77.5%。③ 随着此类平台曝出的问题不断增多，监管机构逐渐对 P2P 网贷平台划上了"去自担保"的红线。④

2011 年 9 月上线的陆金所推出了与担保公司或保险公司合作的第三方担保模式。随后以人人贷为代表的不少大型 P2P 网贷平台均由平台自担保模式转变为第三方担保模式，并积极寻求与担保公司或保险公司合作。2017 年 12 月，P2P 网络借贷风险专项整治工作领导小组办公室发布的《关于做好 P2P 网络借贷风险专项整治整改验收工作的通知》提倡 P2P 网贷平台引入第三方担保对出借人进行保障。因此，第三方担保模式是监管机构允许且提倡的一种担保模式。

---

① 风险备付金又称为风险准备金、风险保证金，指 P2P 网贷平台先建立一个资金账户，当借款出现逾期或者违约时，P2P 网贷平台用该账户的资金归还投资人的安排。这一账户的资金来源有三种：一是借款人在借款时就提取一定比例放入该账户；二是 P2P 网贷平台专门拨出自有资金进入该账户；三是与 P2P 网贷平台合作的机构提供的自有资金（北京大学数字金融研究中心课题组，2018）。
② 如果 P2P 网贷平台提供风险备付金、在标的逾期或违约时使用自有资金垫付，或者有"到期回款"的承诺，则认为该平台承诺刚性兑付。
③ 资料来源：《网贷行业 2018 年问题平台报告》。
④ 资料来源：2016 年 8 月，中国原银监会、工业和信息化部、公安部、国家互联网信息办公室四部委联合发布的《网络借贷信息中介机构业务活动管理暂行办法》明确规定"网络借贷信息中介机构不得直接或变相向出借人提供担保或者承诺保本保息"。2017 年 12 月，P2P 网络借贷风险专项整治工作领导小组办公室下发的《关于做好 P2P 网络借贷风险专项整治整改验收工作的通知》再次提出"应当禁止辖内机构继续提取、新增风险备付金，对于已经提取的风险备付金，应当逐步消化，压缩风险备付金规模。同时严格禁止网贷机构以风险备付金进行宣传"。

2012年，宜信旗下的宜人贷上线，宜信开创了另一种代表性的运营模式——债权转让模式。初期宜信模式仅代表专业放贷人模式。该模式下借贷双方不直接签订债权债务合同，而是由跟P2P网贷平台紧密关联的专业放贷人先行放贷，再将债权转让给投资人。例如，宜信是由其CEO唐某作为专业放贷人；善林金融是由其法定代表人周某、执行总裁田某等作为专业放贷人。

随着P2P网贷平台的迅猛发展，债权转让模式逐渐发生了演变，其内涵也得到了扩展。为了满足投资人的流动性需求，P2P网贷平台开始提供投资人之间的债权转让模式。在该模式下，投资人可选择其在平台上投资的未到期的债权通过该平台转让给其他投资人。此外，债权转让模式还演变出了资产证券化模式。顾名思义，该模式类似于资产证券化，其他机构如担保公司和小额贷款公司通过P2P网贷平台将其资产销售给投资人。这种模式已经改变了债权性质，逐渐发挥着和银行类似的信用中介的作用，以有利网为代表（刘骏，2017；叶湘榕，2014）。

因此，随着P2P网贷行业的发展，P2P网贷平台的运营模式逐渐发生了由无担保到有担保、由信息中介到信用中介的演变。其背后发展和演变的逻辑以及存在的困境值得我们进一步深入思考。

二　P2P网贷平台运营模式的困境

在上述P2P网贷平台的三种运营模式中，纯信息中介模式的盈利能力一直备受质疑，[①] 而担保模式和债权转让模式的风险和合法性问题更是受到大家的广泛关注（李爱君，2012；杨东，2015；刘骏，2017）。下文将分别探讨P2P网贷平台不同运营模式存在的具体困境。

（一）纯信息中介型平台盈利难

纯信息中介型平台受到低收入和高成本的双重挤压，盈利空间十分有限。从收入来看，纯信息中介型平台的收入主要来自借款管理费、利

---

① 资料来源：https://www.yicai.com/news/5139289.html。

息管理费和会员管理费①。其中借款管理费与交易量呈高度正相关，在纯信息中介型平台的收入中占比最大，所以纯信息中介型平台要实现盈利必须扩大交易规模。从成本来看，P2P 网贷平台的支出主要包括平台构建、网站推广、网络借贷服务费。各 P2P 网贷平台在推广宣传上开启"烧钱"模式，推广费用构成 P2P 网贷平台的重要支出之一。根据网贷之家的整理，国内 P2P 网贷平台年推广费基本在 100 万元以上，有些甚至达到上千万元。②

纯信息中介型平台在规模较小的情况下，其收入往往无法弥补其高额支出，难以实现商业可持续。根据 2015 年 10 月江苏省互联网金融协会推出的、全国范围内首个 P2P 网贷平台收费标准《P2P 平台企业收费规定指导意见（征求意见稿）》，P2P 网贷平台要实现盈亏平衡，月成交额须达到 4800 万元的业绩水平。③ 截至 2018 年 12 月，仅有 92 家 P2P 网贷平台处于月成交额 4800 万元的平衡点以上，占正常运营平台的比例仍不到 10%。④ 因而，在低收入高成本的双重挤压下，纯信息中介型平台的盈利空间极其有限，生存难以为继。这也是大部分 P2P 网贷平台转向其他创新型运营模式的重要原因。

（二）担保型平台流动性风险大

长期来看，担保型平台引入担保机制逐渐暴露出较大的流动性风险。如前所述，平台自身担保模式下，P2P 网贷平台以自有资金或风险备付金对逾期或违约的项目进行兜底，保障投资人的资金安全。一旦借款人出现大规模逾期、反向挤兑等现象，P2P 网贷平台将面临巨大的流动性风险。

第三方担保模式下，如果由担保公司作为第三方担保机构，信用风险转嫁给担保公司。然而实际却存在担而不保、部分担保、变相自身担

---

① 借款管理费一般是 P2P 网贷平台根据实际借款额向借款人按一定费率收取的费用；利息管理费一般是 P2P 网贷平台根据回款利息向投资人按比例收取的费用；会员管理费一般是 P2P 网贷平台为其增值服务向享受会员特权的投资人一次性收取的费用。
② 资料来源：https://www.wdzj.com/news/zhengce/24058.html。
③ 资料来源：《P2P 平台企业收费规定指导意见（征求意见稿）》。
④ 资料来源：网贷之家平台成交数据统计，https://shuju.wdzj.com/。

保等现象（北京大学数字金融研究中心课题组，2018）。例如，2015年9月25日银豆网发布公告称，将启动司法程序，向中源盛祥融资担保有限公司（以下简称中源盛祥）及借款人黄某追偿。该事件的起因是银豆网曾上线"汽车配件企业流动资金周转"借款项目，由中源盛祥①推荐并承担担保。在借款人黄某发生逾期时，担保方中源盛祥却以"借款人没有失去偿还能力，短期内就能自行解决"为由拒绝代偿。②此外，如果由保险公司作为第三方担保机构，保险公司的担保也往往只会覆盖P2P网贷平台的优质资产而不是P2P网贷平台的所有借款项目。因此，大部分资产出现逾期或违约时，P2P网贷平台只能自行兜底。由此看来，该模式下P2P网贷平台仍然承受着较大的流动性风险。

（三）债权转让型平台法律风险大

债权转让型平台较易产生非法集资等现象，存在较大的法律风险。如前所述，债权转让模式分为三类：专业放贷人模式、投资人债权变现模式和资产证券化模式。其中投资人债权变现模式符合《中华人民共和国合同法》③（以下简称《合同法》）的规定。此外，监管对于P2P网贷投资人之间的债权转让行为并未有明确禁止的规定。可见，投资人债权变现模式具有一定的法律基础，在实际操作中法律风险较小。然而专业放贷人模式和资产证券化模式则存在较大的法律风险。

专业放贷人一般与P2P网贷平台具有关联关系，为平台自融和"庞氏骗局"创造了极为有利的条件。例如，2018年4月24日上海市公安局曝光善林金融的600亿"庞氏骗局"，其销售的"鑫月盈"等债权转让产品涉嫌非法吸收公众存款。④善林金融的法定代表人周某不仅是专业放贷人，还是善林金融的实际控制人。这就为平台自融提供了极

---

① 中源盛祥担保有限公司成立于2009年7月13日，法定代表人为徐某，注册资本50000万元，主要经营范围是融资性担保业务：债券担保、贷款担保、票据承兑担保、贸易融资担保、项目融资担保、信用证担保及其他融资性担保业务。

② 资料来源：http://money.people.com.cn/n1/2018/0423/c42877-29942542.html。

③ 资料来源：《中华人民共和国合同法》。债权人可以将全部或者部分债权转让给第三人，但有下列情形之一的不能将合同权利转让：（1）根据合同性质不得转让；（2）按照当事人约定不得转让；（3）依照法律规定不得转让。

④ 资料来源：http://www.sohu.com/a/229462814_226049。

为有利的条件。① 善林金融的投资人资金无第三方存管，资金大量流入周某的个人账户和关联公司中，属于严重自融行为。善林金融失去了信息中介的本质，靠着借新债还旧债的方式维持运作，是典型的"庞氏骗局"。

资产证券化模式涉及担保公司和小额贷款公司等机构已有资产的转让。P2P网贷平台将该类资产进行拆标打包后销售给投资人，其产生的现金流构成投资人的收益。这本质上属于发行证券，应由证监会来监管，并需要获得相应的金融牌照。然而国内绝大部分P2P网贷平台不仅没有相应的金融牌照，也没有及时得到相应部门的监管，它们随时可能面临被取缔的法律风险。此外，经济下行可能导致这些基础资产质量下降，其风险传递至资金端的P2P网贷投资人，超出了P2P网贷投资人的风险承受能力。

综上，初期大部分纯信息中介型平台由于盈利难而缺乏持续经营能力。而后P2P网贷行业出现了担保型平台和债权转让型平台，它们又分别存在较大的流动性风险和法律风险。这样的困境一直未能得到解决，再加上经济下行压力加大、平台竞争加剧等其他方面的因素，最终导致了P2P网贷行业危机的爆发。下文具体分析困境的主要成因。

三 P2P网贷平台运营模式困境的主要成因

前文梳理了P2P网贷平台运营模式的现状，揭示了P2P网贷平台运营模式发展中面临的困境。为了帮助P2P网贷平台走出困境，本文首先挖掘困境背后的主要成因。下文结合平台经济学理论和P2P网贷行业现状，分析P2P网贷平台运营模式困境的四个主要成因。

成因1：消极的网络效应②使纯信息中介型平台盈利难。P2P网贷

---

① 资料来源：http://finance.sina.com.cn/fawen/dz/2018-04-25/doc-ifzqvvsa9356912.shtml。

② 网络效应也称为网络外部性，是指产品价值随购买这种产品及其兼容产品的消费者的数量增加而增加。双边市场中的网络效应有直接网络效应和间接网络效应两种，此处的网络效应指间接网络效应，即对P2P网贷平台一边的投资人（借款人）而言，另一边借款人（投资人）越多，在平台上成功匹配并成功交易的可能性就越大，这样平台对其吸引力也越大。因此，投资人（借款人）在决定是否到平台上注册交易时会考虑平台另一边的用户规模。

平台具有由借款人和投资人构成的双边市场网络效应（Rochet and Tirole，2003；Armstrong，2006），表现为平台一边用户对另一边用户创造的价值与其规模有关。当P2P网贷平台存在网络效应时，平台会面临"鸡和蛋"的问题：为了吸引投资人，P2P网贷平台上需要有大量优质借款人，而借款人选择P2P网贷平台又依赖于投资人的规模。相较于担保型和债权转让型平台，在不引入担保和专业放贷人的情况下，纯信息中介型平台的网络效应更加明显。纯信息中介型平台能否营造积极的网络效应是保证其创造价值和持续盈利的关键。

目前来看，大部分纯信息中介型平台产生的消极网络效应加大了盈利难度。P2P网贷平台为了扩大网络效应，逐渐放松风控标准。借款人逐渐从相对优质借款人放松为不合格借款人，使大批不合格借款人成功融资。这些行为表面上扩大了网络效应，吸引双边用户到平台上来，让双方有更多匹配的可能性，但同时也大大增加了投资人甄别、匹配合适借款人的难度。尤其在借款人风险较高的情况下，该问题更加突出。这时候P2P网贷平台会产生消极的网络效应，导致投资人参与的积极性下降，甚至可能使投资人退出平台。由此来看，如果P2P网贷平台不能帮助借贷双方实现有效的匹配，就无法发挥出网络效应的优势，P2P网贷平台的盈利能力会受到极大的制约。

成因2：P2P网贷投资人的刚性兑付需求和借款人的道德风险使担保型平台流动性风险大。一方面，P2P网贷投资人的刚性兑付需求催生出了担保模式。与美英两国[①]不同的是，中国的网贷投资人以不合格个体投资人[②]为主，他们的投资经验和资金实力均不足。根据网贷之家2018年网贷投资人调查结果，2018年P2P网贷投资人中"80后""90后"占比将近一半；月收入低于10000元（含）的投资人占80.68%，其中36.46%的投资人月收入在1000—5000元（含）。另外，表示接受

[①] 沈艳和李苍舒（2018）将网络借贷结构模式概括为美国模式、英国模式和中国模式。其发现美国模式是少量的机构投资人对应多数个体借款人，英国模式则是大量合格个体投资人对应大量中小微企业借款人。

[②] 2016年8月，中国原银监会、工业和信息化部、公安部、国家互联网信息办公室联合发布了《网络借贷信息中介机构业务活动管理暂行办法》。该办法第十四条提到，"参与网络借贷的出借人，应当具备投资风险意识、风险识别能力、拥有非保本类金融产品投资的经历并熟悉互联网"。

借款项目逾期、本金不受损即可的投资人占比最高,为 53.27%。① 由此可见,这样一个群体不但不具备甄别借款人风险的能力,而且风险承受能力较低,习惯刚性兑付。为了吸引投资人,P2P 网贷平台创新出担保模式,将本应由投资人自行承担的风险转移到平台自身或担保公司、保险公司等第三方。

另一方面,P2P 网贷借款人的道德风险给担保型平台带来极大的流动性风险。P2P 网贷作为传统金融体系的补充(De Roure et al.,2018),主要是满足个人、小微企业主等借款人的融资需求。由于我国个人征信体系不健全,借款人的违约成本②较低,借款人存在严重的道德风险。央行的征信体系并不对全部 P2P 网贷平台开放,即便借款人违约,P2P 网贷平台也不一定能将其列入央行的征信黑名单。③ 因此,借款人就算违约也无须顾虑被限制消费、纳入征信黑名单等间接的潜在成本,违约成本极低。这样就滋生了 P2P 网贷行业的恶意逃废债行为,表现为借款人具有还款能力,但不履行还款责任。这样的话,一旦借款人出现大规模逾期、恶意逃废债等反向挤兑现象,担保型平台将面临巨大的流动性风险。

成因 3:债权转让型平台的资金链过长使债权债务关系和资金信息不透明,从而平台存在违规操作的空间,平台暴露出极大的法律风险。如前所述,专业放贷人模式和资产证券化模式下平台存在较大的法律风险。这两种模式均打破了借款人和投资人直接的债权债务关系,专业放贷人或第三方机构介入资金链中。专业放贷人或第三方机构先将资金出借给借款人获得债权,再将债权通过 P2P 网贷平台转让给投资人,使资金链变长。因此,对投资人来说,原债权债务关系和资金信息均不透明,平台存在极大的违规操作的空间。

在原债权债务关系不透明的情况下,P2P 网贷平台可能制造虚假债

---

① 资料来源:《2018 P2P 网贷投资人问卷调查报告》,https://www.wdzj.com/news/yan-jiu/3735295.html。

② 违约成本包括违约金、滞纳金、逾期利息等直接的财务成本,也包括限制消费,纳入征信黑名单等间接的潜在成本。

③ 直到 2018 年 11 月,首批网络借贷平台借款人"恶意逃废债"信息才被正式纳入央行征信系统。

权或者重复转让债权。监管机构难以确认该债权的真实性，以及是否存在债权重复转让情形。此外，P2P 网贷平台可能将原债权进行期限拆分①，导致投资人的标的借款期限可能与原债权债务关系中的借款期限不匹配。这触碰到了禁止 P2P 网贷平台进行期限拆分的法律红线，产生期限错配的法律风险。另外，在资金信息不透明的情况下，平台极易涉嫌自融、形成资金池和非法集资。债权转让模式形成的资金池信息不透明，平台极大可能出现挪用、诈骗甚至卷款跑路等法律风险。

如上所述，P2P 网贷平台运营模式陷入困境有多方面的成因。基于这些成因，我们可以提出相应的对策，帮助 P2P 网贷平台走出困境。

四　P2P 网贷平台运营模式困境的对策

P2P 网贷平台在纯信息中介模式之上发展出了担保模式和债权转让模式，后两种运营模式随后发生了不同程度的演变。P2P 网贷平台运营模式在发展和演变过程中陷入了困境，主要体现在纯信息中介模式盈利难、担保模式流动性风险大和债权转让模式法律风险大。结合平台经济学理论和 P2P 网贷行业现状，我们发现平台自身的网络效应、信息透明度等是困境的主要成因。下文将主要从平台角度提出 P2P 网贷平台走出困境的对策，具体阐述如下。

（一）优化收支结构

收支结构决定着 P2P 网贷平台的盈利能力，良好的盈利能力有助于平台实现长期可持续发展。如前所述，P2P 网贷平台偏离信息中介的主要原因就在于纯信息中介型平台的盈利空间有限，商业可持续性不足。然而当下监管机构已明确要求 P2P 网贷平台回归信息中介。因此，P2P 网贷平台能否顺利回归信息中介的关键就在于其能否提升纯信息中介模式的盈利能力。而盈利包含收入和支出两个维度，因此，P2P 网贷平台应通过优化收支结构突破盈利"瓶颈"。

优化收支结构主要从收入多元化和结构性优化成本两方面着手。一

---

① 期限拆分是指将长期标的拆成短期标的。

方面，为了实现收入多元化，P2P 网贷平台需谋求多元化发展。定位于纯信息中介的 P2P 网贷平台在自身业务范畴和规模允许的情况下，可以立足借贷业务构建起核心的技术能力，从而开辟新的平台业务。这不仅可以提高平台用户的精准匹配能力，为平台用户提供更精准、个性化的服务，还能将技术输出给其他金融机构，为其赋能搭建场景、提供流量入口和大数据风控等。例如，2017 年宜人贷发布科技能力共享平台（Yirendai Enabling Platform，以下简称 YEP 共享平台），通过 YEP 共享平台向合作伙伴输出核心技术能力，包括数据、反欺诈能力和精准获客。[①] 可见，P2P 网贷平台可以基于构建的技术能力提升原有借贷业务的价值创造能力，同时还能支撑其开辟新的平台业务，实现收入多元化，突破现有盈利"瓶颈"。

另一方面，为了结构性地优化成本，在用户获取上，P2P 网贷平台应转变原来以数量和增量优先的理念，转向以质量和存量优先。这就需要 P2P 网贷平台通过提高科技投入提升现有用户的服务质量和价值，而不是盲目地扩大规模，使获客成本居高不下。拍拍贷 CEO 表示，拍拍贷持续的科技投入和技术积累带来效率的不断提升是其实现盈利最根本和最核心的因素。[②] 另外，在运作模式上，P2P 网贷平台应向轻资本线上运作模式转型。我国 P2P 网贷平台创新出线上线下相结合的 O2O 模式。线下的获客成本极高，而线上覆盖面更广、成本更低。因此，P2P 网贷平台应转变传统的线下为主的模式和思维，主动向轻资本线上运作模式转型，从而扩大覆盖范围，降低获客成本。

（二）转换风险管理方式

有效的风险管理能在一定程度上保障投资人的资金安全和降低 P2P 网贷平台的流动性风险。P2P 网贷投资人的利益主要受借款人的信用风险的影响。部分 P2P 网贷平台通过自身担保或变相自身担保降低投资人可能遭受的本息损失的风险。然而此次 P2P 网贷行业危机中，大部分 P2P 网贷平台出现资金链断裂、投资人和借款人双向挤兑、债权转

---

① 资料来源：https://www.sohu.com/a/128126026_564214。
② 资料来源：https://www.yicai.com/news/5369104.html。

让数量激增等流动性问题。这暴露出P2P网贷平台自身担保的风险管理方式的缺陷。因此，P2P网贷平台亟须转换风险管理方式，以降低平台的流动性风险。

P2P网贷平台可以将内部风险分散和外部风险缓释相结合来管理借款人的信用风险。P2P网贷平台应加强投资人风险教育，打破刚性兑付，引导投资人小额分散投标且自觉做好资产配置，将借款人的信用风险在多个投资人之间进行分散。如果风险定价合理且总体上能覆盖违约损失，那么大多数投资人可以按期收回本息（北京大学数字金融研究中心课题组，2018）。此外，监管机构提倡P2P网贷平台采取引入第三方担保的方式对投资人进行保障。因此，P2P网贷平台可适当引入有资质、有意愿的担保公司或保险公司等第三方担保，起到外部风险缓释的作用，与内部风险分散形成有益补充。

（三）加强硬信息和软信息的披露

P2P网贷平台的信息保持透明，能够督促平台健康化、阳光化发展，完善平台治理，有力地防范法律风险。通过对比中国和美国的P2P网贷平台，发现美国的平台信息透明度远远高于我国。例如，同样是债权转让型平台，Lending Club平台的债权债务关系基本是一一对应的。即使Lending Club平台倒闭，投资者仍可以完好无损地获得借款人的债权。然而在上文所述的善林金融事件中，其投资人的资金却去向不明，资金安全受到平台自身安全极大的影响。这也反映出我国P2P网贷平台在信息不透明的情况下存在严重的平台治理问题。另外，P2P网贷平台保持信息公开透明是顺应监管的要求，有助于平台减少监管政策的不确定性，从容应对外部监管环境的变化。因此，P2P网贷平台提高信息透明度有助于平台健康化、阳光化发展，完善平台治理，提前防范法律风险。

P2P网贷平台可以加强硬信息和软信息的披露，以提高平台的信息透明度。在硬信息方面，2017年中国原银监会制定的《网络借贷信息中介机构业务活动信息披露指引》（以下简称《信披指引》）对信息披露内容有较为详尽的说明。P2P网贷平台应按照《信披指引》的要求，真实、准确、完整、及时地披露平台的运营等相关信息，实现平台良好的自我治理。在软信息方面，平台可以主动建立和维护社群。平台用户可以通过社群及时了解有关平台的媒体报道、用户评论及互动等软信息，由平台自治提升为社会公众共同参与的社会共治。硬信息和软信息的共同披露将进一步提升平台的信息透明度，完善平台治理，防范法律风险。

五 P2P网贷行业危机对互联网金融平台发展的启示

P2P网贷行业危机引发了大家对互联网金融平台发展的思考。除P2P网贷平台外，我国还存在第三方支付平台、众筹融资平台等其他互联网金融平台。这些互联网金融平台和P2P网贷平台具有一些共同之处：服务对象都是中低收入个人、小微企业等长尾群体、平台都存在网络效应等。因而互联网金融平台发展可从P2P网贷行业危机中获得一些启示，具体概括为以下四点。

启示1：互联网金融平台应理性扩张，以提升服务质量和价值优先，持续创造盈利能力。P2P网贷平台连接着借款人和投资人，具有典型的双边市场网络效应。纯信息中介模式下其盈利水平严重依赖于交易规模。为了扩大网络效应，P2P网贷平台盲目扩张，以增加数量和规模优先，反而造成了消极的网络效应，盈利能力进一步下降。因而P2P网贷平台应摒弃原来的以增加数量和规模优先的理念，转向以提升服务质量和价值优先。这有利于P2P网贷平台创造积极的网络效应，进一步吸引用户，从而扩大网络效应，形成良性反馈和循环。此外，P2P网贷平台通过多元化发展和轻资产线上运作优化收支结构，能够大大提升盈利能力。

互联网金融平台也应发挥积极的网络效应，并基于此创造持续的盈利能力。互联网金融平台普遍存在双边市场的网络效应。例如，第三方支付平台连接着商家和消费者，众筹融资平台连接着融资者和投资者。尽管网络效应对互联网金融平台的盈利能力起着关键作用，互联网金融平台也应理性扩张，以提升服务质量和价值优先，创造积极的网络效应。再者，基于网络效应，互联网金融平台还应积极优化收支结构，实现收入多元化和成本优化，提升盈利能力。

启示 2：互联网金融平台应采取内部和外部风险管理相结合的风险管理方式。此次 P2P 网贷行业危机暴露出 P2P 网贷平台较大的流动性风险。对于借款人违约或逾期，P2P 网贷平台通过自身担保或变相自身担保来降低投资人可能遭受的本息损失的风险。这样的风险管理方式显然会大大增加平台的流动性风险，不具有有效性和可持续性。P2P 网贷平台只有将内部风险分散和外部风险缓释相结合，才能有效管理借款人的信用风险，最大限度地保障投资人的资金安全，同时降低平台自身的流动性风险。

互联网金融平台应发挥平台在风险控制中的正确作用，将内部和外部风险管理相结合。一方面互联网金融平台可通过技术投入构建完善的内部风控体系，控制整体风险。另一方面互联网金融平台还可适当引入保险等外部风险缓释机制以降低交易风险等。例如，支付宝不仅构建起"AlphaRisk 智能风控引擎"为用户提供安全的账户系统，还通过账户安全保障和支付宝账户安全险为会员或用户的资金安全提供双重保障。前者是由支付宝为所有会员购买的保险，保费由支付宝承担，保险公司承担一次理赔责任。后者是用户自行投保的商业保险，保期一年，保险公司承担无限次理赔责任。[①]

启示 3：互联网金融平台应主动加强信息披露，完善平台治理。大部分 P2P 网贷平台的信息不透明，为其创造了自融、非法集资等违规操作的空间，平台存在较大的法律风险。当外部监管趋严，大部分 P2P 网贷平台经不起严格的合规检查，纷纷跑路、"爆雷"。因此，P2P 网贷平台应通过硬信息和软信息的共同披露进一步提升平台的信息透明度，完善平台治理，从而防范法律风险。

互联网金融平台也需要提高平台的信息透明度，主动完善平台治理和防范法律风险。互联网金融平台不仅要主动跟进监管的信息披露要求，严格进行自我披露，还可通过去中心化的区块链技术建立数据披露和共享机制，促进互联网金融平台间的信息自由、安全、公平披露和共享。例如，互联网支付平台的征信信息能够帮助 P2P 网贷平台更加精准地评估借款人的信用风险以及投资人的风险承受能力；P2P 网贷平台

[①] 资料来源：https://cshall.alipay.com/lab/help_detail.htm?help_id=510493。

间共享借款人恶意逃废债数据能够有效遏制借款人的多头借贷或恶意借贷现象。互联网金融平台间更大范围内的信息披露将有助于完善平台治理，平台自治和社会共治共同推动平台向合法合规方向良性发展。

启示4：互联网金融平台应坚持践行普惠的发展宗旨。相比于传统银行，P2P网贷平台主要针对中低收入个人、小微企业等长尾群体，致力于解决他们的融资难问题，弥补传统金融体系的不足，提高金融服务的可得性。经过此次P2P网贷行业危机，拍拍贷、宜农贷等践行服务小微、服务三农的P2P网贷平台经受住了危机的冲击，而那些脱离实体经济需求进行非法集资的P2P网贷平台则纷纷被淘汰出局。

互联网金融平台的主要服务对象同样是中低收入个人、小微企业等长尾群体。例如，第三方支付平台服务于广大中小商家和消费群体，众筹融资平台为小微企业提供重要的融资渠道。[①] 2016年1月国务院发布的《推进普惠金融发展规划（2016—2020年）》（以下简称《发展规划》）提到"发挥互联网促进普惠金融发展的有益作用"，为互联网金融平台明确了践行普惠的发展宗旨。然而我们看到现实中一些现金贷、校园贷平台利率畸高，显然已经违背了践行普惠的发展宗旨，有些甚至严重损害投资人利益和影响社会稳定。因此，互联网金融平台应深入践行《发展规划》的普惠宗旨，回归到长尾、普惠的市场定位上来。例如，第三方支付平台应为社会公众提供便捷的支付服务，服务于中小商家发展；众筹融资平台应大力支持创新创业。[②] 这样互联网金融平台才能形成传统金融的有益补充，进一步提升金融服务的广度和深度，更好地服务实体经济发展。

参考文献

［1］ Armstrong M.，"Competition in Two – Sided Markets"，*The RAND Journal of Economics*，2006，37（3）：668 – 691.

［2］ De Roure C.，Pelizzon L.，Thakor A. V.，"P2P Lenders versus

---

① 根据人创咨询发布的报告《中国众筹行业发展报告（2018·上）》显示，2018年上半年全国众筹融资平台主要为小微企业成功融资40274个项目，融资额达到137.11亿元，http://www.zhongchoujia.com/data/。

② 资料来源：《推进普惠金融发展规划（2016—2020年）》。

Banks: Cream Skimming or Bottom Fishing?", https://ssrn.com/abstract=3174632, 2018-4-18.
[3] Rochet J., Tirole J., "Platform Competition in Two-Sided Markets", *Journal of the European Economic Association*, 2003, 1 (4): 990-1029.
[4] 北京大学数字金融研究中心课题组：《网络借贷风险缓释机制研究》，《新金融评论》2018年第4期。
[5] 刘骏：《个体网络借贷规制进路分析》，《中南大学学报》（社会科学版）2017年第1期。
[6] 李爱君：《民间借贷网络平台的风险防范法律制度研究》，《中国政法大学学报》2012年第2期。
[7] 杨东：《P2P网络借贷平台的异化及其规制》，《社会科学》2015年第8期。
[8] 叶湘榕：《P2P借贷的模式风险与监管研究》，《金融监管研究》2014年第3期。

以史为鉴

——P2P 网贷发展历程对我国金融创新的启示

康思阳 曾 燕

摘 要

本文主要研究了我国 P2P 网贷发展历程中表现出的发展症结以及对我国金融创新的启示。首先，梳理了我国 P2P 网贷的发展历程，并指出了 P2P 网贷发展中非理性催生的繁荣、扭曲的发展轨道和长期的监管空白三大发展症结。其次，从我国 P2P 网贷的准入门槛、监管缺陷、投资者保护三个角度反思我国 P2P 网贷发展症结的深层原因。最后，得出了 P2P 网贷发展历程对我国金融创新的一些启示，主要包括提高涉众型金融创新的机构准入门槛，金融创新务必恪守价值使命，探索监管与创新的平衡之道，加强投资者保护。

2018 年 11 月 7 日，湖南省地方金融监督管理局公布了《湖南省 P2P 网络借贷风险专项整治第一批取缔类机构名单公告》，宣布已确定第一批取缔类 P2P 网贷机构 53 家并公布了具体名单。一时间整个 P2P 网贷[①]市场产生了不小的震动，人们纷纷猜测这是否意味着 P2P 网贷即将面临全国性的清退。

---

① 2016 年，中国原银监会颁布《网络借贷信息中介机构业务活动管理暂行办法》，将 P2P 网贷定义为"个体和个体之间通过互联网平台实现的直接借贷"。

曾经发展势头迅猛的 P2P 网贷行业何以走到今日逐渐被清退的地步？P2P 网贷到底经历了什么？P2P 网贷的前景如何？面对这样的疑问，我们不妨把时间拨回到 2007 年 6 月——中国第一家 P2P 网贷平台"拍拍贷"在上海注册成立，回溯我国 P2P 网贷的发展历程，在尘封的历史中寻找答案。

一 我国 P2P 网贷的发展历程

自 2007 年 6 月我国第一家 P2P 网贷平台成立至 2018 年年末，我国 P2P 网贷走过了 12 年。12 年间我国 P2P 网贷从无到有，经历了成长和蜕变，也有过疯狂和低潮。回顾过去，我国 P2P 网贷发展历程可以概括为以下四个发展阶段。

（一）2007—2011 年：生于毫末

"合抱之木，生于毫末；九层之台，起于累土"，2007—2011 年是我国 P2P 网贷的萌芽阶段。彼时人们对 P2P 网贷这一舶来品并没有太大的兴趣，"网络小贷"还是个新鲜词汇。作为当时新生的业态，P2P 网贷并未受到太多的关注。

该时期的 P2P 网贷行业内只有零零星星的一些平台相继成立，行业热度总体呈现上升趋势。根据零壹财经的行业数据，2007 年国内只有两家 P2P 网贷平台，分别是拍拍贷和翼龙贷。直到 2010 年 1 月，P2P 网贷平台累计数量才达到两位数。从 2010 年开始，P2P 网贷行业逐渐有了活力，累计平台数量开始逐月增加。在 2011 年年末，P2P 网贷累计平台达到 62 家。[①]

（二）2012—2013 年：春潮涌动

2012 年和 2013 年是我国 P2P 网贷行业觉醒和发展壮大的两年。两年时间里，P2P 网贷作为互联网金融的重要创新模式开始受到社会的高

---

① 资料来源：零壹财经网贷行业数据统计，https://www.01caijing.com/data/industry.htm。

以史为鉴 | 101

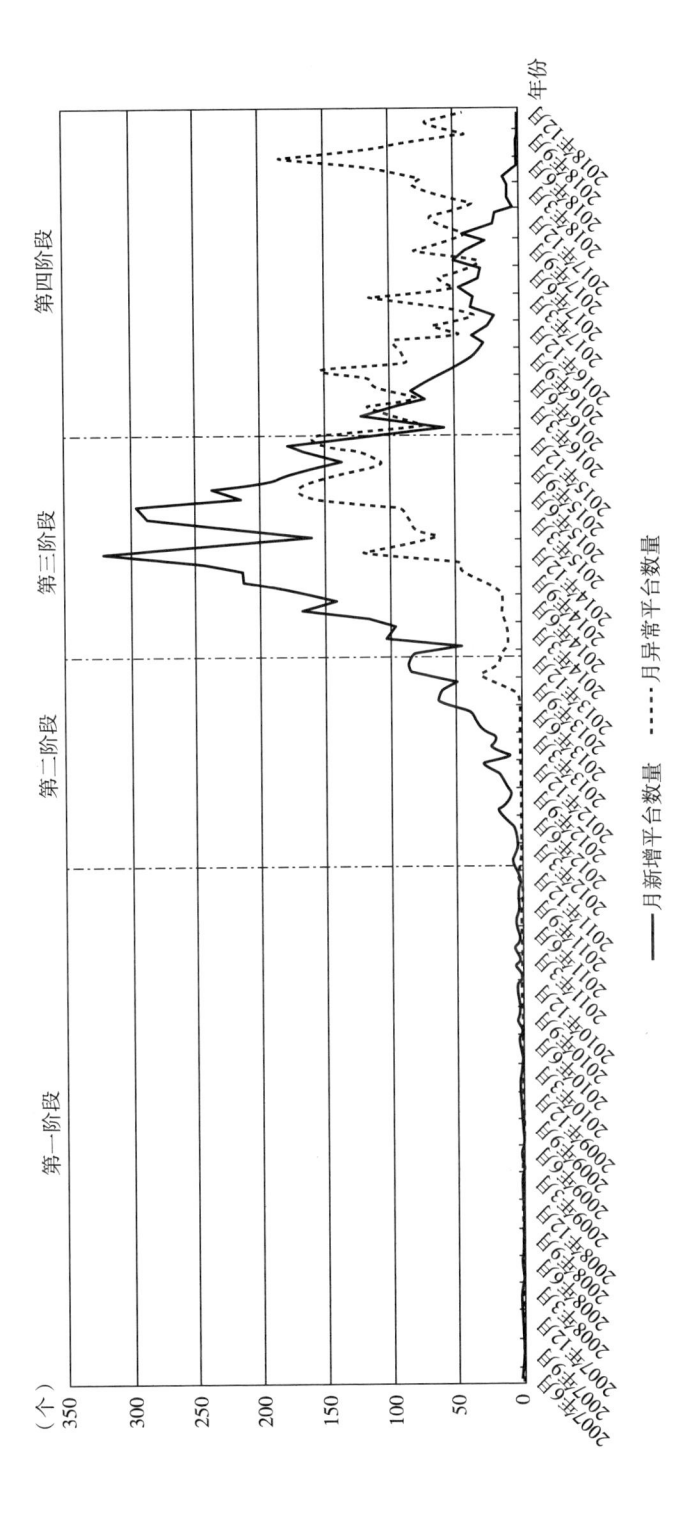

图 1 2007 年 6 月至 2018 年 12 月每月新增平台数及月异常平台数

注：数据来自零壹财经网贷行业数据统计。

度关注，P2P网贷平台理财也逐渐成为投资者青睐的理财方式。可以说，沉寂了5年的P2P网贷行业迎来了自己的春天。

该时期的P2P网贷行业累计平台数量持续走高，行业总体呈现出加速增长的趋势。2012年，P2P网贷行业开始产生了微妙的变化，P2P网贷行业逐渐热闹起来，累计平台数于当年8月突破100家。[①] 2013年被称为我国互联网金融元年，也是P2P网贷行业极为不平凡的一年。那一年发生了两件极具标志性意义的事件。一是2013年5月新闻联播以标题《小微金融：网络新生态融资新模式》正面报道P2P网贷，P2P网贷普惠、高效的积极形象得到认同；二是余额宝于2013年6月13日横空出世，上线仅一个月投资量就突破了100亿。余额宝的成功让大家看到了全民理财意识的觉醒以及我国资管行业、理财行业的巨大潜能。以这两件事情发生的年中作为时间节点，我们清楚地看到2013年下半年我国P2P网贷行业的发展明显加速。

（三）2014—2015年：野蛮生长

2014年和2015年是我国P2P行业发展历程中最具代表性的两年。一方面是月新增平台数量的暴涨，另一方面是月异常平台数量的剧增，可谓冰火两重天。

从新增平台数量上看，2014年3月新增平台数超过100家，2014年12月创下月新增平台数的最高纪录319家，2015年全年中有6个月的月新增平台数超过200家。2014—2015年的两年时间里累计新增平台4428家，[②] 是过去7年总和的6倍。从异常平台数量上看，月异常平台数在2014年12月达到123家、在2015年7月破纪录达到172家。2014年全年累计异常平台342家，2015年全年累计异常平台更是达到令人咋舌的1409家，而在2013年只有73家。[③]

[①] 资料来源：零壹财经网贷行业数据统计，https://www.01caijing.com/data/industry.htm。

[②] 同上。

[③] 同上。

(四) 2016—2018 年：拨乱为治

监管归位、合规整治是 P2P 网贷行业这三年发展的关键词。2016 年 3 月 5 日国务院总理李克强作政府工作报告将"规范发展互联网金融"列入 2016 年重点工作部分，标志着互联网金融行业迈入了深度的整顿调整期。在"一个办法三个指引"制度框架初步形成后，P2P 网贷行业开始了全面的纠错。2017 年 12 月 P2P 网贷风险专项整治工作领导小组下发《关于做好 P2P 网络借贷风险专项整治整改验收工作的通知》，备案成为随后 P2P 网贷行业的工作重点。在原本于 2018 年 6 月底前完成的网贷备案工作延期后，2018 年 8 月领导小组再度下发《关于开展 P2P 网络借贷机构合规检查工作的通知》，并同时列出 108 条合规检查清单，全国统一的合规检查正式开始。①

监管大势下，风头一时无两的 P2P 网贷行业陡然失速。从新增平台数量上看，月新增平台自 2016 年年初开始持续下滑，2017 年中稍有反弹后随即跌入了冰点，2018 年 1 月上线平台数量为该年度最高，达到 19 家，当年下半年连续多月月新增平台数为零。② 据零壹财经《2018 中国 P2P 网贷行业年报（简版）》，截至 2018 年 12 月 31 日零壹数据监测到的 P2P 网络借贷平台共 6063 家，其中正常运营的平台数量为 1185 家（占比 19.5%），同比减少 46.8%，异常平台（不含转型、争议和良性退出的平台）数量为 4672 家（占比 77.1%）。③ 2018 年全年度上线的平台数量仅 55 家，同比减少了 85.8%。成交量方面，月成交量在 2017 年 7 月达到 2536.76 亿元的历史最高值后持续下降，2018 年 12 月成交量 1060 亿元。④

P2P 网贷行业增长失速标志着我国 P2P 网贷的一系列监管举措的效果得到初步显现，行业的混乱得到初步治理。在可预见的未来，行业整

---

① 资料来源：网贷之家《2018 中国网络借贷行业年报》，https：//www.wdzj.com/news/yc/3693 772.html。
② 资料来源：零壹财经网贷行业数据统计，https：//www.01caijing.com/data/industry.htm。
③ 全文可见 https：//www.01caijing.com/article/34230.htm。
④ 资料来源：网贷之家网贷数据，https：//shuju.wdzj.com/industry-list.html。

顿和治理仍然是 P2P 网贷的主旋律，规范化、阳光化依然是 P2P 网贷的发展方向。

二 我国 P2P 网贷的发展症结

P2P 网贷作为源于英美等国的舶来品，在我国的发展中表现出极强的特色。纵观 12 年的发展历程，以下三大发展症结长期伴随着我国 P2P 网贷的发展。

（一）非理性催生的繁荣

非理性催生的繁荣是指我国 P2P 网贷由一时狂热而催生的泡沫。2014 年前后，流动性宽松、居民理财意识觉醒、互联网金融的光环等多种因素催生了互联网金融的风口。于是，各类风投资本纷纷布局 P2P 网贷行业，各路资金也纷纷参与到 P2P 网贷理财当中，造就了 P2P 网贷一时极端而非理性的繁荣。

P2P 网贷的非理性繁荣，在行业数据和平台背景两方面体现得尤为明显。从累计平台数量上看，在 2013 年 7 月至 2015 年年末不到 3 年的时间内累计新增平台 4777 家，[1] 占 2007 年至今累计平台数量约 85%。从月新增平台数量上看更为直观，如图 1 所示，我们可以清晰地看到月新增平台数量在短时间内急剧地暴涨和随后快速地坠落。从成交量上看，我国 P2P 网贷成交量自 2014 年开始暴增，2014 年 1 月成交量为 117.68 亿元，2016 年 12 月剧增至 2443.26 亿元，[2] 3 年时间增长 20 倍。从平台背景来看，P2P 网贷平台的早期发起人是以互联网创业者为主，但到 2014 年 P2P 网贷平台背景开始产生了细分：民营系、银行系、上市系、国资系和风投系。无数民营资本、国资、上市公司等竞相逐鹿 P2P 网贷。大量的 P2P 网贷平台创始人并无核心风控能力，也无相关运营经验，但都急急忙忙地成立 P2P 网贷平台试图"捞一把"。然而，非

---

[1] 资料来源：零壹财经网贷行业数据统计，https://www.01caijing.com/data/industry.htm。

[2] 资料来源：网贷之家网贷数据，https://shuju.wdzj.com/industry-list.html。

理性的繁荣终究无法长久,当流动性宽松和监管宽松不再,P2P 网贷的泡沫也随即破裂,于 2016 年进入整顿调整期。

(二) 扭曲的发展轨道

扭曲的发展轨道是指我国 P2P 网贷平台偏离信息中介的定位和异化经营。正规的 P2P 网贷平台应该坚持信息中介的定位,其业务模式是借助互联网技术提供线上的信贷撮合服务。但平台有极强的动机进行异化,主要出现了如下几种异化经营行为:资金池、期限拆分、类资产证券化、自融。资金池模式是 P2P 网贷平台将投资人的资金归集到一起形成所谓资金池,然后再寻找有融资需求的对象,资金的进出都通过平台所形成的资金池。平台形成资金池的目的是实现在个别违约情况下挪用资金进行补偿以实现平台承诺的刚性兑付。期限拆分是指平台将长期借款标的拆成短期,大额拆成小额,其目的是增加平台交易量和规模。在资金池基础上的类资产证券化则实现了平台的风险转移。自融行为则是平台实控人利用 P2P 网贷平台为自己的企业融资,使平台彻底沦为控制人的利己工具。

上述偏离 P2P 网贷信息中介定位的行为,催生了"爆雷""跑路"等恶性事件。2012 年,被称为"网贷第一案"的优易网跑路案件爆发,该平台控制人将平台资金流入了个人账户并进行期货投机。[①] 2015 年震惊金融圈的 e 租宝事件爆发。打着"互联网金融"旗号的 e 租宝,在上线短短一年多时间融资规模达 700 多亿元,投资人遍布全国 31 个省市区,[②] 其创始人将投资者资金用于个人和员工的奢侈消费,最终"庞氏骗局"被揭穿。最雷人的骗局当属 2014 年"恒金贷"。据"网易财经"2014 年 6 月 29 日讯,一家名为恒金贷的 P2P 网贷平台开业当天公告称将举行为期三天的优惠活动,但在投资人参与后,当天下午网站就打不开了,开业第一天就跑路,创下了 P2P 网贷平台最快跑路的历史

[①] 资料来源:证券时报网,http://www.stcn.com/2014/1010/11764135.shtml。
[②] 资料来源:"网贷之家"中国网贷行业十大事件盘点,https://www.wdzj.com/news/yc/140581.html。

纪录。①

(三) 长期的监管空白

在我国 P2P 网贷发展过程中，监管空白长期存在，且主要体现在以下两方面。一方面，P2P 网贷长期游走在传统的金融监管框架之外。P2P 网贷属于新生业态，早期的金融政策法规对其缺乏约束力，相关机构也找不到合适的法律将其纳入监管范围。因此早期的 P2P 网贷行业的监管没有统一、明确的监管机构管理，有关部门之间存在推诿扯皮、都不想管的问题。该问题持续多年，直到 2018 年 11 月 13 日，随着《中国银行保险监督管理委员会职能配置、内设机构和人员编织规定》将 P2P 网贷明确纳入监管范围才得到解决。另一方面，监管与业务存在属地冲突。P2P 网贷平台借助互联网技术提供线上的信贷撮合服务，其互联网特性决定了其业务没有属地特征。但 P2P 网贷平台的设立及其牌照的发放，却有明确的属地特征。

长期的监管空白给我国 P2P 网贷行业的野蛮生长提供了空间。早期 P2P 网贷行业缺乏明确的监管机构，这一度给行业的发展带来了机遇，但当行业规模逐渐膨胀时，问题越来越凸显出来。一方面，不少动机不纯的 P2P 网贷平台得以设立；另一方面，部分平台在市场需求和利润驱使下产生异化，并且这种现象不断在行业蔓延，最终导致整个 P2P 网贷行业大面积异化。在 P2P 网贷的整顿期，监管与业务的属地冲突，极易造成监管的落实力度存在区域差异。

三 我国 P2P 网贷的前车之鉴

P2P 网贷是我国金融创新的一次重要实践，其发展历程和各发展症结值得我们深入思考。本节将从我国 P2P 网贷的准入门槛、监管缺陷、投资者保护三个角度反思 P2P 网贷的发展症结。

---

① 资料来源：网易财经，http://money.163.com/14/0629/16/9VTV2A9S00254SUA.html。

(一) 反思 P2P 网贷平台的准入门槛

P2P 网贷具有两大突出特点，一是涉众性强，二是直接关系到老百姓的钱袋子。网贷之家数据显示我国 P2P 网贷行业人气于 2017 年 11 月达到峰值，当月借款人数 520.77 万，投资人数 454.1 万，人均投资金额 50174.54 元，人均借款金额 43751.1 元。[①]

具有上述特点的 P2P 网贷行业，其平台低门槛的市场准入是值得反思的。在平台低门槛的准入条件下，无核心风控能力和互联网运营能力的 P2P 平台得以成立，它们的资质较差。此外，在低门槛背景下，还有不少平台冲着老百姓的钱袋子而来，试图"捞一把就走"，而这些平台大多没有长期经营的规划。可以说，行业早期的准入门槛较低是 P2P 网贷后期的非理性繁荣的重要原因。更为严重的是，本不应该获得准入的平台成为日后 P2P 网贷行业风险滋生的重点区域。P2P 网贷平台的涉众性则进一步加重了 P2P 网贷行业风险的复杂性，使 P2P 网贷行业出现的一系列"爆雷""跑路"事件对社会稳定造成不小的冲击，也使后期对 P2P 网贷行业的整治更为棘手。

(二) 反思我国金融创新的监管缺陷

数字金融作为新兴的金融模式给传统金融系统带来了深刻的影响（刘澜飚等，2013；谢平等，2012），反思 P2P 网贷对我国传统金融系统影响的重要内容就在于我国对金融创新的监管。P2P 网贷不仅是我国金融创新的一次重要实践，也是我国金融创新监管的一次大考。我们可以清晰地看到，我国对 P2P 网贷的监管，清晰地呈现出"监管放任—创新过度—危机—监管归位"的演化过程，暴露了我国对金融创新的监管的深层次缺陷。

我国金融创新的监管缺陷体现在以下三方面。首先，监管主体不清晰导致了监管空白。金融创新产生了新业态，而这种新业态的监管主体往往不能及时明确。在 P2P 网贷发展早期，我国处于原"一行三会"的金融监管框架中，但 P2P 网贷作为彼时的新生业态，游离在原"三

---

① 资料来源：网贷之家网贷数据，https：//shuju.wdzj.com/industry-list.html。

会"的监管之外。P2P网贷早期的监管包容，一定程度上是由上述监管空白引起的。其次，由行业混乱而引起的事后监管反映了我国当前的监管能力不足。P2P网贷行业一度受到舆论和资本的追捧，随后又招来广泛的质疑。这一转折点并不是无迹可寻——正是在2014年前后，P2P网贷平台开始大面积异化为信用中介，甚至开始沦为平台控制人攫取财富的工具。然后，在数次"爆雷"潮引发了广泛的争议后，我国才意识到问题的严重性，监管才逐渐归位。最后，监管政策的落实存在问题。在P2P网贷的整治工作中，具体整治工作由地方金融办负责，各地区监管落实存在区域差异。

（三）反思我国落后的投资者保护

我国P2P网贷的发展历程，对投资者来说就是一部残酷而又刻骨铭心的大型风险教育课。从"保本保息""承诺兑付""有保障""高收益"等诱导性广告语，再到汇在线、中贸易融、上咸BANK、盛融在线、里外贷等连环"爆雷"潮，无数P2P网贷投资者被伤得鼻青脸肿。

P2P网贷的发展历程深刻反映了我国投资者保护的不足，其表现在以下三方面。首先，P2P网贷服务普罗大众，表现出涉众型较强、大众化程度较高的特点，大多数贷款人不具备专业的金融素养（彭红枫等，2016）。在不充分的投资者教育前提下，投资者轻易进入P2P网贷市场，长期来看是对投资者的伤害。其次，金融创新产品具有一定的复杂性，并且金融创新产品的发起人会有意增加产品的复杂程度，进一步加大了信息不对称，进而加大投资者的甄别成本。这在P2P网贷行业体现得较为明显。P2P网贷平台试图模糊其信息中介的定位、承诺或变相承诺保本付息，给人以"低风险、高收益"的印象，吸引了大量的金融素养不足的投资者进入市场。最后，监管的不作为则加重了投资者所处的信息弱势地位。我国P2P网贷市场信息披露制度不完全，P2P网贷平台的信息披露缺乏统一定性、定量的标准。P2P网贷平台对各类信息的披露项目、披露形式、披露期限各有不同，此外平台还存在对关键信息不公开披露或者模糊概念减少披露的现象。不健全的信息披露制度，使P2P网贷平台的市场约束不强，投资者难以有效甄别质优平台。

四 对我国金融创新的启示

"以史为鉴，可以知兴替"。在深刻反思P2P网贷发展历程的基础上，我们有必要思考P2P网贷对我国金融创新的启示。党的十八大以来，习近平总书记把创新摆在国家发展全局的核心位置，在多次重要讲话中提及创新是引领发展的第一动力。不管P2P网贷发展中出现的乱象多么严重，无论P2P网贷的未来路在何方，我国的金融创新方兴未艾。那么，如何开展金融创新？金融创新过程中我们应注意什么问题？P2P网贷对我国金融创新的启示概括起来主要有以下四点。

（一）提高涉众型金融创新的机构准入门槛

金融创新确实需要市场主体的广泛参与，发挥市场主体的能动性，但金融创新也需要一定的准入门槛。这些年我国金融创新的步伐非常大，很多新兴金融业态因为发展初期门槛低从而导致乱象丛生，例如，P2P网贷、租房金融、现金贷等。以涉众型的租房金融为例，其金融创新主要有两种，即租房贷和以预期租金或房租贷款为底层资产的ABS。这两种模式的金融创新都使没有房租所有权的中介方获得了来自众多租客的长期资金，形成了"资金池"，而中介账户的"资金池"去向不明，易导致"爆雷"事件，还涉及非法吸收公共存款。

对于类似P2P网贷这类涉众性强，又直接以居民存款为经营目标的金融创新，高的准入门槛则非常必要。涉众性强、直接以居民存款为经营目标的金融创新，极易出现非法集资、违规经营等行为。若没有高的准入门槛，这类金融创新容易变异为掠夺居民财富的工具。

（二）金融创新务必恪守价值使命

特定的价值使命是金融产品或业态存在的基础。就P2P网贷来说，其价值使命是践行普惠、服务小微,[①] 平台定位是信息中介。可以说,P2P 网贷因普惠而来。一旦 P2P 网贷背弃了这一价值使命,其本身也就失去了当初存在的意义。

今后的任何金融创新,自始至终都应该恪守价值使命。P2P 网贷从被追捧到被质疑,转折点就是 P2P 网贷平台开始大面积异化为信用中介。值得一提的是,在监管归位和经济规律引发行业剧烈洗牌时,那些背离价值使命,盲目圈地跑马、扩大规模的平台仿佛飓风下的浮萍一吹就倒,而专注于服务小微的平台则多数渡过难关生存至今。由此可见,恪守价值使命还是抵御风险的关键所在。

(三) 探索监管与创新的平衡之道

监管与创新的平衡,本质上是一个度的问题。管得太紧,管得太死,对于市场的发展是伤害;过分的包容与放任,则导致市场的野蛮生长,风险积聚,不利于金融创新的长期发展。从 P2P 网贷发展历程来看,早期监管的放任,为我国的 P2P 网贷的发展营造了相对宽松的环境。然而,当 P2P 网贷异化经营、风险暴露时监管依旧缺位,使 P2P 网贷在扭曲的轨道上越走越远。

探索监管与创新的平衡之道,就是探索如何把握监管的度的问题。P2P 网贷的发展历程给了我们一个探索的方向:以金融创新是否背离自身的价值使命为度实行或松或紧的监管。此外,由于金融创新的复杂性,可考虑结合数字技术对金融创新主体的行为进行精细化监督,通过数字技术的有效监管来防范可能借着互联网而快速传播的风险(朱家祥等,2018)。

(四) 加强投资者保护

金融创新产品需要与投资者金融素养相匹配。金融创新往往导致跳跃性的金融发展(白钦先、丁志杰,1998),而在这一过程中投资者素

[①] 2015 年《关于促进互联网金融健康发展的指导意见》中指出,"互联网金融对促进小微企业发展和扩大就业发挥了先有金融机构难以替代的积极作用,为大众创业和万众创新打开了大门","更好地满足小微企业和个人投融资需求,进一步拓展普惠金融的广度和深度"。

养的进步也至关重要。投资者的金融素养如果长期落后于金融创新的产品，那么这种金融创新的产品是不可持续的。大量的投资者把高风险的产品当作了保本的低风险产品来投资，进入了他们不该进入的P2P网贷行业，最终伤害了P2P网贷的投资者，也使P2P网贷行业遭到普遍质疑。

我们认为投资者保护需要从以下三方面做起。首先，加强投资者教育是对投资者最大的保护，政府应在投资者教育中发挥核心作用。投资者教育的核心是"先了解再投资"的意识以及风险与收益的关系。我国资本市场发展历史不长，但个人理财意识已经初步觉醒，人民的理财需求远超过其自身的金融素养，投资者教育是个越来越重要的问题。其次，金融创新主体需要自我约束，不应该误导投资者。长期来看，金融机构人为制造信息不对称是不负责任的，既无益于金融市场的效率也无益于金融创新产品可持续发展。最后，投资者自身应提高自我保护、自我负责的意识。投资者要重视对自身风险承受能力的认识，投资与自身风险承受能力相匹配的金融创新产品。

参考文献

[1] 白钦先、丁志杰：《论金融可持续发展》，《国际金融研究》1998年第5期。

[2] 刘澜飚、沈鑫、郭步超：《互联网金融发展及其对传统金融模式的影响探讨》，《经济学动态》2013年第8期。

[3] 彭红枫、赵海燕、周洋：《借款陈述会影响借款成本和借款成功率吗？——基于网络借贷陈述的文本分析》，《金融研究》2016年第4期。

[4] 谢平、邹传伟、刘海二：《互联网金融模式研究》，《金融研究》2012年第12期。

[5] 朱家祥、沈艳、邹欣：《网络借贷：普惠？普骗？与监管科技》，《经济学》（季刊）2018年第4期。

P2P 网贷行业监管评析与建议

曾 燕 吴宇轩

摘 要

本文分析了政府从严监管 P2P 网贷行业的思路和原因，提出了建立长效监管机制的具体建议。首先，介绍了 P2P 网贷行业的发展历程，从丰富监管手段、清退问题平台和平台分类处置三方面对现有监管政策进行了评述。其次，分析了行业不规范经营对投资者的影响和引发的社会稳定问题，指出了异化为信用中介的 P2P 网贷行业不利于政府贯彻"践行普惠、服务小微"方针，并结合国家经济形势论述了政府从严监管 P2P 网贷行业的原因。最后，从监管科技、行业自律和投资者教育三个维度给出了建立 P2P 网贷行业长效监管机制的具体建议。

2018 年 12 月 14 日，中国互联网金融协会发布《P2P 网贷会员机构自律检查进入非现场检查阶段》。该文件提升了人们对 P2P 网贷行业合规检查的关注度，也使人们开始思考严监管背景下 P2P 网贷行业该何去何从。

作为互联网金融的重要业态，P2P 网贷凭借投资收益高和借款门槛低的特点，赢得了许多人的青睐。然而，由于经营中存在资金池[①]、期

---

① 资金池指 P2P 网贷平台把投资人资金和借款人还款汇集在同一账户。

限错配①等乱象，政府于 2016 年开始对 P2P 网贷行业从严监管。2018 年，P2P 网贷行业相关监管政策密集出台，重点由平台备案转变为风险处置。政府以什么思路监管 P2P 网贷行业？为何要从严监管？相关的长效监管机制该如何建立？本文将对上述问题进行评述并提出相关建议。

一　P2P 网贷行业发展历程

——野蛮生长，由乱而治

P2P 网贷平台数量曾一度井喷式增长，但"爆雷""跑路"现象的快速蔓延引起了政府的高度重视，随后政府开始对该行业从严监管。P2P 网贷 2005 年诞生于英国，2007 年进入中国市场。起初，我国的 P2P 网贷平台完全效仿英国无抵押、无担保的经营模式，扮演信息中介②的角色。随着 P2P 网贷行业规模的扩大，信息中介模式在中国出现水土不服现象（北京大学数字金融研究中心课题组，2018）。为了生存与发展，P2P 网贷平台针对中国借款人与投资人特性做出调整，逐渐由信息中介转变为类似银行的信用中介。③

这样的转变迎合了市场偏好，却带来了行业隐患。一方面，P2P 网贷平台数量和成交量呈指数型增长；另一方面，不规范经营的恶果逐步显现。2012 年年底平台数量仅为 132 家，年成交量不足 1000 亿元，而到 2016 年年底平台数量飙升至 2568 家，年成交量突破 20000 亿元。④不过，2013 年 10 月起平台"爆雷""跑路"事件时有发生并愈演愈烈。2015 年，全年新增停业及问题平台⑤1291 家，其中 12 月被警方查

---

①　期限错配泛指平台将长标拆成短标、项目时间信息与借款人实际借款期限不一致两种现象。

②　网络借贷信息中介平台指只为借贷双方提供信息服务和交易服务的平台，这些平台不需要为借款人的损失承担责任。

③　网络借贷信用中介平台指参与了投资者与借款人交易的平台，这些平台承担了借款人违约的风险。

④　资料来源：《2018 年中国网络借贷行业年报》，https://www.wdzj.com/news/yc/3693772.html。

⑤　本文停业平台泛指停业、暂停发标和转型的所有 P2P 网贷平台，问题平台泛指提现困难，经侦介入，跑路和网站关闭的所有 P2P 网贷平台。

处的"e租宝"非法集资金额高达762亿元。2018年全年新增停业及问题平台1279家，仅7月就新增289家，创造单月新增纪录。①

P2P网贷行业停业及问题平台数的激增引起了监管层的关注，政府积极出台政策进行行业整治。2016—2017年原银监会及其他相关单位相继发布网贷行业监管政策，形成"一个办法，三个指引"②的监管框架。2018年，围绕"合规整改"，央行和银保监会相继出台了规范平台行为、统一验收标准、完善退出机制三方面的具体政策。目前，监管已取得初步成效。2018年9月起P2P网贷行业再无大规模"爆雷"事件发生。截至2018年12月超过九成P2P网贷平台设置了信息披露专栏，③平台透明度大幅提升。

二　政府监管政策评析

——多管齐下，雷厉风行

2018年，政府出台了全方位、多层次的P2P网贷行业监管政策，对"一个办法，三个指引"的总框架进行了补充和完善。综观政府主要监管政策，可从三方面概括其思路。

（一）丰富监管手段

2016年以前政府缺乏有效监管手段和途径，无法对P2P网贷行业进行有效的监管。2016年以来监管层对P2P网贷行业进行了多次市场调研，从落实第三方资金存管、加强平台信息披露和完善投诉处理机制三个维度丰富了监管手段。

---

① 资料来源：《2018年中国网络借贷行业年报》，https：//www.wdzj.com/news/yc/3693772.html。

② "一个办法，三个指引"是P2P网贷行业的基本监管框架。一个办法即《网络借贷信息中介机构业务活动管理暂行办法》，明确了P2P网贷平台信息中介的定位。三个指引分别是《网络借贷信息中介机构业务活动信息披露指引》《网络借贷资金存管业务指引》和《网络借贷信息中介备案登记管理指引》，分别在信息披露、第三方资金存管和备案方面对平台提出规范经营要求，是对暂行办法的补充和完善。

③ 资料来源：《2018年中国网络借贷行业年报》，https：//www.wdzj.com/news/yc/3693772.html。

政府逐步落实第三方资金存管。2017年2月，原银监会发布《网络借贷资金存管业务指引》，银行存管成为平台合规硬性要求。银行存管实现了投资者资金与平台自有资金的物理隔离，初步整治了资金池、自融等乱象。然而，部分银行只存不管，没有对平台在本行交易流转的资金进行审查。审核存管银行资质，强化银行对存管P2P网贷平台的监督作用势在必行。2018年9月，中国互联网金融协会公布了第一批银行存管白名单，25家银行通过资金存管测评上榜。随后两个月17家银行陆续通过审核并被列入白名单。[①] 截至2019年1月25日，共有660家P2P网贷平台与存管白名单上的银行完成了直接存管系统对接并上线。[②]

监管层要求各平台加强信息披露。2017年8月，原银监会发布《网络借贷信息中介机构业务活动信息披露指引》，要求平台公开备案信息、组织信息和财务审计报告，全面提高平台的信息透明度。2018年6—10月，中国互联网金融协会系统中信息披露全面的平台由6家增长至36家，[③] 政策初显成效。政府不仅密切关注平台自身的信息披露，对恶意逃废债个人或团体的信息披露也十分重视。2018年7月，国家发展改革委员会、中国人民银行下发《关于对失信主体加强信用监管的通知》，要求健全失信信息公示制度，初步建立行业征信体系。各平台加强对逃废债行为的信息披露，对惩罚失信群体，优化P2P网贷行业生态有积极意义。

地方政府完善投诉处理机制。在投诉处理方面，地方政府积极作为。2018年8月，深圳金融办率先推出了投资者登记系统，该系统覆盖了深圳所有已立案的P2P网贷平台。紧接着，上海公安于同年10月底开通经侦非法集资案件投资人信息登记平台，相关投资者可在该平台登记信息，并对平台不合规行为进行举报。这些举措一方面能保护投资

---

① 资料来源：网贷之家，http://industry.caijing.com.cn/20181121/4538432.shtml。
② 资料来源：网贷之家，http://www.p2pxing.com/article-111958-1.html。
③ 资料来源：《2018年上半年全国互联网金融登记披露服务平台网络借贷类机构信息披露情况通告》，http://www.nifa.org.cn/nifa/2955675/2955763/2973693/index.html。《关于全国互联网金融登记披露服务平台网络借贷类机构10月信息披露情况的通告》，https://news.p2peye.com/article-532743-1.html。文中"信息披露全面"指通告中所有应披露项均为"勾"。

者的合法权益，另一方面能让投资者同时充当监督者，充分发挥市场监督的作用。

（二）清退问题平台

政府通过清退问题平台减少被监管对象，进而降低监管难度。清退问题平台，引导资源向头部平台集中，不仅是市场配置资源的内在要求，也是P2P网贷行业规范发展、建立长效监管机制的基础。一方面，问题平台"爆雷""跑路"现象严重，造成恶劣社会影响；另一方面，头部平台数量少，信息披露全面，监管成本和难度较低。因此，清退问题平台、集中资源是从消化存量、缓释风险阶段过渡到长效监管机制建立阶段的必由之路。随着监管手段的丰富和完善，2018年政府疏堵结合，一边疏通平台良性退出通道，一边加强对问题平台的打击力度，实现问题平台的平稳出清。

政府通过发布退出指引疏通平台良性退出通道。妥善处置平台退出相关事宜，维持借贷者和投资者之间的债务债权关系，可有效避免退出过程引发群体性事件。由于各地区P2P网贷市场行情不尽相同，规范退出指引具有很强的地方特色。2018年8月，上海市互联网金融行业协会发布退出指引，引入第三方专业机构，确保公平性和专业性。同年9月，福建莆田涵江区互联网金融风险专项整治办发布退出指引，要求暂不退出的平台制定"生前遗嘱"，这类似于英国要求平台提交的破产安排。[①] 各地区具体措施虽有所出入，但均在报备制度、退出程序、资产处置等方面作出了明确要求，在平台退出过程中充分保护了投资者的合法权益。

政府通过细化平台验收流程堵截问题平台。制定严格的平台经营规范和验收标准，一方面让问题平台无所遁形，另一方面通过较高的合规成本挤压和倒逼经营状况不佳的平台，实现资源的有效集中。2018年8月，中国互联网金融协会发布《关于开展P2P网络借贷机构自律检查工作的通知》，明确了国家验收程序包括网贷机构自查、行业自律检查和网贷整治办行政核查共三个阶段。随后，地方协会陆续下发机构自

---

① 英国的监管方法规定平台破产后仍需管理投资者在平台出借但未到期的资金。

查、自律监察和行政核查的通知,针对性地给出机构自查报告期限。其中,部分进展较快地区于2018年年末设定了自律检查期限。

(三) 平台分类处置

我国P2P网贷平台数量众多,不同地区、不同规模平台的备案情况、组织情况和财务状况均存在较大差异。因此,对不同平台采取不同态度,实施不同处置办法,是实现行业规范发展的良方。

政府在监管过程中十分重视平台分类处置。2016年10月,原银监会发布《P2P网络借贷风险专项整治工作实施方案》,将平台初步划分为合规类、整改类和取缔类。然而,这样分类尚不够细致,且当时对不同类别的平台缺乏具体、有针对性的监管措施。到2018年年底,随着经营规范逐步细化、监管手段日益完善,政府对P2P网贷平台进一步细化分类处置的工作被提上日程。2019年1月21日,互联网金融风险专项整治工作领导小组办公室、P2P网贷风险专项整治工作领导小组办公室联合发布《关于做好网贷机构分类处置和风险防范工作的意见》。[①]

该文件提出了全方位、多层次的分类处置方法,为行业出清提供了清晰的参照。对已出险机构,文件将其分为已立案平台和未立案平台,并分别提出"提高追赃挽损水平"和"不发生群体性事件"的要求。对未出险机构,文件将其分为"僵尸机构"、规模较小机构和规模较大机构三类,并分别提出"引导无风险退出""稳妥推动市场出清,实现平台良性退出"和"坚决打击违法违规行为"的要求。

三 政府从严监管原因

——缓释风险,践行普惠

2018年1月至2019年1月,政府在P2P网贷监管方面丰富了监管手段,完善了平台退出机制,细化了平台分类处置措施。严格的监管举

---

① 资料来源:互联网金融风险专项整治工作领导小组办公室、P2P网贷风险专项整治工作领导小组办公室发布的《关于做好网贷机构分类处置和风险防范工作的意见》。全文可见 http://www.bugutime.com/news/9046.html。

措让许多人对 P2P 网贷行业的前景感到悲观。2018 年，P2P 网贷行业景气指数为 87.59，[①] 已低于枯荣线[②]。虽然市场景气指数下降，但本文认为政府从严监管 P2P 网贷行业十分必要，具体原因可从以下三个层面概括。

（一）保护投资者利益，缓释社会稳定风险

根据网贷之家统计中心的数据，2018 年全年新增停业及问题平台共 1279 家，涉及出借人数 157.8 万，涉及贷款余额高达 1434.1 亿元。[③]表 1 给出了 2013—2018 年停业及问题平台数量、涉及出借人数和贷款余额三方面的数据。可以看出，与往年相比较，2018 年 P2P 网贷行业问题更加严重，大量投资者利益受损。

许多投资者无力应对问题平台带来的经济亏损。我国 P2P 网贷投资者整体经济实力较弱，抗风险能力较差。网贷之家的《2017 年网贷投资人问卷调查报告》（以下简称《投资人报告》）[④] 显示，超过三分之一的 P2P 网贷投资者月收入不足 5000 元，超过八成的投资者月收入不足 1 万元。《投资人报告》同时显示，56.74% 的投资者半数以上资产用于投资 P2P 网贷。一旦平台"爆雷"或"跑路"，这些经济实力本就不强的投资者极易陷入财务困境。

投资者面临的财务困境影响整个家庭，增加社会不稳定因素。投资人报告还显示，受问题平台影响的投资者大多为"70 后""80 后"，是家庭经济的支柱，他们的经济危机是整个家庭的经济危机。从表 1 可以看出 2013—2018 年 P2P 网贷问题平台涉及出借人数约 215 万人，假设一个家庭按 4 口人计，受行业直接影响的群众不少于 860 万。

---

① 资料来源：《2018 年中国网络借贷行业年报》，https://www.wdzj.com/news/yc/3693772.html。

② 枯荣线即行业景气指数，是企业家对行业态势判断的量化指标。指数高于 100 代表市场信心充足，反之则代表市场情绪悲观。

③ 资料来源：《2018 年中国网络借贷行业年报》，https://www.wdzj.com/news/yc/3693772.html。

④ 资料来源：网贷之家发布的《2017 年网贷投资人问卷调查报告》。全文可见 https://www.wdzj.com/news/yc/1844207.html。

表1　　　　　　　　　　停业及问题平台统计

年份	停业及问题平台数	涉及出借人数（万人）	涉及贷款余额（亿元）
2013	94	1.6	16.2
2014	301	4.7	52.2
2015	1291	20.9	99.5
2016	1721	18.2	98.0
2017	723	12.2	66.5
2018	1279	157.8	1434.1

资料来源：《2018年中国网络借贷行业年报》。

千万数量级的"受灾群众"增加地方政府维稳压力。2015年3月，P2P网贷平台"中大财富"因非法集资"爆雷"，涉及资金超8400万元，近百名投资者在广州市政府门口打横幅请愿。[1] 同年11月，P2P网贷平台"武汉财富基石"因兑付困难"跑路"，近7万投资者血本无归，上千名投资者在武汉市政府门口请愿。[2] 可见，受害群众分布范围广、数量多，在全国各地均引发了一系列群体性事件。P2P网贷行业引起的社会稳定问题不容小觑。

（二）坚持践行普惠、服务小微的方针

发展普惠金融，助力小微企业成长是政府工作目标之一。2013年，党的十八届三中全会通过《关于全面深化改革若干重大问题的决定》，发展普惠金融成为中央重点工作之一。2018年，习近平总书记在民企座谈会上充分肯定民企地位，并要求相关部门积极解决小微企业融资难、融资贵问题。然而异化为信用中介的P2P网贷行业资产端和资金端均存在不规范经营现象，并不能有效地践行普惠、服务小微。

P2P网贷资产端乱象丛生，服务小微效果大打折扣。P2P网贷行业本应为小微企业拓宽融资渠道，然而部分平台存在关联交易现象，将筹集到的资金用于投资与平台关联的企业。这样的案例比比皆是，如

---

[1] 资料来源：https://www.sohu.com/a/15606938_115825。
[2] 资料来源：https://www.admin5.com/article/20160114/642900.shtml。

2013年深药集团董事长聂某创立 P2P 网贷平台"银通贷",筹集的资金用于深药集团及其关联公司的生产经营。① "爆雷"前期,该平台发放大量超千万天标②,试图维持平台的资金链。2014 年 12 月该平台"爆雷",涉及未兑付本金超过 2.6 亿元。目前,警方已控制该平台法定代表人,而聂某仍然逍遥法外。③ 这样的 P2P 网贷平台不但没有成为小微企业成长的助推器,还反过来让投资者承担了巨大风险。

P2P 网贷资金端问题重重,部分平台把"普惠"做成"普骗"。P2P 网贷行业本应为有闲散资金的投资者提供真实、可靠的信息,然而部分平台通过虚假标的吸引投资者,制造"庞氏骗局"④。这样的案例不在少数,如 2013 年 P2P 网贷平台"善林金融"创立,初期就通过广告宣传、电话传销等方式扩大影响,并承诺支付高额利息,吸引了大批投资者。⑤ "爆雷"前期该平台的绝大部分非法集资款被用于向前期投资人还本付息,以此制造投资盈利和经营状况良好的假象。2018 年 9 月该平台"爆雷",涉及未兑付本金超过 200 亿元。⑥ 这样的 P2P 网贷平台给普通百姓带来的不是普惠金融的便利,而是血本无归的心酸,不仅与普惠要求南辕北辙,而且极大地挫伤了投资者的信心。

(三) 严守不发生系统性金融风险的底线

我国十分重视金融稳定,"稳金融"战略意义重大。2018 年,中国经济面临诸多挑战。国家层面,大量中小企业经营困难,债务违约率上升;供给侧结构改革处于调整空当期,成本优势消失,技术优势尚未显现。⑦ 国际层面,中美贸易摩擦抑制中国高端制造业发展,给投资者情

---

① 资料来源:https://www.p2peye.com/thread-364521-1-1.html。
② 天标指以天为单位计算收益的借款标,投资期限很短,一般不超过 30 天。
③ 资料来源:https://www.p2peye.com/thread-364521-1-1.html。
④ "庞氏骗局"是对一类金融诈骗的统称,简单来说就是将新投资者的钱付给最初投资者,制造项目收益高的假象,从而吸引更多投资。"庞氏骗局"具体案例可参考后文介绍的 P2P 网贷平台"善林金融"。
⑤ 资料来源:https://baijiahao.baidu.com/s?id=1612227765224636026&wfr=spider&for=pc。
⑥ 同上。
⑦ 资料来源:https://www.tbt.cc/34097.html。

绪带来负面影响。① 在复杂的形势下，应对经济发展的多方面挑战，"稳金融"战略至关重要。2018年5月，央行及其他相关部门联合发布了《"十三五"现代金融体系规划》，提出要稳妥防范处置近中期风险，实现宏观审慎管理。

防控系统性金融风险，政府监管P2P网贷等互联网金融新兴业态至关重要。P2P网贷行业至少有两方面不符合国家"稳金融"战略要求。首先，P2P网贷行业存在诸多隐患，在整体经济下行的背景下稍有外部干扰就会带来意想不到的连锁反应。2018年6月知名平台"唐小僧""爆雷"，恐慌情绪随即蔓延，引发了多家平台的挤兑风险。同年7月超过150家平台先后出现兑付危机，其中不乏一些累计成交量过百亿的大平台，如"钱宝网""钱爸爸"。② 其次，P2P网贷平台接连"爆雷"加剧了投资者恐慌情绪。前文描述过多起P2P网贷平台爆雷造成恶劣影响的案例，受这些平台牵连的投资者不在少数。投资者找不到安全可靠的资产，无法缓和不安情绪。综上，目前P2P网贷行业既不具备稳健经营能力，又无法稳定投资者情绪，政府从严监管有助于防范系统性金融风险。

四 建立P2P网贷行业长效监管机制

——科技驱动，多措并举

前文总结了政府监管P2P网贷行业的基本思路和从严监管P2P网贷行业的原因。随着行业风险逐渐缓释，如何建立P2P网贷行业长效监管机制成为监管层接下来的工作重点。下文基于前文的分析并结合英美两国P2P网贷行业监管的经验教训，就上述问题提出几点建议。

（一）运用科技手段增强监管能力

P2P网贷行业由乱而治的经历让政府充分认识到监管水平必须与金

---

① 资料来源：https://www.tbt.cc/34097.html/3。
② 资料来源：《2018年中国网络借贷行业年报》，https://www.wdzj.com/news/yc/3693772.html。

融创新速度相匹配。然而，由于数据获取能力有限，政府对P2P网贷行业的监管能力难以与行业发展速度同步。因此，运用科技手段加强监管层对平台数据的获取与分析能力势在必行，具体举措包括以下三方面。

首先，政府应制定统一数据标准，搭建网贷平台数据库。政府需尽快统一数据标准与格式，并运用大数据、云计算等技术，整合散落在监管部门、网贷平台以及第三方网贷资讯平台的信息资源，打破"信息孤岛"格局。其次，中央与地方应分别落实风险预警模型的构建和应用工作。相关技术部门充分利用数据库信息，运用人工智能、区块链等技术建立模型。各地方监管部门通过收集平台最新数据，运用模型对利率、资金净流入、网民评论等重要指标进行监察，可及时发现并警告潜在问题平台，必要时让平台良性退出市场。最后，技术部门要完善信息保护机制。由于数据库和模型信息涉及个人隐私和商业机密，制定严格的数据使用规范，采取科学的加密措施十分重要（杨东，2018）。相关技术部门可以考虑建立防火墙和灾难恢复[①]等网络安全设施和管理制度，确保信息的安全性。

（二）完善行业自律体系

行业自律作为政府监管的重要辅助手段可以有效规范行业行为，降低监管成本。对比英国行业自律体系，目前中国行业自律的作用还没有充分发挥，有待在以下三个方面加强工作力度。

首先，政府应积极号召平台加入行业自律联盟。政府应牵头头部平台加入联盟，同时鼓励尾部平台加入，扩大自律联盟的覆盖面积，实现平台的自我约束（黄震等，2014）。其次，相关部门应不断完善P2P网贷行业自律准则。行业自律准则需要在合规文件的基础上，树立以践行普惠、服务小微为核心的行业标杆。相关部门同时需结合现状，根据中国P2P网贷行业形势的变化，及时更新准则的相关内容，补充监管法律的空缺之处。最后，政府应建立联盟内部信息共享和披露机制，并和

[①] 灾难恢复指对关键数据进行记录、备份和保护，以便在系统意外崩溃后能迅速恢复正常商业运作。

外部监管体系对接。一方面，可以公开优质平台的部分服务流程和内控制度信息，供联盟中其他平台学习，促进行业的可持续发展。另一方面，可以将平台数据纳入网贷平台数据库，为建设完备的平台风险预警机制服务（闫春英、张佳睿，2015）。

（三）加强投资者风险教育

高素质的 P2P 网贷投资者群体可以理性评估风险，从而减少挤兑事件[①]发生。与美国相比，中国投资者大多金融素养不足，风险意识淡薄。政府应当加强对群众的教育和引导，促进他们掌握基本的金融、法律知识，甄别风险，合理决策。

政府应当着眼于帮助投资者树立正确的投资理念。首先，应该让投资者强化高收益与高风险并存的观念，理解 P2P 网贷行业的本质是风险投资，不存在刚性兑付现象。其次，应提升投资者的风险识别能力，让投资者能有效甄别问题平台，慎重选择高收益的短标。最后，可通过公开部分 P2P 网贷平台测评报告，引导投资者选择优质头部平台。

政府还需要注意投资者教育的连续性和稳定性。相关研究（庄学敏，2009）表明，我国投资者对来自政府的信息异常敏感，常认为政府主导的投资者教育就是政策的代言，因而没有客观理性地理解政府教育的初衷。政府应当注意站在中性立场阐述对投资者的期望，避免人们的误解。

总而言之，目前我国 P2P 网贷行业监管已初显成效，但风险缓释后建立长效监管机制依然任重道远。P2P 网贷行业监管政策从无到有、从虚到实，在打击不合法现象的同时在一定程度上抑制了市场创新的活性。我们相信，随着时间的推移，待行业风险得到充分缓释后，政策会向鼓励创新方向倾斜。在政府监管下经历大规模行业洗牌的 P2P 网贷行业将重新焕发生机，成为我国数字普惠金融发展的助推器。

[①] 挤兑事件指投资者信心因个别 P2P 网贷平台"爆雷"或一些未经证实的恶性事件动摇，纷纷从平台撤资，给平台运营带来困难。

参考文献

［1］北京大学数字金融研究中心课题组：《网络借贷风险缓释机制研究》，《新金融评论》2018 年第 4 期。

［2］黄震、邓建鹏、熊明、任一奇、乔宇涵：《英美 P2P 监管体系比较与我国 P2P 监管思路研究》，《金融监管研究》2014 年第 10 期。

［3］闫春英、张佳睿：《完善我国 P2P 网络借贷平台风险控制体系的策略研究》，《经济学家》2015 年第 10 期。

［4］杨东：《监管科技：金融科技的监管挑战与维度建构》，《中国社会科学》2018 年第 5 期。

［5］庄学敏：《投资者信心、投资者行为与投资者教育效率研究》，《经济管理》2009 年第 2 期。

防控风险,服务小微:股权众筹有望打通小微融资"最先一公里"

曾 燕 谢 天

摘 要

本文主要分析了股权众筹对小微企业的助力作用与其风险防控。首先,介绍了股权众筹的发展史,从市场主体、市场机制和法律制度三个方面分析了其风险。其次,研究了股权众筹运行模式,指出其服务对象多为小微企业,服务效率较高,且运行模式优越,从而对小微企业助力作用显著,并将其和传统金融与 P2P 网贷对比进一步论证观点。最后,从政府、行业、平台及技术四个方面给出了股权众筹风险防控的建议。

2018 年 12 月 1 日,证监会打击非法证券期货活动局局长李至斌在第三届新金融高峰论坛上发言表示"正在制定《完善股权众筹试点管理办法》,为股权众筹留出发展空间"。这席话让逐年沉寂的股权众筹行业重回公众视野,也使人们开始思考股权众筹的风险、优势与前路。股权众筹指公司以互联网为媒介公开向投资者融资,出让一部分股权让投资者成为股东并获得之后收益的融资方式。作为数字普惠金融的重要业态,股权众筹以"小额""公开"和"大众"为特点,对小微企业有极大助力作用,但同时也暴露出诸多风险。2019 年即将到来,随着政府越来越重视小微企业融资难的问题,股权众筹有望度过寒冬,而春回大地前的最重要的一关便是风险防控。

一 命途多舛：股权众筹兴衰之史

股权众筹曾一度在国内众筹①行业占据半壁江山，但如今规模却远不及权益众筹与物权众筹，发展道路颇多波折。股权众筹在2010年产生于美国，2011年进入中国。中国最早的股权众筹平台是"天使汇"。2012年10月美微传媒在淘宝店上发起股权众筹，四个月内完成了两轮融资，筹得390.7万元，投资人数达1193位。美微传媒的成功使大众认识到股权众筹的力量，大量平台随之成立。2012年，国内只有"天使汇"和"创投圈"两家股权众筹平台，2013年增长至7家，2014年增长至32家。2015年则可称为"股权众筹极盛之年"。这一年里，股权众筹平台数目出现井喷式增长，一跃增至130家。② 同时股权众筹逐渐开始引起政府及有关部门关注，政府态度偏向于鼓励，行业内部呈欢欣鼓舞之态。然而这"极盛"的背后亦潜藏着诸多隐患，转折随之而来。

2016—2018年股权众筹的发展经历了转折。这两年里股权众筹平台数从133家锐减至61家，年度筹资总额也从58.70亿元人民币降至25.98亿元人民币（见图1）。③ 华东师范大学袁毅教授在《中国众筹行业发展报告（2018）》中指出：2017年中国众筹投资总额为260亿元，其中股权众筹的份额为33.61亿元，仅占12.9%；2018年上半年股权众筹融资额为12.99亿元，占众筹融资总额的9.4%。④ 相比于2015年的45.4%，股权众筹所占份额下跌明显。⑤

---

① Belleflamme 等（2014）将众筹定义为"新企业通过互联网，以募捐形式或以某种形式的回报、投票权作为保证，让公众提供资金支持他们实现特定目标"。众筹一般被分为产品众筹（权益众筹）、股权众筹和捐赠众筹，而物权众筹是近年在国内兴起的众筹模式，尚无权威定义。从实际来看，物权众筹指企业通过互联网向大众集资金，用于收购实物资产，通过资产升值变现获取利润。投资者回报可能是经营分红、租金分红以及物权未来增值收益。风靡一时的"汽车众筹"就属于物权众筹。
② 资料来源：http://www.zhongchoujia.com/data/。
③ 资料来源：http://www.zhongchoujia.com/data/；http://www.zczj.com/data/index。
④ 资料来源：http://www.zhongchoujia.com/article/31307.html。
⑤ 资料来源：http://www.zhongchoujia.com/data/；http://www.zczj.com/data/index。

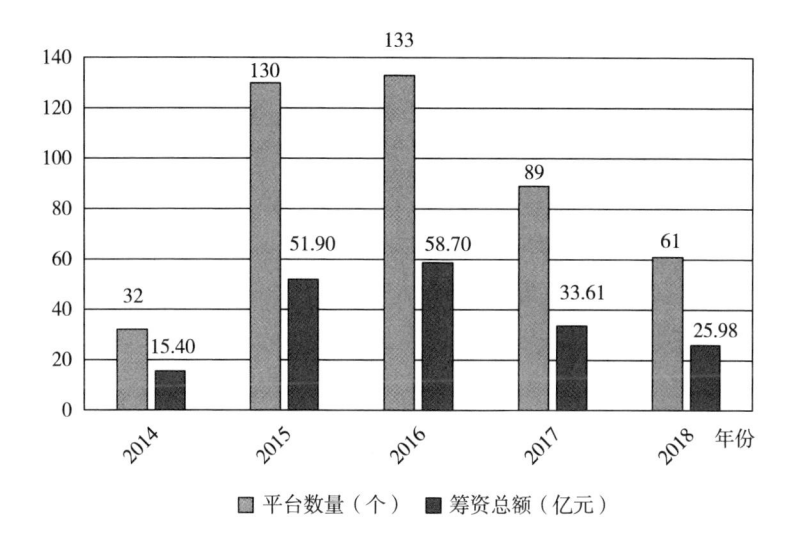

图 1 2014—2018 年股权众筹平台数量与年度筹资总额变化

资料来源：2014—2018 年人创咨询与盈灿咨询所发股权众筹年报。

二 风险重重：股权众筹沉寂之因

股权众筹行业风险的暴露使政府对其态度逐渐由积极转向审慎。2012—2015 年，政府对股权众筹先是观望，再是尝试。2014 年年底，中国证券业协会进行了规范股权众筹的第一次尝试。在其发布的《私募股权众筹融资管理办法（试行）（征求意见稿）》（以下简称《办法》）中，股权众筹被认为合法，但合格的投资者需具备较强的经济实力。[①] 仅仅半年之后，中国人民银行及各部委联合发布《关于促进互联网金融健康发展的指导意见》，其中写道"股权众筹融资中介机构可以在符合法律法规的前提下对业务模式进行创新探索"。积极的政策使市场氛围乐观，以致平台数激增，但股权众筹也在实践中暴露出诸多特有风险，主要如下。

---

① 《办法》规定股权众筹投资者需为"金融资产不低于 300 万元人民币或最近三年个人年均收入不低于 50 万元人民币的个人"。

(一) 筹资企业虚假宣传

大部分新生平台制定的运行机制不完善，也缺乏对筹资企业的有效监管手段，即便设立了规则，也难以做好对企业的资格审核。企业往往信息披露不完善，使投资者无法判断企业宣传的真伪。同时，股权众筹投资门槛较低，投资者往往经济实力不足，投资知识亦不太丰富。他们无法自主对企业进行尽职调查，规避夸大或虚假宣传的道德风险。2015年5月21日，股权众筹平台"人人投"把假冒"三番服饰"发起项目的 CEO 孟某列入黑名单。此前孟某曾在平台上发起股权众筹筹得70万元，但随后涉嫌财务报表作假，乃至公章作假。[①] 2016年下半年上海占空比电子科技有限公司（以下简称"占空比"）通过股权众筹得到1780万元人民币，但随后被指向投资者隐瞒重大人事变更及公司亏损事实。[②] 2017年投资者向占空比提起诉讼，认为其涉嫌欺诈性融资。2018年，上海市浦东新区人民法院判决原告胜诉，要求占空比返还投资款1780万元，并支付利息与违约金。此案被称为"股权众筹维权第一案"。

(二) 投资者难以参与企业管理

股权众筹的特点是"小额""公开"和"大众"。这意味着投资者数目很大、股权分散，往往对企业没有控制权。股权众筹又未建立合理的信息披露制度，投资者甚至难以了解企业的任何状况。同时，投资者也不太可能将希望寄托在平台上。平台往往承诺协助管理，但事实上常常疏于监管，上文所述"人人投"竟让涉嫌公章伪造的项目上线便是一个例子。就连曾经的行业龙头"京东东家"也在项目后期的跟进上出了问题。2017年6月，"京东东家"宣布暂停接受新的股权众筹项目，但截至2018年12月平台上仍有数十个项目的投资者未能退出。这些项目的投资者既不了解"领投+跟投模式"，又对投资的企业知之甚少，只是出于对京东口碑的信任参与了股权众筹。当他们试图联系

---

① 资料来源：https://www.p2peye.com/thread-550683-1-1.html。
② 资料来源：http://www.zhongchoujia.com/data/30470.html。

"京东东家"了解自己投资的状况时,才发现平台客服都已失联。①

(三) 股权众筹缺乏退出机制

在《中华人民共和国公司法》(2013 年,下同;以下简称《公司法》②)的规定中,作为被投资企业股东的股权众筹投资者不能直接抽回自己的投资,赎回方式十分有限,但涉及的投资者却很多。现存的主要退出方式包括如下几种。

第一,投资者可在企业上市后退出。该方式收益最高,但如镜花水月,可望而不可即。股权众筹至多称得上"种子轮"融资,它的融资主体往往是初创企业,距离上市十分遥远。不提初创企业短暂的平均寿命,即使该企业健康发展,等上市也需八至十年,投资者退出遥遥无期。

第二,投资者或能在企业下一轮融资时退出。这是目前为止成功案例最多的退出方式。2015 年 10 月,曾在"天使客"平台上完成股权众筹的积木旅行拿到 A 轮融资,41 位投资者全部退出,在 8 个月内得到了 5 倍的资本回报。这是股权众筹史上首个"下轮退出"案例。2015 年 12 月,"36 氪"股权众筹平台推出"下轮氪退",欲将"下轮退出"变成平台规则。2017 年 2 月,"芥末网"股权众筹投资人成立的合伙企业退出成功,成为股权众筹领域首个千万级退出案例。③

第三,筹资企业的大股东或公司的管理层回购投资者股权。值得注意的是,这种方式可行性不高,除非公司效益极佳,否则大股东或公司管理层不太愿意回购投资者股权。

(四) 股权众筹容易触碰法律红线

虽然国内的股权众筹模式在美国、英国、意大利等国都有迹可循,但就国内现行法律来说,其容易违反《中华人民共和国合伙企业法》

---

① 资料来源:https://stock.10jqka.com.cn/usstock/20181214/c608722559.shtml。
② 《中华人民共和国公司法》(2013 年修订版) 第 4 章第 76 条。
③ 资料来源:http://www.sohu.com/a/131106741_328465。现在已经无法登录"天使客"官网,"创投邦"仍正常运行。

(2006年，下同；以下简称《合伙企业法》）① 与《公司法》规定，甚至触及非法集资的红线。现行股权众筹的模式一般是由投资者共同成立有限合伙企业，根据《合伙企业法》规定，有限合伙企业合伙人总人数不得超过50人。同时根据《公司法》规定，即使是没有上市的股份有限公司，股东数目也不得超过200人，股权众筹的参与人数容易突破法律限制。另外，股权众筹容易涉嫌非法集资。最高人民法院在2010年颁布的《关于审理非法集资刑事案件具体应用法律若干问题的解释》中指出了判断非法集资的条件如下："是否未经有关部门批准或借用合法经营的形式吸收资金？是否通过媒体、推介会、传单、手机短信等途径向社会公开宣传？是否承诺在一定期限内以货币、实物、股权等方式还本付息或给予回报？是否向社会公众即不特定对象吸收资金？"② 综观之下，股权众筹容易"踩雷"。上文曾提到美微传媒的成功案例，但证监会在2013年2月约谈其创始人朱某，认为其行为涉嫌非法集资。③ 美微传媒被要求立刻停止股权融资，并退回部分投资款项。同时，近几年确实发生了不少披着股权众筹外衣的非法集资行为。根据零壹财经报道，截至2018年1月我国法院共审判了11起与股权众筹有关的刑事案件，其中"股权众筹"实为传销或诈骗的"马甲"。④

除了上述四种主要的风险，股权众筹本身也是高风险的投资行为，因为初创企业运营状况的不确定性很大。若不对普通投资者加以限制，极易使他们陷入血本无归之境地。所以，从2015年到2016年政府对股权众筹的态度也经历了从鼓励到压制的转变。2016年4月14日，十五部门联合发布《股权众筹风险专项整治工作实施方案》表示要"规范互联网股权融资行为，惩治通过互联网从事非法发行证券、非法集资等非法金融活动"。在政策的强干预下，平台数量大幅下降，"股权众筹"

---

① 《中华人民共和国合伙企业法》（2006年修订版）第3章第61条。
② 资料来源：http://china.findlaw.cn/lawyers/article/d653056.html。
③ 资料来源：https://baijiahao.baidu.com/s?id=1567830063991648&wfr=spider&for=pc。
④ 资料来源：https://www.01caijing.com/article/22514.htm。

变成了"互联网私募股权融资"。① 仍在正常运行的平台遵照私募股权融资的相关法规提高了投资门槛，不再面向大众进行股权众筹。

三 助力小微：股权众筹前景之辩

小微企业在"最先一公里"遇到的重要问题就是融资困难，而股权众筹可以在一定程度上解决这一问题。2018年6月中国人民银行牵头发布《关于进一步深化小微企业金融服务的意见》（以下简称《意见》），指出"打通小微融资最先一公里"。《意见》第四条指出要"拓宽多元化融资渠道，加大直接融资支持力度"。本文认为股权众筹就是为小微企业量身打造的金融模式，尽管风险不可忽视，但其也有难以替代的优势，主要理由如下。

在服务对象方面，股权众筹更青睐小微企业。股权众筹具有"小额"的特点，2018年上半年全国平台共有253个项目成功融资12.99亿元人民币，平均每个项目融得513.44万元人民币。② 而根据投中统计公布的《2018年VC/PE市场数据报告》，2018年我国风险投资机构平均向每个项目投资1407.53万美元，折合近亿元人民币。③ 从投资金额来看，在股权众筹平台上融资的大多是小微企业，这也证实了股权众筹对小微企业的作用比风险投资显著。同时，股权众筹或能弥补银行贷款对小微企业的滞后性。2018年6月29日在中国人民银行等五部门联合召开的全国深化小微企业金融服务电视电话会议上，中国人民银行行长易纲在讲话中表示："我国中小企业的平均寿命在3年左右，成立3年后的小微企业持续正常经营的约占1/3。根据中国人民银行统计，小微企业平均在成立4年零4个月后第一次获得贷款。小微企业要熬过了

---

① 《股权众筹风险专项整治工作实施方案》中指出现存的"股权众筹"如果零门槛面向大众进行，就是未经有关部门批准的股权融资。不幸的是，每一个平台其实都触碰了这个雷区。为了规避风险，股权众筹平台纷纷更名为"互联网私募股权融资平台"。戴上了私募的"帽子"，但也就不能面向大众进行小额、公开的股权众筹了，只能遵守私募相关的法律面向特定的群体融资。但各大平台随之引进了"领投+跟投模式"扩大投资范围，所以习惯上还称互联网私募股权融资为股权众筹。

② 资料来源：http：//www.zhongchoujia.com/data/；http：//www.zczj.com/data/index。

③ 资料来源：https：//www.useit.com.cn/thread-21926-1-1.html。

平均三年的死亡期后才会通过银行信贷的方式获得资金支持。"① 小微企业数量众多,生存周期较短,不容易拿到银行的资金支持,但可以通过股权众筹及时得到资金。在股权众筹平台"众投邦"的官网上,可以看到许多处于"成长期"到"扩张期"之间的企业。项目融资的期限也往往在 100 天内,很贴合小微企业的需求。当然,小微企业也可能通过产品众筹得到资金,但这一形式依赖实体商品,局限性较强。

在服务效率方面,股权众筹平台极具优势。在 2018 年 6 月 29 日的会议上易纲指出,"截至 2017 年年末全国小微企业法人约 2800 万户"。这是个巨大的数字,现存的风险投资机构远照应不过来。2018 年,我国共有 4164 家风险投资机构投资了 5438 个项目,每个风险投资机构平均只投了不到两个项目。② 相比之下,股权众筹单个项目筹资额往往从几百万到几千万元人民币不等,而有的股权众筹平台一年甚至可以服务数十个项目完成融资。根据"众筹之家"的统计数据,2015 年 130 个平台新增项目数为 7532 个,平均每个平台上线 58 个项目。③ 即使在 2016 年经历了转折,平台之后也上线了数量可观的项目。2018 年,61 个平台共上线 875 个项目。所以,如果股权众筹能够得到证券法一定的豁免权,做到小额公开发行,其高效必将造福小微企业。

在运行模式方面,股权众筹有潜力实现天使投资的升级。和风险投资不同,天使投资往往也针对初创企业,是初创企业获得投资的重要方式。值得注意的是,自 2015 年股权众筹被定性为"互联网私募股权融资",股权众筹平台为规避风险纷纷采用"领投+跟投模式"④,领投人往往兼具天使投资人的身份。以"京东东家"的十位"最强领投人"为例,除了胡某是歌手出身,其他都是业界知名的天使投资人,甚至执

---

① 易纲在会上发表长篇演讲,https://www.sohu.com/a/238521009_465434。下文亦对演讲有所引用,中国人民银行的统计数据也是易纲透露的。
② 资料来源:https://www.useit.com.cn/thread-21926-1-1.html。
③ 资料来源:http://www.zczj.com/news/2016-01-13/content_5715.html。
④ 曾燕等(2017)指出,"领投+跟投模式"是当今股权众筹实际运行的最主要模式。该模式出现的初衷是为了让更多人能合法参与股权众筹。每个项目都需要至少一位专业领投者,他们有对项目进行尽职调查和管理项目的责任,跟投者则小额出资。领投者和跟投者共同成立有限合伙企业,该企业入股被投资的公司。领投者担任有限合伙企业的普通合伙人,同时参与被投资公司的管理,需保证跟投者的利益。但该模式也有不完善之处,京东东家平台上就出现过领投人"跑路"的情况。

掌风险投资机构。这说明许多专业的天使投资人已加入股权众筹,用领投的方式将自身掌握的资本和跟投者结合形成更大的力量。领投者投入的份额相对较大,还有专业经验,可以为跟投者保驾护航,而跟投者则增加了天使投资的投资强度,使初创企业得到更有力的支持。正如薛晨等（2018）指出的一般,"领投+跟投模式"有望实现领投者、跟投者和筹资企业的共赢,成为天使投资的"升级版"。

另外,相比于股权众筹同属直接融资的 P2P 网贷,股权众筹的运行模式更具优势。正常运行的股权众筹平台没有设立资金池的动力,"爆雷"风险低于 P2P 网贷。股权众筹投资者拥有的是股权,投资者都知道股权的收益没有保证,而是和公司的运营状况挂钩,与平台关系不大。反观 P2P 网贷平台,它们长期面对投资者的提现压力,但由于交易规模较大,很难保证借款人不会违约。一旦出现逾期,平台为了维护自己的信用,只能一边催收债务,一边挪用准备金兑付,这其实违反了平台只能做信息中介的原则。平台可能明面上未承诺"刚性兑付",实际上还是在设立资金池"拆东墙补西墙"。当逾期债务增加,平台资金链断裂时,所有的投资者都将遭遇兑付困难的危机,因为平台无法将标的和投资款对应。2018 年 7 月,曾兴盛一时的 P2P 网贷经历了"爆雷潮"。国内 108 家 P2P 网贷平台陷入兑付危机,直接影响数百万投资者,涉及金额超 439 亿元人民币。[①]

四　风险防控：股权众筹发展之本

前文总结了股权众筹的风险,但鉴于其显著的优势,政府和有关部门还是应当推进互联网私募股权融资回归"股权众筹"的进程。于是,当务之急是要尽快把该行业变成"法内之地",建立完备的法律制度、完善的运行体制防控其风险,发挥其优势。通过前面的分析,并结合美国、意大利、英国等国相关法律,下文将对如何防控股权众筹的风险提出几个建议。[②]

---

① 资料来源：https://www.01caijing.com/article/25911.htm。
② 股权众筹主要在发达国家实现了合法化,故本文主要参考发达国家相关法律。

首先，政府及监管部门可向平台和投资者双管齐下立法防控股权众筹风险。对平台来说，规范的试点制度亟待出台以规范它们的运行机制。有关部门可以参考国际相关法案规定，结合中国国情建立股权众筹平台管理制度。美国2012年出台的《初创期企业推动法案》便可为良好借鉴。[①] Bradford（2012）指出，《初创期企业推动法案》规定股权众筹平台本身只能作为投资中介，而不具备投资顾问的功能，这使其不能对投资者有过强的诱导行为。平台在公开推广项目的同时，也对项目的筹资和管理有监督的责任。当平台作为投资中介的职能和责任都被法律明确，它就可以最大限度地提升信息的传播效率，同时缓解股权众筹过程中的信息不对称问题。[②] 对投资者则可以让股权众筹公开化，不再对投资者的收入作要求，而是规定其投入不能超过收入或资产的一定比例。[③]

其次，股权众筹行业可考虑引进项目分级制度进行风控。有关部门可考虑引进第三方评级机构，将平台上线的项目分成不同风险级别，并以此划分公募和私募。私募级别的项目适用于私募股权融资相关的法律，比如必须采用"领投+跟投模式"，而公募级别的项目可公开进行股权众筹。2015年，时任中国人民银行金融研究所所长的姚余栋提出了"54321"制度，其中四级分级制度便很有借鉴意义。该分级制度旨在"根据投资者风险偏好、风险承受能力和资金实力，[④] 对投资者层次进行合理划分"，最终分为"公募""小公募""私募""小私募"四个级别。这样的分级将使公募项目的风险降低，促进股权众筹市场的健康发展。

再次，平台需完善股权众筹退出机制。马永保（2016）曾指出，股权众筹很大的风险在于缺乏退出机制，过去常常只能通过IPO、管理

[①] 美国《初创期企业推动法案》允许某些平台不需注册为经济交易商成为集资门户。通过审核的企业可以在集资门户进行私募，同时，投资门户可以通过网络、电视、广播等进行广泛宣传，但不能进行诱导。

[②] Ward和Ramachandran（2010）以某音乐融资平台为例，实证研究得到了平台在缓解信息不对称以及提升信息传播效率上具有正向作用。

[③] 当前平台要求跟投者有较强经济实力。如"京东东家"要求投资者最近三年年均收入不低于30万元人民币或金融资产不低于100万元人民币。此前证监会拟定的《股权众筹试点管理办法（试行）》征求意见稿中给出的门槛是："金融资产不低于300万人民币或最近三年个人年均收入均不低于50万人民币"。

[④] 2018年7月7日，姚余栋在第四届中国财富论坛上发言支持股权众筹，并重提"54321"模式，http://www.zhongchoujia.com/article/31063.html。

层回购等方法，退出周期长，变数也很大。但若股权众筹做到了小额、公开发行，股权转让的难度应会降低。这使股权的流通性变强，投资者退出市场也更容易。只是在合法化的过程中，有关部门应当明确禁止平台直接承诺收益，或者公司明股实债的行为。我们还可以考虑在股权众筹过程中引入"对赌协议"①。"对赌协议"在国外的风险投资中十分常见，能够有效促成交易，对投资方具有一定的担保功能，也促进了融资企业的掌控者努力经营，实现盈利。"对赌协议"有多种类型，其中股权回购型比较适用股权众筹。但需要注意的是，"对赌协议"本身也具有法律风险。我国法律虽然承认"对赌协议"的合法性，但却强调其签订不能构成投机行为。"对赌协议"必须由投资者同筹资企业股东（一般是大股东）签订，不能同企业本身签订。在扶持小微企业的时代背景下，"对赌协议"不适用于规模太小的初创企业，因为这会增加企业创始人的负担，从而影响股权众筹的普惠性。对业务已步入正轨的企业，"对赌协议"不仅可以有效保障投资者的利益，还对企业经营有激励作用。

最后，技术革新或能在一定程度上解决筹资企业虚假宣传的问题。新技术的应用有望将平台建设得更透明、合理和科学。2018年11月，全球首个区块链投融资平台IST首发上线，其技术核心是区块链②。区块链作为新型的计算机数据结构，其特点是"分布式存储"，这使任何人都难以在平台上作假。IST不仅最大限度上杜绝了平台"舞弊"的问题，同时可将投资者对项目的看法不存在任何偏见地数据化，从而以"大众点评"的方式遴选出优秀的项目。虽然IST平台的运行效果还未得到充分验证，但也为技术消除股权众筹隐患提供了一种可能。正如其创始人Steve所说："将评价权利交还给用户，那些真正用心做事的团

---

① "对赌协议"就是投资方与融资方在达成融资或并购协议时，对于未来的约定。如果约定的条件出现，融资方可以行使另一种权利；如果约定的条件不出现，投资方则行使另一种权利。"对赌协议"分为"股权调整型""股权回购型""现金补偿型""股权稀释型""股权激励型"和"股权优先型"等。但"对赌协议"的实行在我国有一定法律风险。总结有关案件及判决，与有限责任公司签订"对赌协议"往往被认为无效，股权回购价格过高时也被法院认为是投机行为，应当作废。

② 区块链是一串使用密码学相关联所产生的数据块，每一个数据块中包含了多次网络交易有效确认的信息。简单来解释，区块链就是一个去中心的分布式数据库。区块链技术最初应用于比特币的记账工作。

队才会被更加客观公正地评价,在市场正在洗牌的情况下,这些项目更应该被人们看到。"①

总的来说,只要妥善防控风险,股权众筹确有广阔的发展前景,但它的发展也一定是个渐进的过程。即使是股权众筹的起源地美国,从 2012 年《初创期企业推动法案》第一部分正式生效至第三部分正式生效,政府也花费了 4 年时间走完其合法化的进程。② 而自 2018 年下半年以来,随着政府强调"打通小微融资最先一公里",越来越多的目光已然重新投向股权众筹。相比前途悲观的 P2P 网贷,股权众筹似乎正开始得到政府及有关部门的青睐。在 2019 年"小额""公开"和"大众"的股权众筹的试点将正式被提上日程。有了政策支持、制度监管和技术创新的股权众筹终将助力"打通小微融资最先一公里"。

参考文献

[1] Bradford S. C., "Crowdfunding and the Federal Securities Laws", *Columbia Business Law Review*, 2012, 1 (1): 1 - 150.

[2] Chen X., Ma L., "To Herd the Expert or the Crowd? An Investigation of Herding Behavior in Chinese Equity Crowdfunding Market", https://ssrn.com/abstract = 3223907, 2018 - 7 - 1.

[3] Sahm M., Belleflamme P., "Crowdfunding: Tapping the Right Crowd", *Journal of Business Venturing*, 2014, 29 (5): 610 - 611.

[4] Ward C., Ramachandran V., "Crowdfunding the Next Hit: Microfunding Online Experience Goods", university of utah, 2010.

[5] 马永保:《股权众筹行业市场退出机制的现实与发展道路》,《金融理论与实践》2016 年第 11 期。

[6] 曾燕、梁思莹、田凤平:《股权众筹投融资方的最优策略分析》,《管理科学学报》2017 年第 9 期。

---

① 资料来源:众筹家《2018 年 11 月中国众筹行业月报》。全文可见 http://www.zhongchoujia.com/data/31694.html。

② 《初创期企业法案》第三部分完全消除了投资者的收入门槛,只规定了不同收入者的投资额度。

保险科技助力保险普惠

——发挥优势，防患于未然

曾　燕　曾　毅

摘　要

　　本文研究了保险科技对保险普惠的推动作用与可能引发的问题，并阐述了政府与保险公司该如何助力保险科技更有效地推动保险普惠。首先，梳理了保险科技促进保险业务互联网化、智能化与保险产品场景化的现状。其次，分别从降低保险服务成本、提升保险服务效率与扩大保险服务人群三个方面分析保险科技对保险普惠的推动作用。再次，阐述了保险科技在推动保险普惠的过程中可能引发监管空白、客户隐私数据被泄露与客户遭受价格歧视的问题。最后，基于保险科技对保险普惠的推动作用及其可能引发的问题，从政府与保险公司两个层面给出了保险科技更有效地推动保险普惠的建议。

　　2018年，平安人寿保险公司运用大数据与人工智能等技术自主研发的"智慧客服"正式启用。"智慧客服"构建了全域覆盖、全流程智能办理与动态精准风控的智慧服务体系。客户只需使用平安金管家APP即可在线办理保单业务。在"智慧客服"的服务模式下，保全、理赔与核保等业务的办理时长将大幅降低，70%的理赔客户可以在30分钟内得到赔付，96%的投保可以实时承保。①

平安人寿推出的"智慧客服"仅是保险科技在我国保险领域深入运用的一个缩影。一方面，保险科技作为推动保险业变革的重要力量之一，在保险业的发展中扮演着十分重要的角色。保险科技使保险服务更加低成本、便捷与个性化，对推动我国保险普惠②具有重大意义。另一方面，保险科技在实践中也引发了监管空白、客户隐私数据被泄露等诸多问题。保险科技的运用对推动保险普惠具有哪些优势？保险科技在推动保险普惠的过程中可能会引发哪些问题？保险科技如何才能更有效地推动保险普惠？面对以上疑问，下文从保险科技促进保险业转型升级入手，探寻上述问题的答案。

一 保险科技促进保险业转型升级

随着科技迅猛发展，保险公司逐渐将数字通信、移动互联网、大数据、区块链、云计算与人工智能等技术运用到保险业中，促进保险业不断转型升级。保险科技的深入运用推动了国内保险业务的互联网化、保险业务的智能化与保险产品的场景化。

数字通信与移动互联网技术的普及促进保险业务互联网化。积极推进保险业务互联网化是保险公司的重要发展方向之一。数字通信技术的发展为我国保险业务互联网化奠定了基础。《2018 年上半年通信业经济运行情况》报告中指出，我国 4G 用户已突破 11 亿。数字通信技术使人们能够便捷地使用手机等移动设备与保险公司进行沟通。借助移动互联网技术，保险服务突破了物理网络的局限，使人能更加便捷地享受保险服务。2018 年 8 月，众安保险全资子公司众安科技上线了国内首个"商保智能开放平台"。客户可以使用数字通信技术实时向保险公司申请理赔。众安科技通过移动互联网技术实现医疗数据直连。商保公司可通过移动互联网直接从医院获取客户就诊病历信息、检查检验信息与

---

① 资料来源：http：//news.sina.com.cn/c/2018-03-05/doc-ifyrzinh3598943.shtml。
② 本文中保险普惠是指让保险产品与服务能够以更合适的价格、更丰富的类型、更创新的渠道、更简化的流程与更好的客户体验可持续地覆盖与惠及更广泛的社会群体的活动。

医疗费用信息等理赔所需的数据。① 数字通信与移动互联网技术的运用有效提高了理赔的效率与准确率。除此之外,全体系的医疗商保知识库为商保提供了快捷的线上服务,助力商业保险公司通过移动互联网实现快速理赔。② 保险业务的互联网化缩短了业务办理时间,提高了服务效率。

人工智能与区块链技术使保险业务走向智能化。智能化是保险业当前以及未来的另一个重要发展方向。安心保险采用阿里云在线机器人实现对客户的答疑解惑。在线机器人根据客户输入的关键字实时分析客户咨询的问题并进行解答。截至2018年8月底,安心保险在线客服的服务总次数为185556次,其中机器人服务次数占比64.8%。③ 在理赔方面,安心保险采用灵伴科技智能语音机器人为客户提供不同场景的在线语音客服服务,如新契约回访、结案支付回访与满意度调查等。④ 2018年10月中再产险、华泰财险、轻松筹三方正式推出首个基于区块链技术的全产业链健康险产品——鸿福e生尊享版百万医疗保险。⑤ 该产品旨在通过区块链技术的信任属性与不可篡改的特性,实时提供承保、理赔与再保等服务,为人们的生活提供智能化、透明化与安全化的健康保障体系。人工智能与区块链技术的发展令保险业迎来了"智能化"时代。

大数据与云计算技术使保险产品逐渐场景化。保险公司运用大数据与云计算技术来挖掘、处理与分析各种生活场景中的数据,对场景中的潜在风险进行精准识别并逐渐将保险产品融入人们的生活场景之中。例如,体育之窗与保准牛成立合资公司保准体育,为人们打造了拳击、攀岩与游泳等多样化的体育场景保险。⑥ 保准体育运用大数据技术收集人们在拳击、攀岩与游泳等体育运动中产生的数据。云计算技术的运用使保险公司能够实时定制符合人们需求的体育保险,满足体育市场中千人

---

① 资料来源:http://finance.sina.com.cn/roll/2018-08-10/doc-ihhnunsq3811987.shtml。
② 资料来源:http://www.sohu.com/a/246150946_118622。
③ 资料来源:https://www.wdzj.com/hjzs/ptsj/20180913/782167-1.html。
④ 同上。
⑤ 资料来源:http://insurance.jrj.com.cn/2018/10/31084625285368.shtml。
⑥ 资料来源:https://www.iyiou.com/p/81443.html。

千面的保险需求。在电商领域,众安保险运用大数据技术收集数亿位淘宝用户的年龄、性别与消费偏好等数据,并运用云计算技术快速并精确地为每一位淘宝用户定制退货运费险。保险的场景化让保险产品更加丰富,保险产品的设计也越来越贴近人们的需求。

保险科技对我国保险业产生了深远影响,促进保险机构不断改革创新。保险业务互联网化使人们能够更加便捷地购买保险产品。保险业务的智能化使人们享受到更加智能的保险服务。保险产品的场景化使保险产品更加贴近人们生活,能满足人们多样化的保险需求。保险科技不仅使保险服务更加便捷与智能,还孕育出更加丰富的保险产品,有效地推动了保险普惠。保险科技在我国的实践让我们看到保险科技在推动保险普惠方面的巨大优势。

二 保险科技推动保险普惠的优势

保险科技的诸多运用让我们看到了其在助力保险普惠方面的巨大优势。保险科技能够从降低保险服务成本、提升保险业务的服务效率与扩大保险服务人群三个方面推动我国保险走向普惠,具体阐述如下。

保险科技能够降低保险服务[①]成本。移动互联网与人工智能技术能帮助保险公司节省大量人力物力,进而降低保费。相比于传统采用营销人员进行线下宣传与销售保险产品的模式,保险科技的发展使保险公司能在线上宣传与销售保险产品。众安保险采用纯线上化的运行模式,其运用移动互联网将产品设计、用户投保、产品使用与售后理赔等环节串联起来。用户可以通过互联网平台了解并自主选择合适的保险产品。这不仅加速了众安保险的业务发展,还减少了员工数量,降低了人工成本。从2017年至2018年,众安保险的业务成本下降了19%。[②] 保险科技还能打破时空限制,降低获客成本[③]与销售成本。保险科技能帮助保

[①] 保险服务的内容包括提供保险保障、咨询与申诉、防灾防损、契约保全、附加价值服务等。
[②] 资料来源:http://www.xinhuanet.com//money/2017-10/28/c_1121879690.htm。
[③] 获客成本是指企业开发一个顾客所付出的成本,涵盖花费在宣传、促销、经营等活动中的费用。

险公司以更低的成本实时高效地为城市与偏远地区提供保险产品的销售与理赔等保险服务。众安保险依托人工智能技术研发的智能机器人可以保证保险服务的全天候、跨区域响应。[①] 移动互联网与人工智能技术的运用打破了传统保险业务的时间限制与地域限制，帮助保险公司以更低的成本为人们提供更便捷的保险服务。

保险科技能够提高保险服务的效率。保险公司一直面临业务流程烦琐与服务效率低下的难题。理赔效率低、管理难度高与定损不精确的传统保险理赔环节已难以适应当前快速发展的保险业。借助保险科技，如今保险公司纷纷开通智能保险业务办理渠道。用户只需要在平板电脑上填写投保单，然后系统通过人工智能技术完成核保与定价等业务流程，提高业务办理效率。例如，中国太保寿险基于语音交互、活体认证与图像识别等人工智能技术研发的"灵犀一号"为客户提供3000元以下门诊和住院快赔服务。[②] 太平人寿运用人工智能对客户出险后上传的理赔材料进行审核。对于符合条件的理赔申请，人工智能技术使太平人寿理赔的最快时长仅为13秒。[③] 人工智能等保险科技使理赔时间缩短至"秒"级，大幅度提升客户的服务体验。

保险科技能够扩大保险的服务人群。传统保险产品通常针对正常人群进行设计，一般会将慢性病人、癌症患者等拒之门外。2018年，世界卫生组织、国家卫生计生委等机构联合发布的《中国医改联合研究报告》指出，全中国现有慢性病患者近3亿，癌症、糖尿病与心脏病等慢性病已成为人们最主要的健康威胁。但传统保险的精算方法却无法对慢性病人与癌症患者进行风险评估与定价，以至于我国可能有接近3亿人无法享受健康险服务。如今大数据与云计算等保险科技能够助力健康险精准定价，进而协助保险公司推出适用于慢性病患者的健康险产品，扩大了健康险的服务人群。人工智能技术能引导慢性病人用药，协助保险公司为带病患者进行投保后的风险干预，从而有效控制风险（王沁、王治军，2017）。众安保险公司运用人工智能等技术为糖尿病

[①] 资料来源：http://www.xinhuanet.com//money/2017-10/28/c_1121879690.htm。
[②] 资料来源：http://finance.sina.com.cn/roll/2018-12-06/doc-ihprknvt3017662.shtml。
[③] 资料来源：http://www.sohu.com/a/245127643_374310。

患者提供"糖小贝"保险服务，并通过专业医疗社区、血糖监测设备与浮动保额奖惩机制等管控患者病情。① 正如健康诺的创始人兼 CEO 龚某所说："用大数据分析患者的风险，再用赔付模型撬动患者的健康管理。"他还希望保险公司在保险科技的助力下能以更低的价格提供更好的保险服务，让保险逐渐普惠。②

保险科技的运用降低了保险服务成本、提升了保险服务的效率、扩大了保险服务人群。保险科技的快速发展让人们获得了更高效的服务与更个性化的保险产品。由此可见，保险科技是推动保险普惠的重要力量之一。然而保险科技是一把"双刃剑"。虽然保险科技具有推动保险普惠的诸多优势，但其也可能引发一系列问题。

三　保险科技可能引发的问题

保险科技在推动保险普惠时可能会引发一系列问题（杨东，2015）。中国保监会副主席梁涛在凤凰财经峰会上表示："保险科技的运用扩大了保险的服务人群，提高了我国保险普惠水平。但是保险科技也引发了一系列问题，可能会阻碍保险普惠。"③ 我们只有弄清楚保险科技在保险领域运用中可能引发的问题，才可能防患于未然，让保险科技更有效地推动保险普惠。下文梳理了保险科技在推动保险普惠过程中可能引发的主要问题。

（一）监管产生空白

随着保险科技在保险领域的深入运用，定价与理赔等保险环节都在保险科技的作用之下被重塑。但现有的监管框架对保险科技存在不适应性，在部分领域存在空白。④ 同时，监管者还未适应保险科技高速发展的现状，缺乏充分的技术手段进行监测和预警（杨东，2018），造成监管空白持续存在。2018 年，我国仍未出台有关保险科技运用标准等一

---

① 资料来源：http://www.sohu.com/a/55496418_109967。
② 资料来源：http://www.xinhuanet.com/money/2017-10/27/c_1121871024.htm。
③ 资料来源：https://www.iyiou.com/p/61896.html。
④ 资料来源：https://www.wdzj.com/hjzs/ptsj/20180223/567021-1.html。

系列监管文件。这使保险科技的运用游离于我国监管体系之外，引发监管空白。反观美国，其于2016年已经强制要求保险公司按照联邦和州的法律要求运用保险科技。若监管空白持续存在，不法机构可能会趁机实施保险诈骗，导致保险市场秩序出现混乱。

（二）客户隐私数据被泄露

如今越来越多的可穿戴设备被运用到保险领域，帮助保险公司实时搜集客户数据，以便保险公司对客户进行差异化定价。但是客户数据在由可穿戴设备传输至保险公司数据库的过程中存在隐私数据被泄露的问题。一旦涉及个人隐私的客户数据被不法分子获取，可能会引起客户身份盗窃、跟踪与欺诈等犯罪现象。近年来，在国内外客户隐私数据被泄露的事件时有发生。2013年，中国人寿保险公司的"宜众风险管理网"在进行系统升级时出现操作失误，致使约80万份保单信息包括险种、手机号、身份证号与密码等隐私数据可被公开下载。① 2018年4月，上海公安机关破获一起侵犯公民信息案件。某保险公司两位前员工和两位现员工在不到半年的时间里非法盗取、交易公民个人信息1000余万条，涉案金额2000余万元人民币。② 泄露的公民个人信息包括客户身份证号、手机号与住址等。2015年，美国第二大医疗保险公司Anthem的数据库由于未设置额外的认证机制，遭受黑客入侵并盗走8000万用户数据。丢失的个人数据包括姓名、社会保险码、居住地址、电话号码与员工信息等。③ 无独有偶，2015年美国大型医疗保险商CareFirst表示遭到专业黑客攻击，约有110万医疗保险客户的个人隐私数据遭泄露。④ 我国保险业必须高度重视客户的隐私数据保护工作，吸取国内外保险公司泄露客户隐私数据的教训。若客户隐私数据被泄露的事故在我国保险业中再次出现可能会降低人们对保险的购买欲，不利于推动保险普惠。

---

① 资料来源：http://news.163.com/13/0228/14/8OQB41G300014JB5_mobile.html。
② 资料来源：http://sh.qq.com/a/20180420/006507.htm。
③ 资料来源：https://www.freebuf.com/news/60134.html。
④ 资料来源：https://www.freebuf.com/news/68110.html。

(三) 客户遭受价格歧视

在保险市场中，由于保险产品的形式多样化、复杂度高，人们往往不了解保险条款与定价模型，只能被迫接受保险公司给定的价格。现如今保险科技进入保险领域，大数据分析技术可以搜集每一位投保人月平均消费金额与月平均购物次数等的个人数据。这使像"大数据杀熟"[①]这种价格歧视事件可能出现在保险领域。保险公司很有可能运用保险科技收集每一位投保人的月平均消费金额等数据并分析其消费水平，暗中为具有高消费水平的投保人制定偏高的价格，以谋取超额利润。英国Admiral 保险公司被曝会根据某些投保人的电子邮件域名制定不同的保险费用。据 Admiral 保险公司所述，Hotmail 邮件域名比 Gmail 更古老，使用 Hotmail 邮件域名的用户积累的资本可能比使用 Gmail 的用户更多，出险率也可能更高。与使用 Gmail 邮件域名的投保人相比，Admiral 保险公司向使用 Hotmail 邮件域名的投保人加收至少 30 美元的年度保险费用。[②] 若监管部门仍不采取措施，"大数据杀熟"这种价格歧视事件可能由国外蔓延到我国保险领域。"大数据杀熟"会使部分投保人的支付成本提高，降低投保人购买保险的意愿，阻碍保险普惠。

保险科技可能引发的监管空白、客户隐私数据被泄露与客户遭受价格歧视的问题成为我国保险普惠前进道路上的绊脚石。如何有效地预防问题出现，使保险科技有效推动保险普惠成为当下一大难题。

四 保险科技有效推动保险普惠的政策建议

虽然保险科技在推动保险普惠时可能引发诸多问题，但运用保险科技推动保险普惠依然是我国保险业发展的趋势。我们借鉴英国和美国等国家的相关政策与监管手段，就如何使保险科技更有效地推动保险普惠提出下述建议。

第一，政府需要进一步促进保险科技与保险业深度融合，使保险服

[①] "大数据杀熟"是指收入水平高的客户需要为同样的商品或服务支付更多的费用。
[②] 资料来源：http://m.toutiao.manqian.cn/mip/wz_7KRqrgZMrt.html。

务更加低成本、便捷与个性化以推动保险普惠。保险科技与保险业的融合为推动保险普惠提供更多可能。政府主要可以从以下几方面促进保险科技与保险业深度融合。首先，政府可以借鉴英国于2016年成立的金融科技加速器①，尝试促进保险公司、科技公司与媒体等资源进行合作，共同提升保险服务效率与提供个性化的保险产品以推动保险普惠。主要做法包括加强保险业基础设施建设、为保险公司与科技公司提供税收优惠等。其次，政府应加强科技公司之间的合作网络建设，并鼓励各保险公司互学互鉴。这有利于保险公司不断发挥保险科技的优势，减少保险服务成本、降低保险产品购买门槛与扩大保险服务人群使保险逐渐普惠。最后，政府应该与保险公司、科技公司保持密切的交流，了解企业在运用保险科技的过程中遇到的难点与痛点。主要做法包括设立面向创新企业的服务组织与定期举办保险科技交流会议等。

第二，政府需要创新监管模式以防范保险科技引发的问题。随着保险科技与保险业不断融合，保险科技引发的监管空白、客户隐私数据被泄露与客户遭受价格歧视的问题可能会降低人们购买保险的意愿，阻碍保险普惠。政府需要不断创新监管模式才能更有效地防范问题。政府应实时了解保险科技的发展情况，以提高监管水平，并弥补监管空白。在这方面我国可以效仿美国的做法。2016年，美国已经率先成立了一支"创新科技特别小组"。该小组负责协助监管机构制定保险科技的监管方法，并弥补保险科技引发的监管空白。该创新科技特别小组为美国营造了一个更有利于科技创新的环境。② 监管空白的弥补有助于防范客户遭受价格歧视的问题，使保险科技更有效地推动保险普惠。另外，政府还可以借鉴美国保险监管协会的做法，成立大数据、网络安全等研究小组对保险科技实行分类监管。大数据研究小组负责了解各保险公司收集的数据内容、数据的使用方法以及数据安全性等情况，预防"大数据杀熟"等事件发生。网络安全小组负责了解保险公司网络的运行安全与信息安全等情况。通过不同的研究小组帮助政府全面识别与防范保险

---

① 金融科技加速器目的在于促进英格兰银行与技术创新的公司合作，探索如何将金融科技创新用于中央银行业务，进而提高银行对金融科技发展趋势的了解，并支持该行业的发展。

② 资料来源：http://www.sohu.com/a/158926660_499199。

科技引发的监管空白、客户隐私数据被泄露与客户遭受价格歧视的问题，为保险普惠提供"安全"保障。

第三，政府应把握保险科技的创新运用与监管之间的平衡，使保险科技更加可持续地运用到保险业中以推动保险普惠。监管过严有可能降低保险公司运用保险科技对保险产品进行创新的积极性。监管过松有可能会引发监管空白的问题。在保险科技的发展初期，保险科技的运用仍处于摸索阶段。保险公司在运用保险科技进行产品创新时可能会引发监管空白、客户隐私数据被泄露与客户遭受价格歧视的问题，导致保险市场秩序混乱并降低人们对保险的购买欲，阻碍保险普惠。政府可以中国国情并借鉴美国财政部联邦保险办公室的做法①，为我国保险科技的运用要求制定法律规定，强制我国保险公司按照法律规定运用保险科技。比如，美国哥伦比亚特区禁止运用大数据分析消费者的需求价格弹性使具有相同风险的消费者为同一保险支付不同的价格。② 政府还可以借鉴英国"监管沙盒"③ 机制，借助"监管沙盒"发挥监管的自由裁量权④（黄益平、黄卓，2018），更有效地发挥保险科技提升保险服务效率与减少保险服务成本等优势推动保险普惠。当保险科技的运用相对成熟时，政府则应侧重考虑提高保险资源配置效率，解决各地区保险发展不平衡的问题，助力我国实现保险普惠。

第四，保险公司应进一步运用保险科技提高保险的服务质量与扩大保险覆盖人群以推动保险普惠。保险公司应充分发挥保险科技的优势，进一步提高保险的服务质量与扩大保险的覆盖人群以推动保险普惠。保险公司主要可以从以下几方面入手。首先，保险公司可以运用大数据与人工智能等保险科技建立基于数据精准营销体系。保险公司能通过数据

---

① 美国财政部联邦保险办公室（Federal Insurance Office，FIO）于2016年11月发布的 Report on Protection of Insurance Consumers and Access to Insurance 中，FIO呼吁国家保险监管机构强制执行有关保险公司使用大数据的联邦和州法律要求。

② 资料来源：Report on Protection of Insurance Consumers and Access to Insurance。

③ "监管沙盒"由英国政府于2015年3月率先提出。"监管沙盒"是一个"安全空间"，在这个安全空间内，金融科技企业可以测试其创新的金融产品、服务、商业模式和营销方式，在相关活动碰到问题时不必立即受到监管规则的约束。

④ 自由裁量权：行政机关及其工作人员在法律事实要件确定的情况下，在法律授权范围内，依据立法目的和公正、合理原则，自行判断行为条件、自行选择行为方式和自由做出行政决定的权力。

分析与数据挖掘技术准确定位客户需求，为客户提供合适的保险产品，推动保险普惠。例如，在银行保险长期期缴业务领域，太平人寿银保团队运用人工智能与大数据等技术精准分析客户的资产配置和保险需求，从而为其提供更合适的保险产品。① 其次，保险公司应进一步运用保险科技提高人们的保险意识，引导人们购买保险，扩大我国保险的覆盖人群。保险公司可以运用移动互联网与人工智能等技术开发具有智能问答功能的 APP。此类 APP 应具有向人们说明与解释生活中潜在的风险的功能，能唤起人们预防风险的意识，并引导人们购买最合适的保险产品。最后，保险公司应运用保险科技提升其风控水平，使原来不可保的风险变为可保风险以扩大保险的覆盖人群。保险公司可以使用移动互联网与大数据等技术实时监测被保险人目前面临风险，并运用人工智能等技术并向其提出规避风险的建议，从而有效地控制被保险人的风险。以平安保险公司推出的全国首款"防艾险"② 为例。平安保险公司运用人工智能技术实时监测被保险人患艾滋病的风险并引导被保险人主动用药以控制艾滋病情。③ 保险科技的运用拓展了可保风险的边界，扩大了保险的覆盖人群，推动了保险普惠。

总而言之，保险科技逐渐渗透到保险领域的各个环节，促进了保险业变革，使人们能获得更加便捷、高效与个性化的保险服务，推动我国保险普惠。但其可能引发的监管空白、客户隐私数据被泄露与客户遭受价格歧视问题可能会引起保险市场混乱并降低人们对保险的购买欲，阻碍我国保险普惠。鉴于保险科技对推动保险普惠的优势，我国应合理有效地运用保险科技推动保险普惠。我们相信随着我国不断发挥保险科技对保险普惠的推动作用并妥善防范其引发的问题，保险终将走向普惠。作为普惠金融的一个重要领域，保险在保险科技的助力之下终将不断推动我国数字普惠金融向前发展。

---

① 资料来源：http://insurance.hexun.com/2017-09-04/190706939.html。
② "防艾险"是针对易感染人群的艾滋病感染专项保障险种。
③ 资料来源：http://finance.huanqiu.com/roll/2017-05/10687460.html?agt=1。

参考文献

[1] 黄益平、黄卓:《中国的数字金融发展:现在与未来》,《经济学》(季刊)2018年第4期。

[2] 王沁、王治军:《我国商业健康保险的发展现状及趋势分析》,《中国医疗保险》2017年第1期。

[3] 杨东:《互联网金融的法律规制——基于信息工具的视角》,《中国社会科学》2015年第4期。

[4] 杨东:《监管科技:金融科技的监管挑战与维度建构》,《中国社会科学》2018年第5期。

相互健康保险发展探析

——从"相互保"到"相互宝"引发的思考

李浩恩 曾 燕

摘 要

本文从"相互保"和"相互宝"的辨析入手，研究了相互健康保险对推动健康保险普惠的意义，并提出了相互健康保险的发展建议。首先，分析了"相互保"与"相互宝"存在的问题，指出相互健康保险是现行规制下推动健康保险普惠的有效方案。其次，分别从保险消费者权益、道德风险与运营成本三个方面研究了相互健康保险的特点，总结了相互健康保险在扩大覆盖面、丰富产品供给、提升服务水平和改善行业形象四个方面对推动健康保险普惠的意义。再次，分析了相互健康保险在推动健康保险普惠过程中面临的法规不完善、经营能力不成熟、融资渠道有限与保险消费者认知不足四个方面的困境。最后，基于上述困境，从政府部门与相互保险组织两个层面给出了促进相互健康保险发展从而推动健康保险普惠的建议。

"相互保"是2018年10月16日由蚂蚁会员（北京）网络技术服务有限公司（以下简称蚂蚁会员服务公司）与信美人寿相互保险社（以下简称信美相互）共同在支付宝上推出的"大病互助计划"。借助营销广告"0元加入，先享保障；一人生病，众人均摊"的推动，该款产品迅速走俏，短短两周就有超过 1400 万人加入，① 引发保险业界不少争议。2018 年 11 月 15 日"信美相互"被指涉嫌违规而接受监管部门约谈。② 2018 年 11 月 27 日"蚂蚁金服"③ 发布公告称随着"信美相互"的退出，"相互保"升级为"相互宝"，并强调"相互宝"是网络互助计划④而不是保险。⑤

由于"相互保"名称上与 2015 年中国原保监会出台的《相互保险组织监管试行办法》（以下简称《试行办法》）定义的"相互保险"相近，并有"信美相互"的参与，很多人把"相互保"与相互健康保险⑥画上等号。"相互保"究竟是不是相互健康保险，而后续升级的"相互宝"与相互健康保险又有什么区别？相互健康保险具备哪些特点，对推动我国健康保险普惠⑦有何意义？相互健康保险目前的发展遇到了哪些困境？相互健康保险如何才能走出这些困境从而更好地推动健康保险普惠？面对上述疑问，下文首先对"相互保""相互宝"与相互健康保险三者进行比较分析。

一 剖析"相互保""相互宝"与相互健康保险

虽然"相互保""相互宝"与相互健康保险都冠以"相互"二字，

---

① 资料来源:《经济参考报》, http://www.xinhuanet.com/fortune/2018 - 11/01/c_1123643819.htm。
② 资料来源: 财经网, http://tech.caijing.com.cn/20181115/4536756.shtml。
③ "蚂蚁金服"，全称为浙江蚂蚁小微金融服务集团股份有限公司，是"蚂蚁会员服务公司"的母公司。
④ 网络互助计划是指网络互助平台利用互联网的信息撮合功能促使面临同质风险的群体加入平台成为会员，并在平台公约的约束下达成会员之间的互助协议，承诺承担彼此的风险损失。
⑤ 资料来源: 蚂蚁金服微信公众号, https://mp.weixin.qq.com/s/zS_erSTdIDZ1YwoQcERC2Q。
⑥ 本文根据中国原保监会关于"相互保险"和"健康保险"的定义，归纳总结出相互健康保险的概念。本文中的相互健康保险是指具有同质健康风险保障需求的单位或个人通过订立合同成为会员，并缴纳保费形成互助基金，由该基金对被保险人因健康原因导致的损失承担给付保险金责任的保险活动。
⑦ 本文中的健康保险普惠是指让健康保险以更合适的价格、更丰富的产品类型、更好的服务可持续地覆盖并使更广泛的人群受惠的活动。

但是三者却有本质的不同。"相互保"存在诸多问题,而"相互宝"也蕴含众多风险,具体阐述如下。

(一)"相互保"与相互健康保险之辨

"相互保"因"相互"之名及"信美相互"的参与,使很多人把"相互保"误认为是相互健康保险。依据《蚂蚁相互保成员规则》(以下简称《成员规则》)的介绍,"相互保"全称是"信美人寿相互保险社相互保团体重症疾病保险",其中"蚂蚁会员服务公司"是投保人,相互保险组织①"信美相互"是保险人,而参与者是被保险人。然而"相互保"运作模式存在如下问题。

"相互保"的保险人没有提取责任准备金。依据2015年修正的《保险法》规定,保险人需"提取责任准备金"。② 而"相互保"采用"0元加入"机制,因此"信美相互"无法积累起资金池,更无法提取责任准备金。缺少了责任准备金的支持,"信美相互"的偿付能力无法得到有效保证,"相互保"参与者合法利益的保障更无从谈起。

"相互保"的保险人未明确承担赔偿责任。按照《保险法》的规定,当被保险人确诊患有保险合同约定的疾病时,保险人承担赔偿责任。③ 然而"信美相互"作为保险人,承担的仅仅是划扣分摊金额和汇总支付给患病成员的责任。④ 此外,《成员规则》也没有就约定保障金额无法筹足的情况下,"信美相互"是否会补足保障金额做出任何说明,患病成员的保障金额可能因此而受影响。

---

① 根据中国原保监会2015年2月印发的《相互保险组织监管试行办法》,相互保险组织是指在平等自愿、民主管理的基础上,由全体会员持有并以互助合作方式为会员提供保险服务的组织,包括一般相互保险组织,专业性、区域性相互保险组织等组织形式。全文可见http://bxjg.circ.gov.cn//web/site0/tab5225/info3949714.htm。

② 资料来源:《中华人民共和国保险法》第九十八条规定,保险公司应当提取各项责任准备金。

③ 资料来源:《中华人民共和国保险法》第二条规定,保险是指投保人根据合同约定,向保险人支付保险费,当被保险人疾病达到合同约定的条件时,保险人承担给付保险金责任的商业保险行为。

④ 资料来源:《蚂蚁相互保成员规则》第四节第一条规定"信美相互"在每月的14日、28日通过支付宝向成员划扣每期保障金及管理费的分摊金额;第四条规定"信美相互"7日内将汇集完成的保障金给付患病成员。

"相互保"的参与者并非"信美相互"的会员，且不享有相应权利。相互保险组织的根本特征在于"会员制"，会员既是组织的所有者，又是组织的服务对象（孙宏涛、刘秉昊，2018）。依据《信美人寿相互保险社章程》约定，只有客户投保会员产品，才能成为"信美相互"的会员。然而"相互保"并非"信美相互"会员产品，① 因此其参与者也不是"信美相互"的会员。同时，"相互保"没有设立相互保险组织的最高权力机构"会员（代表）大会"，也没有赋予参与者相应的"会员权利"。② 此外，"蚂蚁会员服务公司"和"信美相互"有权修改、增补成员规则，甚至终止"相互保"。这与修改章程和解散相互保险组织的重大事项应由会员（代表）大会表决的要求不相符。③

"相互保"的实际计费方式与报备费率不一致。根据"信美相互"向银保监会报备的《相互保团体重症疾病保险费率表》，保险费按被保险人所属年龄区间对应的费率标准计收。但是在实际经营过程中，"相互保"不考虑参与者的具体年龄，而采取"事后均摊"的方式，将每一期需支付的保障金连同管理费（每期保障金的10%）平均分摊给当时的参与者。这种实际计费方式与报备费率不一致，违反了《保险法》对保险人所要求的"按照规定使用经批准或者备案的保险费率"。④

综上所述，"相互保"与相互健康保险区别甚大，是"产品创新不当"的例子，"将网络互助计划伪装成相互保险"。⑤ 那后续升级的"相互宝"能与相互健康保险画上等号吗？答案是否定的。

（二）"相互宝"与相互健康保险之辨

由"相互保"升级而来的"相互宝"，不是保险而只是网络互助

---

① 根据"信美相互"官网显示，"相互保"不属于"信美相互"的会员产品。
② 资料来源：中国原保监会《相互保险组织监管试行办法》第十九条规定，相互保险组织应当设立会员（代表）大会，决定该组织重大事项；第十五条规定，相互保险组织会员享有参加会员（代表）大会，并享有表决权、选举权、被选举权和参与该组织民主管理等六项权利。
③ 资料来源：中国原保监会《相互保险组织监管试行办法》第二十条规定，作出修改章程或者合并、分立、解散的决议应当由出席会议的会员或会员代表表决权总数的四分之三以上通过。
④ 资料来源：《中华人民共和国保险法》第一百七十条规定。
⑤ 资料来源：中国保险行业协会，《2018年度互联网人身保险市场运行情况分析报告》。

计划。① 网络互助计划以其加入门槛低、保障金额高的特点,② 吸引了众多关注健康保障的人群加入其中。③ 然而,中国原保监会对网络互助计划的态度一直是明确的,先后通过"风险提示"④ 和"答记者问"⑤的形式提醒公众注意网络互助计划并非保险,更在2016年12月开展专项整治工作,⑥ 划清网络互助计划与保险的界限。"相互宝"及其他网络互助计划在经营资质、民事主体和定价机制上,与相互健康保险相比存在如下问题。

第一,网络互助计划的经营主体不具备相互健康保险经营资质。根据《试行办法》,经营相互健康保险的相互保险组织必须经中国原保监会的批准设立。⑦ 而网络互助平台不具备相互健康保险经营资质或保险中介资质。此外,网络互助计划的市场准入标准不明确,缺乏相应的监管部门进行监管。

第二,网络互助计划的民事主体⑧并不包含网络互助平台,参与者权益无法保障。网络互助计划的互助协议由每一位参与者作为独立主体共同订立,民事主体由每一位参与者组成,网络互助平台并未参与其中。而相互健康保险合同是投保人与保险人之间就保险权利与义务进行

---

① 资料来源:蚂蚁金服微信公众号,https://mp.weixin.qq.com/s/zS_erSTdIDZ1YwoQcERC2Q。

② 以"轻松互助"平台的"中青年大病互助行动"为例,只需要会员提前交存10元,经过180天的观察期后,若会员罹患计划规定的30种重大疾病,可申请最高30万元的互助金。

③ 截至2018年10月,仅"轻松互助"和"水滴互助"两家网络互助平台的会员人数便已达到8000万。

④ 资料来源:中国原保监会2015年10月28日发布的《关于"互助计划"等类保险活动的风险提示》,全文可见 http://bxjg.circ.gov.cn/web/site0/tab5247/info3977859.htm。

⑤ 资料来源:中国原保监会2016年5月3日发布的《保监会有关部门负责人就"夸克联盟"等互助计划有关情况答记者问》,全文可见 http://bxjg.circ.gov.cn/web/site0/tab5207/info4028103.htm;中国原保监会2016年11月3日发布的《保监会有关部门负责人就网络互助平台有关问题答记者问》,全文可见 http://bxjg.circ.gov.cn/web/site0/tab5207/info4048925.htm。

⑥ 资料来源:中国原保监会2016年12月26日发布的《中国保监会关于开展以网络互助计划形式非法从事保险业务专项整治工作的通知》,全文可见 http://bxjg.circ.gov.cn//web/site0/tab5216/info4054676.htm。

⑦ 中国原保监会《相互保险组织监管试行办法》第五条。

⑧ 民事主体是指参加民事法律关系享受权利和承担义务的人,即民事法律关系的当事人(邹瑜,1991)。

约定的协议,①民事主体由投保人和保险人组成。可见,一旦发生风险事件,网络互助平台并不承担赔偿责任,无法保证兑现网络互助计划承诺的互助金额。此外,网络互助计划的参与者还可能面临赔偿争议带来的法律风险。

第三,网络互助计划与相互健康保险风险定价机制不同,偿付能力存疑。网络互助计划普遍采取先收取小额费用或"0元加入",受助事件发生后再向参与者均摊互助资金。②网络互助计划无法基于保险精算进行风险定价和费率厘定,更没进行责任准备金的科学提取,因此偿付能力存在不确定性。相互健康保险有基于精算的风险定价和费率厘定体系,产品费率和责任准备金的充足性受中国原保监会的严格监管。③

综上所述,尽管"相互保"和以"相互宝"为代表的网络互助计划在帮助社会大众抵御健康风险上有一定的作用,但与相互健康保险相比,两者均具有不容忽视的问题。经过上述比较可知,相互健康保险具有网络互助计划无法比拟的合规优势,是现行规制下推动健康保险普惠的有效方案。

二 相互健康保险的特点及其普惠意义

短短两周就吸引超过1400万人加入的"相互宝",体现了大量人群对低成本健康保障的需求,也使相互健康保险引起了学界和业界的高度关注。下文具体阐述相互健康保险相对于股份制健康保险的特点,以及相互健康保险的普惠意义。

(一)相互健康保险的特点

相互保险组织与股份制保险公司④是保险业常见的两种组织形式。

---

① 《中华人民共和国保险法》第二条规定:保险是指投保人根据合同约定,向保险人支付保险费,当被保险人死亡、伤残、疾病或者达到合同约定的年龄、期限等条件时承担给付保险金责任的商业保险行为。
② 资料来源:中国原保监会,http://bxjg.circ.gov.cn//web/site0/tab5207/info4028103.htm。
③ 中国原保监会《相互保险组织监管试行办法》第二条和第三十九条。
④ 股份制保险公司是指采用股份制形式由股东所有的保险公司。

与股份制保险公司相比，相互保险组织具有会员所有、投保人与保险人利益一致的特征。这些特征使相互健康保险与股份制健康保险相比，具有下列特点。

首先，相互健康保险可以使保险消费者[①]权益得到有效保护。股份制保险公司存在股东与保险消费者之间的利益冲突。[②] 这会使股份制保险公司陷入两难抉择中，甚至迫于股东盈利的压力而去损害保险消费者的利益。而对于相互保险组织而言，它的经营目标是以相对低廉的价格为会员提供保障，积极为会员提供理赔服务（石东洋等，2013）。例如，为了让会员利益得到最大限度的保障，"信美相互"在保险业内首创"陪审团"机制。对于理赔结果存有争议的案件，由"陪审团"以投票的方式判定理赔结果。[③] 同时，会员既是相互健康保险的保险消费者，也是相互保险组织的所有人，共同享有相互保险组织的盈利。上述特点使相互健康保险对保险消费者的权益保护比股份制健康保险更有效。

其次，相互健康保险可以降低逆向选择[④]与道德风险的发生。由信息不对称所导致的逆向选择和道德风险，一直是困扰健康保险领域的难题。Macminn 和 Ren（2011）指出，相互保险组织将投保人和所有者的角色合二为一，能有效协调统一相互保险组织与会员的利益，降低逆向选择与道德风险的发生概率。相互保险组织作为一个由具有同质风险的人群组成的互助团体，会员往往对该团体的健康风险比较了解，能减少逆向选择的发生。同时，会员为了自身利益而增加必要的自身健康管理投入，如增加运动、减少吸烟和饮酒等不良生活习惯，从而降低疾病风

[①] 保险消费者，泛指投保人、被保险人和受益人。2014 年 8 月国务院发布的《加快现代保险服务业发展意见》首次引用该概念。2015 年 10 月国务院公布的《关于修改〈中华人民共和国保险法〉的决定（征求意见稿）》中明确引入保险消费者概念，并对其做了进一步的界定。

[②] 资料来源：经济合作组织，http：//www. oecd. org/daf/fin/insurance/oecdguidelineson-insurergovernance. htm。

[③] 资料来源：《信美人寿相互保险社 2017 年年度报告》，全文可见 https：//www. trustlife. com/message. html#/message/messLeak/MessageTemporary?＿k＝o60nsg。

[④] 逆向选择是指投保人在投保时以自身利益出发，做出对保险人利益不利的合同选择，使保险人承担过大风险。

险发生的概率，减少事前道德风险①的发生。例如，成立于1946年的相互保险组织法国教育系统相互保险联盟（Mutuelle Générale de l'Education Nationale，MGEN）相当重视会员疾病的自我预防和健康管理，设计出3种追踪陪伴服务计划和14种不同路径以协助会员管理自身的健康行为（让-路易·达维、杨晓燕，2016）。此外，由于投保人与相互保险组织的利益一致性，会员为了自身效用的最大化，避免过度消费医疗服务，从而减少事后道德风险②发生的概率。这些特点使相互保险组织在识别投保人的逆向选择和防范道德风险的发生上比股份制保险公司更具效率优势。

最后，相互健康保险具有较低的运营成本。首先，相互健康保险面向具有同质健康风险的人群，这类人群具有较强的聚集性和传播性，有助于推动产品的宣传及销售，从而降低了销售成本（施清远、叶晓凌，2018）；而股份制健康保险面向的是社会大众，为了使保费规模扩大，需要通过各种保险中介渠道或者自建销售队伍进行销售，因此会产生高额的销售成本。以我国相互保险组织的首个试点——阳光农业相互保险公司（以下简称阳光农险）为例，③ 截至2017年，公司的综合费用率为20.22%，大幅低于成立时间相近且同样服务"三农"领域的安信农业保险和安华农业保险。④ 其次，相互健康保险不以营利为目的，所产生的收益都会返还给投保人，在保费厘定时无须像股份制健康险那样考虑股东收益（石东洋等，2018）。最后，相互保险组织较股份制保险公司而言，在处理保险业务的信息不对称方面具有优势，相互健康保险在运营过程中投入的风险管控成本相对较少（江崇光等，2018）。总而言之，相互健康保险在成本上比股份制健康保险更有优势，能以较低价格提供健康保障。

---

① 事前道德风险是指投保人在投保健康保险后预计未来出险后将面临较低的医疗费用边际支出，因此降低了出险前健康风险防范的投入，从而使健康风险发生的概率提高。
② 事后道德风险是指投保人在健康保险出险后面临较低的医疗费用边际价格，因此对医疗服务产生了过度需求。
③ 经营健康保险的相互保险组织除"阳光农险"外，还有"信美相互"与"众惠相互"。但是，这两家相互保险组织均在2017年成立，而成立初期有大量基础投入，因此不适合作为例子对其综合费用率进行说明。
④ 资料来源：《中国保险年鉴（2018）》。

综上所述，相对于股份制健康保险而言，相互健康保险重视保险消费者权益、可有效控制道德风险和具有较低运营成本。在当前国内健康保障缺口高达 5.6 万亿元的背景下，[①] 具有上述特点的相互健康保险是满足群众多层次健康保障需求的有效突破口，发展相互健康保险对于推动我国健康保险普惠具有重要意义。

（二）相互健康保险的普惠意义

对比于股份制健康保险，相互健康保险所具有的三大特点，使相互健康保险在推动我国健康保险普惠上展现出重要意义和潜力。发展相互健康保险可扩大健康保险覆盖范围，丰富产品供给，提升健康保险服务水平及提高公众保险意识，具体论述如下。

第一，发展相互健康保险有利于扩大健康保险的覆盖范围。当前我国健康保险市场上有 79 家寿险公司、7 家专业健康险公司和 67 家财产险公司，[②] 均为股份制保险公司。[③] 发展相互健康保险，使其成为健康保险的有益补充，可改变我国健康保险市场组织形式单一的现况，令消费者有更多的健康保险机构选择。尹振涛和舒凯彤（2016）指出，股份制保险公司追求利润最大化，往往导致城市低收入人群、偏远地区农民及残疾人、老年人等特殊群体被排除在股份制健康保险服务范围之外。这就使上述人群的健康保障需求无法通过股份制健康保险来满足。与股份制保险公司相比，相互保险组织不但具有保障成本低廉的特点（石东洋等，2013），而且具有较低的设立门槛。[④] 发展相互健康保险，既可以丰富健康保险市场的供给主体，还可以使健康保险能延伸到股份制保险公司不愿触及的偏远地区、城市低收入人群和特殊群体。可见，

---

① 资料来源：瑞士再保险 2018 年发布的《亚洲健康保障缺口》，全文可见 https://media.swissre.com/documents/health_protection_gap_china_cn.pdf。
② 寿险公司和专业健康保险公司经营的是长期健康险与短期健康险业务，而财产保险公司开展短期健康险业务。
③ 资料来源：银保监会内部资料《中国保险统计年报（2018）》。
④ 依据《中华人民共和国保险法》第六十八条，设立保险公司的净资产要求为不低于 2 亿元人民币。而根据中国原保监会《相互保险组织监管试行办法》第七条和第八条所述，一般相互保险组织的设立，需要有不低于 1 亿元人民币的初始运营资金和 500 个发起会员；而专业性、区域性相互保险组织，需要有不低于 1000 万元的初始运营资金和 100 个发起会员。由此可见，相互保险组织的设立门槛较低。

相互健康保险对于扩大健康保险的覆盖范围,提高健康保险的可得性具有重要意义。

第二,发展相互健康保险有利于长期普惠健康保险产品的供给。从产品供给数量上看,我国健康保险产品以短期产品为主,占比高达70.7%。[①] 而随着社会大众健康保障需求的增加,保障期间在一年以上的长期健康保险显得尤为重要。相对于短期健康保险来说,长期健康保险对保险机构的财务可持续性要求更高。相互保险组织比股份制保险公司更重视长期经营,善于进行长期投资(曹方咏峥、林熙,2018)。同时,相对于短期健康保险而言,长期健康保险更重视对逆向选择与道德风险的防范。相互健康保险在降低逆向选择和防范道德风险的发生上,比股份制保险更具优势。此外,相互健康保险具有较低的运营成本,能够为保险消费者提供惠而不贵的长期健康保险产品。综上所述,发展相互健康保险有利于改变健康保险产品供给以短期产品为主的局面,促进对消费者有利的长期普惠型健康保险产品的投放。

第三,发展相互健康保险有利于提升健康保险的服务水平。当前我国健康保险的服务能力还很有限,致使接近四成的保险消费者对健康保险的服务体验非常不充分。[②] 相互健康保险可弥补上述不足,对于提升保险消费者的服务体验具有重要作用。Macminn 和 Ren(2011)指出,相互保险组织将投保人和所有者的角色合二为一,确保投保人与保险人利益一致。相互保险组织可通过与其他健康服务机构合作,提供与相互健康保险产品相结合的疾病预防、健康维护、慢性病管理等健康管理服务。这些健康管理服务的提供不仅可提高投保人对健康保险服务的体验,还可以减少投保人的医疗费用支出,进而能够产生保费盈余并返还给投保人。通过发展相互健康保险,可以改变现有健康保险市场服务能力不足的局面,提升健康保险的服务水平。

第四,发展相互健康保险有利于提高公众的保险意识,改善保险行业形象。相互健康保险以"互助共济"为宗旨,切实关注会员利益,

---

① 资料来源:中国保险行业协会 2018 年发布的《2018 年中国商业健康保险发展指数报告》,全文可见 http://www.199it.com/archives/783975.html。

② 同上。

重视会员服务，有助于赢得保险消费者的信任和支持。同时，相互健康保险让会员参与相互保险组织的民主管理，令会员近距离了解健康保险业务运营，有利于普及保险知识，提升公众保险意识，改善保险行业形象。这对于提升公众对健康保险的满意度有重要作用。

总而言之，凭借相互健康保险所具有的注重投保人权益、有效道德风险和降低运营成本的特点，发展相互健康保险有助于健康保险扩大覆盖范围、丰富普惠产品供给、提升服务水平、改善保险行业形象。由此可见，相互健康保险是推动健康保险走向普惠的重要力量之一。然而作为我国健康保险市场的新生事物，相互健康保险在发展过程中也不可避免地遇到了一些困难。

三 相互健康保险的发展困境

相互健康保险发展由来已久。自从1756年首家现代相互保险公司——英国公平保险公司成立以来，相互健康保险便得以在国际保险市场快速发展，在如今的国际保险市场中依然占据着重要地位（王未、冯鹏程，2016）。而相互健康保险在我国起步较晚，发展缓慢。直至2004年，首家相互保险公司黑龙江阳光农业相互保险公司才获批筹建。截至2018年年底，相互健康保险保费规模在我国整个健康险市场中的占比仅有0.034%。[1] 尽管相互健康保险对推动健康保险普惠具有重要意义，但是作为我国健康保险市场的新生事物在发展的过程中，遇到以下的困境，具体分析如下。

首先，与相互保险组织相关的法律缺乏明确的界定，监管规范缺乏可操作性。尽管2015年出台《试行办法》填补了对相互保险组织的监管空白，但在法律层面和监管规范上还存在以下不足之处。第一，相互保险组织的法律地位缺乏明确的界定。《试行办法》规定，相互保险组织经中国原保监会批准设立后，需在"工商行政管理部门依法登记注册"。[2] 常鑫（2017）指出，现行《公司法》没有明确提出相互保险的

---

[1] 资料来源：银保监会内部资料《中国保险统计年报（2018）》。
[2] 资料来源：《相互保险组织监管试行办法》第五条。

组织形态，这导致相互保险组织在工商行政管理部门登记注册时，需要创新地对原有制度进行突破。与此同时，现行《保险法》也缺乏就相互保险的组织形式进行明确界定。第二，《试行办法》体现更多的是监管原则和核心理念，欠缺可操作性。在《试行办法》中，政府部门没有就相互保险组织的不同形态加以区别，未就组织治理、组织章程的制定、偿付能力的监管、分支机构的设置及风险管理控制等方面进行具体的阐述。相互保险组织的法律地位未明确、监管规范欠可操作性，制约着我国相互健康保险的发展，使众多希望开展相互健康保险业务的社会资本望而却步。

其次，相互保险组织经营管理经验不成熟，竞争力不足。相互健康保险在我国的发展还处于初级阶段，开展相互健康保险的时间短、机构数量少，市场份额低。自从2004年首家相互保险公司获准筹建后，截至2018年年底，仅有3家相互保险组织经营相互健康保险业务，[①] 相互健康保险保费总规模为1.85亿元；而与此形成鲜明对比的是，截至2018年年底，共有153家股份制保险公司在经营健康保险业务，其保费总规模达到5446.28亿元。[②] 由此可见，股份制健康保险在我国激烈的健康保险市场竞争中占据着支配地位。而相互保险组织在我国属于新兴的保险主体，经营管理经验不成熟，竞争力不足。此外，"相互保"的下架，也充分暴露出了"信美相互"作为相互保险组织在产品开发、销售管理上的不足。

再次，相互保险组织的融资渠道有限。融资渠道有限是制约相互健康发展的重要因素。相互保险组织不能以公开发行股票的方式来进行融资。相比而言，股份制保险公司可以通过发行股票而获取外部的资金支持，从而更易于满足保险公司的资金需求。相互保险组织的资金来源主要是参保会员缴纳的保费及为满足组织成立之初的运营需要而从外部借入的资本金（赵荣，2017）。这就导致相互保险组织缺乏广泛的资金来源。在资本金有限的情况下，相互保险组织无法承接更大规模的健康保

---

① 我国相互保险组织中经营相互健康保险业务的有黑龙江阳光农业相互保险公司、众惠财产相互保险社、信美人寿相互保险社。
② 资料来源：银保监会内部资料《中国保险统计年报（2018）》。

险业务，相互保险组织的可持续发展也将受到影响。

最后，保险消费者对相互健康保险的认知不足。尽管在西方发达国家相互健康保险占据着健康保险市场的重要位置，但是中国保险消费者普遍对相互健康保险的认知不足。施清远和叶晓凌（2018）指出，仅有8.2%与7.7%的调查对象了解相互保险组织和相互健康保险。保险消费者对相互健康保险的认知不足，往往影响着保险消费者对相互健康保险的购买意愿，进而影响相互健康保险市场的规模。另外，随着近年来网络互助平台的蓬勃发展，某些网络互助平台打着相互健康保险"互助共济"的名义，向社会公众进行"投入少量资金即可获得高额保障"的误导宣传，① 以致保险消费者将网络互助平台与相互健康保险画上等号，对其潜在风险认识不足。一旦网络互助平台无法兑现承诺，保险消费者往往会将其归咎于相互健康保险，极大地影响相互健康保险在民众心目中的形象。

由此可见，我国相互健康保险发展过程中面临着法律法规尚待完善、经营管理能力不足、融资渠道有限、保险消费者认知度不足的四点困境。这些困境制约着我国相互健康保险的发展。下文针对相互健康保险在推动健康保险普惠过程中遇到的困难，提出发展相互健康保险的建议。

四 相互健康保险的发展建议

相互健康保险是推动我国健康保险走向普惠的重要力量之一，然而在其实际发展过程中遇到了上述困境。本节对症下药，从政府部门与相互保险组织两个层面，就如何使相互健康保险的发展更有效推动健康保险普惠提出如下建议。

（一）政府部门促进相互健康保险发展之路

政府部门需要不断完善我国法律和监管规范，以提高相互保险组织

---

① 资料来源：中国原保监会网站，http://bxjg.circ.gov.cn//web/site0/tab5207/info4048925.htm。

在申请设立和后续监管过程中提高可操作性。同时，政府部门应采取不同的措施，以鼓励不同性质相互保险组织的设立，具体阐述如下。

第一，政府部门应进一步完善相关法律，提高监管规范的可操作性。首先，《保险法》应增加相互保险组织的相关条款，如在"保险公司""保险业务规则"和"保险业监督管理"章节中加入相互保险组织的相关内容。其次，《公司法》应当将相互保险组织，尤其是相互保险社纳入公司组织形式中，为相互保险组织在办理工商注册，领取工商营业执照时，有可执行的依据。法律法规可为相互保险的健康快速发展提供清晰、透明的法律环境。最后，政府部门需对《试行办法》作进一步的细化，就具体的组织治理、章程制定、偿付能力监管、分支机构设置以及风险控制方面，推出配套细则，提高实际执行过程中的可操作性。这对于提高相互健康保险的规范经营，保护消费者的权益有重要的推动作用。

第二，政府部门应鼓励不同性质的相互保险组织的设立，丰富健康保险市场主体。依据《试行办法》，相互保险组织可以分为一般相互保险组织、专业或区域性相互保险组织，以及涉农相互保险组织。[①] 政府部门应鼓励希望开展相互健康保险业务的社会资本根据不同的覆盖群体，设立不同规模的相互保险组织。专业或区域性的小规模相互保险组织，可将精力集中在过往被股份制健康保险排除的特定领域、特定人群的健康保障需求；而一般相互保险组织则应补足长期普惠健康保险产品的供给，提升中国民众的健康保障水平。此外，在中国扩大金融保险业向外资开放的背景下，[②] 政府部门也可以考虑有序引进在国际上经营多年，具有良好口碑的外资相互保险组织进入中国市场，与国内相互保险组织共同拓展国内相互健康保险市场。借助国外相互保险组织的成熟经营能力，我国相互健康保险市场可得到快速发展。

---

① 根据《试行办法》的规定，一般相互保险组织的设立需有不低于1亿元人民币的初始运营资金，一般发起会员数不低于500个；专业或区域性相互保险组织需有不低于1000万元的初始运营资金，一般发起会员数不低于100个；涉农相互保险组织，可在专业或区域性保险组织的基础上适当降低标准，但初始运营资金不低于100万元。

② 资料来源：中国新闻网，http://cnews.chinadaily.com.cn/a/201902/26/WS5c749990a31010568bdcbddc.html。

(二) 相互保险组织突围相互健康保险发展之路

上文从完善我国法律、监管规范以及鼓励不同性质相互保险组织的设立两个方面阐述了政府部门促进相互健康保险发展的建议。与此同时，相互保险组织也应当发挥自身的优势，通过实施差异化战略、运用新技术，突围相互健康保险发展之路。下文从两个方面提出具体建议。

第一，相互保险组织应差异化发展相互健康保险，扩大相互健康保险市场规模，规避融资能力的限制。相互健康保险唯有发挥模式上的优势，聚焦特定领域和特定人群的健康保障需求，才能在激烈的市场竞争中突围而出。一是相互保险组织通过衔接社会医疗保险，扩大相互健康保险的市场规模，提升服务体验。郑秉文和张永林（2019）指出，相互健康保险与股份制健康保险相比，更符合社会医疗保险个人账户改革的取向。相互健康保险可以通过衔接社会医疗保险，允许社保参保人使用社保个人账户的结余购买相互健康保险。这样既可以激活社保个人账户的沉淀资金，又可以促进相互健康保险的发展，提升社保参保人的服务体验。二是相互保险组织引入"健康维护组织"① 模式（Health Maintenance Organization，HMO），聚焦特定人群，差异化发展相互健康保险。例如，以面向社区老年人的健康保障需求为例，相互保险组织可参考美国 HMO 模式，整合相互健康保险、医疗及健康管理资源，让老年人体验到"小病在社区，大病通专科"② 的贴心服务。三是相互保险组织依托"熟人关系"，差异化发展相互健康保险。参考国外"P2P 保险"③ 的实践经验，相互保险组织可以引入"互助小组"概念，将具有风险需求相似的投保人聚集在一起，投保注重保障内涵的相互健康保

---

① 健康维护组织是指一种在收取固定预付费用后，为特定地区参保人群提供全面医疗服务的体系。

② 资料来源：新华网，http://www.xinhuanet.com/politics/2018lh/2018 - 03/14/c_1122537903.htm。

③ "P2P 保险"（Peer - to - Peer Insurance）是指，投保人依托由保险中介机构搭建的网络平台，通过自主选择或由平台完成"智能匹配"，与其他人构成"互助小组"。小组成员缴纳的保费，分成两部分：一部分建立资金池，而另一部分用于投保传统保险。若小组成员出险，就先通过资金池进行赔付，而超额部分由传统保险承担。在保险期间结束时，资金池余下的资金，按比例返还给小组成员。

险。互助小组基于"熟人关系"而聚合，同质风险程度高，符合相互保险的宗旨。互助小组自发形成的相互监督机制和声誉机制，可以较好地解决健康保险中存在的道德风险问题（杨超等，2018）。小组成员一旦对相互保险组织隐瞒信息，除了会受到经济惩罚外，还会受到小组其他"熟人"的声誉惩罚。因而，小组内的每位成员更有动力防范风险，进而降低相互健康保险的理赔率，也就降低了每位成员未来所需要承担的保费。由此可见，差异化发展相互健康保险，可扩大相互健康保险市场规模，增加相互健康保险的服务人群，提高相互健康保险服务水平。

　　第二，相互保险组织应充分运用新技术提升相互健康保险的竞争力。"相互保"在短时间内的快速走俏与新技术的应用密不可分，这为相互保险组织提升相互健康保险竞争力有重要启示。一是相互保险组织可借助互联网技术，突破传统相互健康保险在地域和范围的限制，提高相互健康保险的可得性。受空间距离的限制，过往相互保险组织难以大范围地去发掘具有同质风险的人群。而如今高速发展的互联网技术，使人与人之间的距离大大缩短，可以在更大范围内快速聚集有同质健康保障需求的人群，使相互健康保险能以更快的速度发展。二是相互保险组织借助于大数据技术，可更精准地实现基于风险的相互健康保险产品设计和核保。在大数据时代，相互保险组织打通健康、医疗等行业的数据库，在核保环节及时了解投保人更多的身体情况，为相互健康保险的定价提供数据支持。通过大数据助力相互健康保险精准定价，使相互保险组织能以更低的价格提供更好的健康保险服务。三是相互保险组织通过区块链技术，减少信息不对称，使理赔环节变得透明、可追溯。相互保险机构通过区块链技术，将会员的身份、保险标的信息、全流程的多方数据进行分布式存储，可供追溯相互保险保单从投保到理赔的全过程，让理赔资金的流向公开透明，有迹可循。四是相互保险组织运用移动互联网技术实现全渠道、多触点分享信息，提升会员的满意度。借助移动互联网、社交媒体等，相互保险机构可以持续、实时地与会员进行双向沟通，信息披露也可以第一时间让分散在各地的会员获知。会员则可以依靠互联网，方便地行使自身权利，履行相应义务，获得更好的体验和感受。通过新技术的运用，相互保险组织能扩大相互健康保险的覆盖人群、增加产品的性价比、减少信息不对称、提升会员的满意度。

（三）政府部门与相互保险组织合力推动相互健康保险的宣传

政府部门和相互保险组织应加大对相互健康保险的宣传力度。在我国，公众对相互健康保险这一组织形式还很陌生。当消费者需要投保健康保险时，往往只会选择自己了解的保险机构，而不去关心相互健康保险所具备的特点和优势。政府部门可以通过网络媒体和传统媒体，加大对相互健康保险的宣传力度，使公众能够更了解和接受相互健康保险。公众对相互健康保险的了解程度越高，购买相互健康保险的意愿更强（施清远、叶晓凌，2018）。因此，加大相互健康保险的宣传，能够有效激发相互健康保险的需求，为其可持续发展做好充足的准备。除此之外，相互保险组织可借助互联网社交平台资源，扩大本组织会员群体规模，持续强化会员社群运营和服务平台搭建，不断推进会员自发的"口碑营销"①。可见，加大相互健康保险的宣传力度，可加强公众对相互健康保险的认识，激发公众对相互健康保险的需求，对于推动相互健康保险的发展具有积极作用。

总而言之，如果在政府部门立法和鼓励措施的促进下，相互保险组织实现了差异化发展和创新突围，那么相互保险组织有望走好发展之路，相互健康保险的特点能够得到充分发挥，并推动健康保险普惠迈向高质量发展。

参考文献

[1] Macminn R., Ren Y., " Mutual versus Stock Insurers: A Synthesis of the Theoretical and Empirical Research", *Journal of Insurance Issues*, 2011: 101 – 111.

[2] 曹方咏峥、林熙：《美国相互人寿保险发展经验及其对我国的启示》，《经营与管理》2018 年第 4 期。

[3] 常鑫：《大陆相互保险发展与监管研究》，中国法学会保险法学研

---

① 口碑营销是指企业努力使消费者通过其亲朋好友之间的交流将自己的产品信息、品牌传播开来。

究会，2017 年。
[4] 陆雄文：《管理学大辞典》，上海辞书出版社 2013 年版。
[5] 彭晓博、秦雪征：《医疗保险会引发事前道德风险吗？理论分析与经验证据》，《经济学》（季刊）2015 年第 1 期。
[6] 让－路易·达维、杨晓燕：《法国教育系统相互健康保险特点与启示》，《中国医疗保险》2016 年第 5 期。
[7] 石东洋、袁冰、陈忱：《相互保险公司的种类及特性》，《福建法学》2013 年第 3 期。
[8] 施清远、叶晓凌：《浙江省相互制长期护理保险的需求现状及影响因素分析》，中国保险与风险管理国际年会，2018 年。
[9] 孙宏涛、刘秉昊：《我国相互保险业态的发展路径探究》，《中国保险报》2018 年 7 月 5 日。
[10] 王未、冯鹏程：《发达国家相互制健康险公司的发展及启示》，《中国保险》2016 年第 5 期。
[11] 解祥优、李婧：《商业医疗保险市场中道德风险的产生机理——基于一个理论模型的探讨》，《上海金融》2016 年第 4 期。
[12] 杨超、杨天禹、陈秉正：《P2P 保险的道德风险问题研究》，《运筹与管理》2018 年第 12 期。
[13] 尹振涛、舒凯彤：《我国普惠金融发展的模式、问题与对策》，《经济纵横》2016 年第 1 期。
[14] 郑秉文、张永林：《医疗保险个人账户何去何从——从深圳平安保险试点看引入相互保险因素的前景》，《新疆师范大学学报》（哲学社会科学版）2019 年第 1 期。
[15] 邹瑜：《法学大辞典》，中国政法大学出版社 1991 年版。

第二部分

数字普惠金融使命与挑战

城商行业务回归本源与地方
金融机构发展思考

陈肖雄　曾　燕

摘　要

本文研究了城商行业务回归本源的内在逻辑、影响和经验,并阐述了这些经验对促进其他地方金融机构发展的启示。首先,梳理了城商行业务从偏离本源到逐步回归的发展历程。其次,阐述了城商行被动和主动回归业务本源两种不同方式的内在逻辑。再次,比较分析了两种不同回归方式对城商行业绩的影响。然后,基于前面的分析,提炼总结出了完善公司治理、精准市场定位和提升服务质量三方面的发展经验。最后,根据这些经验得出了四点促进地方金融机构发展的启示。

2018 年中央经济工作会议于 12 月 19—21 日在北京举行,会议提出"要以金融体系结构调整优化为重点深化金融体制改革,发展民营银行和社区银行,推动城商行、农商行、农信社业务逐步回归本源"。业务回归本源是要求城商行回归"服务地方经济,服务小微企业,服务城市居民"的创立初心。[①] 业务回归本源不仅仅是政策带来的外在约

---

① 多数观点认为城商行业务回归本源就是回归"服务地方经济、服务小微企业、服务城乡居民"创立初心。

束，也与城商行长期发展方针相一致。前者迫使部分城商行被动回归业务本源，后者则推动另一部分城商行主动回归业务本源。两种不同回归方式的内在逻辑是什么？其对城商行的业绩[①]有何影响？城商行业务回归本源对促进其他地方金融机构[②]发展有何启示？城商行早期占整个银行业份额较低，同时偏离本源的情况主要出现在2006年异地扩张放开之后。因此本文将从城商行的发展历程出发，逐一探讨这些问题。

一 城商行发展历程
——偏离本源与逐步回归

1995年我国第一家城市商业银行深圳城市合作银行成立。经过二十多年的发展，我国城商行无论在数量还是资产规模上都有了长足发展。截至2018年第四季度，我国共有134家城市商业银行，总资产规模超过34万亿元，占整个银行业资产的12.8%。[③] 我们将根据城商行在不同时期的发展特点与本源业务的关系，将城商行发展历程划分为以下三个阶段。

（一）异地网点扩张阶段

城商行异地网点扩张主要出现在2006—2011年，该时期部分城商行盲目异地扩张，偏离了"服务地方经济"的初心。城商行在成立初期只限于本地经营，但随着部分城商行资产规模增加，其发展受到了属地限制，开展跨区经营的呼声越来越高。2006年2月6日原银监会印发了《城市商业银行异地分支机构管理办法》（以下简称《办法》）。《办法》给出了城商行跨区开设分支机构的详细规定，对城商行跨区域经营采取"分类监管"的政策，对不同层次的跨区域经营实行了不同的监管要求。该政策的推出意味着监管机构在一定范围内放开了对城商行设立异地分支机构的限制。

[①] 银行业绩评价指标有很多，本文仅从资产增长情况和利润增长情况两方面进行对比。
[②] 其他地方金融机构主要包括农村商业银行、农村合作银行、农村信用社和村镇银行等。
[③] 资料来源：《银行业监管统计指标季度情况表（2018）》。

随着政策放松，多家城商行申请开设异地分支行。上海银行宁波分行率先得到审批通过，并于 2006 年 4 月 26 日开业。上海银行成为第一家跨省区设立分支机构的城市商业银行。① 2009 年 4 月，原银监会出台了《关于中小商业银行分支机构市场准入政策的调整意见（试行）》，城商行开设异地分支机构的限制进一步得到了放宽，异地分支机构经历了一段快速增长时期。张吉光（2011）统计发现，仅 2009 年就有 49 家城商行设立了 81 家异地分行（包括省内和省外分行及境外代表处，含筹建），2010 年有 65 家城商行设立 103 家异地分行。

部分城商行在政策放开后快速扩张，却忽视了对地方经济的支持。以江苏银行为例，2009—2011 年江苏银行上海分行增加了 7 家支行，北京分行由零增至 3 家支行，深圳分行增加了 4 家支行。② 与异地火热扩张形成鲜明对比的是江苏银行本地支行却增设较少，大量居民抱怨江苏银行本地的服务不够完善。城商行异地经营本身无可厚非，但是部分城商行盲目异地扩张，本地网点数量和服务质量发展缓慢，忽略了对地方经济服务能力的提升。对于这些问题，时任国务院副总理王岐山在 2011 年的"两会"期间点名批评城商行"总想跨区域扩张"，③ 城商行异地扩张的步伐就此放慢。

（二）资金业务大力发展阶段

城商行大力发展资金业务④主要在 2011—2016 年，该时期部分城商行贷款资产占比大幅下降，暗含的金融风险攀升，服务实体经济能力减弱。跨区经营做大规模的发展模式虽然受阻，但外在的经济环境为城商行资金业务的快速发展提供了动力。从 2011 年开始，中国人民银行开始了一轮密集的降准降息，短期利率随之经历了一段较长时期的下降趋势。低利率使通过同业拆借获取资金成本低廉，大量城商行通过大力

---

① 资料来源：http://www.stcn.com/2015/1217/12515079.shtml。
② 资料来源：http://finance.sina.com.cn/money/bank/bank_hydt/20120418/072711853188.shtml。
③ 资料来源：http://bank.hexun.com/2011-03-25/128219791.html。
④ 商业银行资金业务是除贷款之外最重要的资金运用渠道，包括同业业务、债券业务、票据业务等。

发展同业业务扩大负债规模。同时利率长期下行使我国在2011—2016年多次出现债券牛市。债券收益率提升使城商行增加了债券资产的占比，降低了贷款资产的占比。

资金业务的快速增长使城商行在该时期资产规模迅速壮大，利润增速高涨。但快速发展的背后却是同业业务和表外业务中存在的大量不合规现象，这为风险积聚埋下了隐患。① 同时贷款资产占比下降还降低了城商行服务实体经济的能力。针对这些问题，2016年《中国金融监管报告》指出银行同业业务的监管方式需要不断创新，银行同业业务的监管需要得到加强。2017年前后原银监会密集出台了一系列监管文件，对于同业业务中的多项风险隐患开展专项治理工作，城商行资金业务迅速发展暂告一段落。

（三）业务回归本源阶段

城商行业务回归本源有两个重要时点，被动回归业务本源大致开始于2017年，主动回归业务本源的时点则可以追溯到2014年。被动回归的城商行主要是在政策出台以后才进行调整。习近平总书记在2017年的中央金融工作会议上指出金融要"回归本源，服从服务于经济社会发展"。同时为了防范系统性金融风险，政府在2017年出台了大量监管措施，2017年也因此被业界视为"史上最严监管年"。② 城商行作为金融业的重要组成部分，同样需要增强服务实体经济的能力。各类表外业务、同业业务、通道业务中存在的不规范也受到了严格的整治。中国人民银行还在2017年提出把同业存单纳入MPA考核，③ 同业负债不得超过负债三分之一。城商行此前依靠同业负债快速发展的模式已经明显行不通，城商行必须要调整业务结构，回归业务本源。

但事实上，不少学界业界人士更早就意识到了通过网点扩张和资金业务快速增长的发展模式的局限性，提出城商行要走上效益优先的长期

---

① 资料来源：http://finance.sina.com.cn/china/gncj/2017-05-11/doc-ifyexxhw2482807.shtml。
② 资料来源：http://www.xinhuanet.com//fortune/2017-12/14/c_1122111949.htm。
③ 2017年8月中国人民银行发布的《2017年第二季度中国货币政策执行报告》宣布从2018年第一季度开始将同业存单纳入MPA考核。

发展道路。陈一洪（2015）认为，城商行过去通过资本增加、人员和网点投入拉动规模增长的粗放发展模式需要转变。2014年长治银行董事长马平恒在接受采访时表示，资金的来源与投向，人缘、地缘一脉相连的属性要求城商行必须坚持服务地方实体经济。①

因此，有一部分城商行在严监管政策出台前就已经积极谋求转型。以上海银行为例，在服务地方经济方面，上海银行在早期就将自身发展方向与上海自贸区、科创中心建设相结合，其三分之二的分支机构都设在上海；在服务小微企业方面，上海银行开展了供应链金融、互联网信贷等一系列针对小微企业的特色业务；在服务城市居民方面，上海银行围绕财富管理、消费金融和养老金融三大战略重点，不断提高服务质量和科技含量。在严监管背景下，上述业务都是政府十分支持的，这些业务为上海银行业绩的迅速回暖打下了基础。我们将在第三部分把上海银行作为典型案例展开详细分析。

由此可见，城商行在早期异地扩张和发展资金业务的过程中存在业务偏离本源的情况，但近年来业务已逐步回归本源。值得注意的是，城商行业务回归本源过程中存在被动回归与主动回归两种方式，下文将重点对两种不同回归本源方式的内在逻辑进行分析。

二 从偏离本源到逐步回归的内在逻辑

城商行业务虽然在逐步回归本源，但被动回归与主动回归两种不同方式背后的逻辑却有所不同。对此我们将一分为二，分别对两种方式的内在逻辑进行分析。

（一）政策约束驱动下的被动回归

城商行业务偏离本源一方面会导致其对当地实体经济的服务能力降低，另一方面可能会导致风险积聚引发系统性金融风险。同时当下小微企业融资难、融资贵问题严峻，而服务小微企业又是城商行的重要使命。这些问题客观上促使政府针对城商行跨区经营和资金业发展出台了

---

① 资料来源：http://bank.hexun.com/2014-07-24/166940043.html。

较为严厉的监管政策,同时对城商行小微信贷发放给出了一些具体的监管指标。因此,我们将从异地扩张政策、资金业务监管政策和小微信贷监管要求这三方面来分析城商行被动回归业务本源的内在逻辑。

首先,随着异地扩张政策收紧,城商行通过跨区经营实现规模增长的发展模式面临困难。城商行在异地扩张过程中,大都是同质化地简单增设网点。[①] 不少实证研究表明跨区经营并没有为城商行带来业绩改善(王擎等,2012;李广子,2014)。城商行还存在盲目异地扩张而忽视风险管理能力提升和服务地方经济等问题。2018年1月31日原银监会发布《进一步深化整治银行业市场乱象的通知》,明确将"未经批准设立分支机构、网点、事业部等"定义为违法违规展业行为。

互联网金融的快速发展虽然为城商行突破经营属地限制提供了新的途径,这些途径却随时可能会被政府禁止。消费金融和联合贷款经营范围不受地域限制,各大城商行都在积极布局消费金融和联合贷款,希望借此间接实现异地经营。然而,根据2018年11月6日财联社的报道,《商业银行互联网贷款管理办法(征求意见稿)》(以下简称《意见稿》)已经下发,《意见稿》规定地方商业银行异地互联网贷款余额不得超过互联网贷款余额的20%。这也为变相异地经营的前景蒙上了一层阴影。监管机构的政策调整从外部迫使城商行必须将重心放到服务地方经济上来。

其次,防风险、去杠杆背景下由跨区经营转向发展资金业务的思路面临困难。为维持经济持续增长、平稳发展,政府在2008年金融危机后营造了比较宽松的利率环境,对金融业管制也相对宽松。这段时期金融业发展迅速,资产规模持续扩张,但也产生了资金在金融业空转、地方政府债务规模持续攀升等诸多问题。为了化解风险降低杠杆,政策从2017年开始加强对金融业的监管。2017年原银监会密集下发监管文件,开展"三套利、三违反、四不当"专项治理工作,重点对银行同业业务、理财业务和投资业务中存在的问题进行盘查。[②] 城商行同业资产规模开始收缩,表外理财业务逐步规范,资产规模增速开始下滑,这使城

---

① 资料来源:http://bank.hexun.com/2011-05-31/130106863.html。
② 资料来源:http://news.163.com/17/0413/08/CHSVSUO0000187VE.html。

商行必须提升贷款资产的占比。

最后,政府推出一系列促进小微企业融资的政策,进一步对城商行业务回归本源服务小微企业提出了监管要求。根据 2018 年的数据,小微企业对我国经济发展意义重大,贡献了我国 50% 以上的税收、60% 以上的 GDP、70% 以上的技术创新、80% 以上的城镇劳动就业以及 90% 以上的企业数量。[1] 但与之不匹配的是小微企业普遍存在融资难、融资贵的问题。据世界银行估计,我国小微企业潜在融资需求高达 4.4 万亿美元,融资供给仅 2.5 万亿美元,潜在融资缺口约 1.9 万亿美元。[2] 为此政府出台了一系列政策要求银行为小微企业融资,例如,2018 年 3 月 19 日原银监会就对各大银行提出了"两增两控"的规定。该规定要求小微企业贷款同比增速不低于各项贷款同比增速,贷款户数不低于上年同期水平,控制小微企业贷款资产质量水平和贷款综合成本。在这些政策要求下,城商行需要完成向小微企业投放贷款的相关要求,回归"服务小微企业"的初心。[3]

由以上分析可知,被动回归业务本源的城商行主要是受到政策约束。在政策约束下,城商行异地经营和资金业务发展均面临较大限制,小微信贷发放也必须达到相应监管要求,从而使城商行必须回归业务本源。但除了被动回归业务本源的城商行,另有一部分城商行是主动回归业务本源。我们将在下文分析城商行主动回归业务本源的内在逻辑。

(二) 内生动力引导下的主动回归

政策限制从外部使城商行偏离本源的发展模式难以继续下去,这对被动进行业务转型的城商行起到了约束作用。还有一部分城商行早在政策出台之前就已经积极谋求回归本源的业务转型。对于这类城商行我们将从城商行顺应政策趋势、长期发展转型和构建差异化发展战略三方面出发,分析其业务回归本源与城商行自身发展之间的关系。

---

[1] 资料来源:http://www.gov.cn/xinwen/2018-08/20/content_5315204.htm。

[2] 资料来源:https://baijiahao.baidu.com/s?id=1606956105542242252&wfr=spider&for=pc。

[3] 资料来源:http://www.cbrc.gov.cn/govView_D43FAF2811AF45CBA92CBD9596114FCF.html。

首先，城商行的长期发展需要顺应政策趋势，回归本源服务小微与政策方向一致，并有助于城商行获得更多政策红利。中央政府长期关注小微企业融资问题，回归本源服务小微就是顺应政策趋势。除了上文所述的一些硬性监管指标，政府还出台了一系列促进小微企业融资的激励措施，例如"定向降准"，小微贷款利息收入免征增值税等。2018年6月25日央行等五部门联合印发的《关于进一步深化小微企业金融服务的意见》就将符合条件的小微企业和个体工商户贷款利息收入免征增值税单户授信额度上限，由100万元提高到500万元。可见回归本源服务小微企业有助于城商行获取更多政策奖励。

其次，城商行的长期发展要从做大向做强转变，服务地方经济有助于获得地方政府支持，进而提升服务能力与质量。王永宁（2015）认为，经济新常态下城商行规模快速扩张将成为历史，注重内涵和效益的增长方式将成为主旋律。但除了少量头部城商行以外，大多数城商行的资本实力和人才储备都存在不足，难以支撑其在大范围经营过程中保证服务质量。这部分城商行应优先考虑立足地方，提升服务质量。回归本源，服务地方经济有助于城商行获取更多政府资源，对于城商行提升服务质量有重要的促进作用。城商行回归服务地方经济有望加强城商行与地方政府间的政治关联。政治关联可以帮助企业获得更多的多元化资源（张敏、黄继承，2009）。以南京银行为例，南京银行自2014年以来先后与省内的泰州市、潮州市、镇江市等多个省内地级市达成战略合作协议，在存款结算、税务信息分享和小微贷款担保等方面获得了大量支持，使南京银行服务能力与服务质量大幅提升。

最后，城商行需避免与大型国有银行直接竞争，回归业务本源有助于发挥独特优势，构建与实施差异化发展战略。相对于大型国有银行，城商行存在网点、资本和人员上的劣势，需要避免与大型国有银行正面竞争，构建与实施自身的差异化战略。城商行的主要优势包括深谙当地经济环境、熟悉当地文化、了解客户需求和与地方政府关系紧密等。城商行可以将自身发展方向与地方经济发展特色结合起来，这有助于城商行与大型国有银行形成横向错位竞争。此外，作为中小银行，城商行相对于大型国有银行具备天然的服务小微企业的优势（林毅夫、李咏军，2001）。城商行可以与地方政府合作打破"信息孤岛"实现信息融合，与当地小微企业建立更加长期紧密的联系,与大型国有商业银行形成纵向错位竞争。

综上所述,城商行被动回归业务本源主要是受到政策约束,主动回归业务本源则是由于回归本源对其长期发展有所裨益。被动回归不可避免地会使业务受到冲击,主动回归的城商行则会提前做好相应的准备,两种不同的回归方式对城商行的经营业绩很可能会产生不同的影响。

三 两种回归本源方式对城商行业绩的影响

监管机构对城商行的监管要求与业务回归本源对城商行发展的促进作用是城商行回归业务本源的主要原因。前者构成了城商行被动回归的外在约束,后者则为城商行主动回归提供了内生动力。两种不同的回归方式意味着城商行在面对政策调整时所做的准备存在差异,其业绩受到的影响自然也会不同,对两种不同回归方式下城商行业绩影响的具体分析如下。

(一) 被动回归下的业绩收缩

在 2016 年之前我国城商行整体经历了数年的快速增长。城商行总资产从 2011 年第四季度末的近 10 万亿元增长到了 2016 年第四季度末的超过 28 万亿元。[①] 但随着金融市场竞争日趋激烈与政策突然收紧,早先的发展方式面临增长困难,大量没有提前转型的城商行进入了寒冬,直接导致城商行整体发展减速。截至 2018 年第四季度,城商行总资产为 34 万亿,近两年增速相比之前明显下降。

城商行在 2017 年业绩就已经出现了较大幅度的分层。根据标点财经研究院联合《投资时报》推出的《城商行利润增速榜》显示,98 家城商行中有 19 家净利润增速为负,30 家城商行净利润增速不足 10%。净利润增速在 10%—30% 的有 36 家,仅有 12 家利润增幅超过 30%。[②] 从 2018 年上半年的情况来看,城商行业绩分化依然严重,盛京银行、

---

① 资料来源:银行业监管统计指标季度情况表 (2014,2016)。
② 资料来源:http://www.zmoney.com.cn/touzi/show.php?itemid=2118。

哈尔滨银行等上半年资产规模增速大幅下降，盛京银行资产规模甚至出现了负增长。从这些已有数据来看，部分城商行当前面临较大的经营压力。

部分城商行业绩大幅下滑的重要原因之一就是受到强力的政策约束。通过同业拆入获得资金，同业拆出和债券投资发展资产业务，表外理财发展通道业务的模式面临着强力监管。这部分城商行的负债来源和资金投放都受到了极大的约束，进而使资产增速、营收增速和利润增速都大幅下滑。徽商银行董事长吴学民在采访时表示，徽商银行2018年上半年资产规模仅增长5.19%，贷款增长10%，这主要受到去杠杆背景下同业资产大幅萎缩的影响。[①] 之前大力发展资金业务的模式导致了资金在金融领域空转、风险加剧等诸多问题。不少业务在政府没有加强监管之前，一定程度上存在监管套利。部分城商行没有较早意识到这种模式的不可持续性，在外界环境急转直下时，不仅要经历业绩的大幅下滑，还存在巨大的合规压力。[②]

（二）主动回归下的业绩回暖

相较于政策驱动下的部分城商行仓促调整，主动回归业务本源使城商行提前做好了应对准备。当监管政策出台以后，部分同业业务、表外业务虽然会增速下滑，但围绕本源开展的业务却能形成新的利润点。上海银行就是典型代表，我们将以上海银行为例，分析主动回归业务本源对其业绩的影响。[③]

上海银行也曾大力发展资金业务，不同的是上海银行在政策出台之前就积极谋划业务转型。在利率下行时期，上海银行贷款占资产比例持续下降，从2011年12月的接近50%下降至2016年12月的近30%。但上海银行较早认识到了这种模式的局限性，上海银行董事长金煜在2015

---

① 资料来源：http://finance.sina.com.cn/money/bank/bank_hydt/2018-08-29/doc-ihiixzkm1957914.shtml。
② MPA考核对中小银行影响更大，2017年3月贵阳银行、宁波银行和南京银行就因为考核不达标被处罚。资料来源：http://bank.hexun.com/2017-03-16/188505412.html。
③ 上海银行业务也曾偏离本源，但较早进行了转型，业绩也在众多城商行中率先回暖，因此具有代表性。

年的一次采访中表示,银行业连年高速增长的"黄金时代"是非常态,激烈竞争才是常态,上海银行要走精细化、特色化的发展道路。①

上海银行积极将这种发展理念运用到了现实发展中。首先,上海银行提出"在服务上海转型中实现自身华丽转型",加大对上海先进制造业和现代服务业的信贷支持力度。其次,上海银行积极发展针对小微企业的金融服务,谋求建立满足小企业全生命周期、全方位金融服务需求的综合金融业务体系。最后,上海银行还深耕零售金融,将零售金融作为今后发展的重要方向。在这些转型举措下,上海银行的贷款增速也在2016年6月就开始回升,这要先于政策调整时间。

这些转型举措与政策要求方向一致,帮助上海银行在面临政策冲击后业绩迅速回暖。在监管政策收紧,资金业务发展受阻后,上海银行业绩也出现了一定程度的下滑。但由于上海银行较早地布局转型回归业务本源,零售业务与小微信贷形成了新的利润增长点,上海银行业绩在众多城商行中率先回暖。从图1中可以看出,相比其他几家城商行,上海银行2017年前三季度相比2016年前三季度的利润增速处于较低水平。到2018年前三季度,在不少城商行业绩下滑时,上海银行业绩逆势大幅回升,利润增速在图中几家主要上市城商行中处于较高水平。②

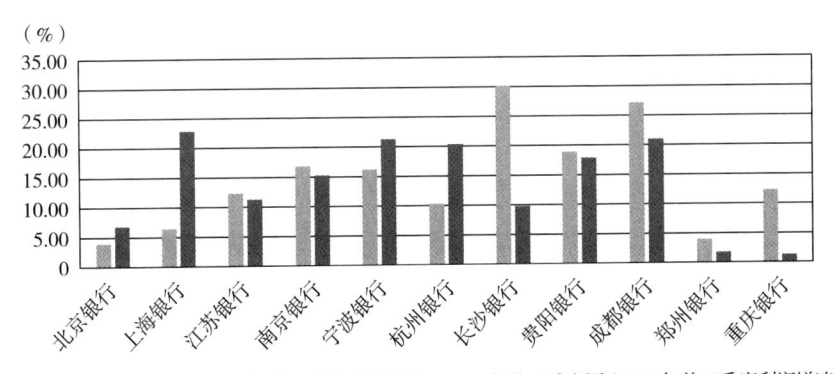

图 1　上海银行等 2017 年与 2018 年前三季度利润同比增速

① 资料来源:http://m.hexun.com/bank/2015 - 12 - 28/181455305.html。
② 资料来源:Wind 资讯。

如上所述，被动转型使部分城商行业绩大幅下滑，同时还面临巨大的合规压力。主动转型虽然也会遭受一定程度的业绩波动，却能够较早地回到正常水平。鉴于此，我们有必要对城商行业务回归本源过程中的经验进行总结。

四 城商行业务回归本源的经验总结

大量城商行业务在早期发展过程中存在偏离本源的情况，其中一部分城商行选择了主动回归业务本源，另一部分则在监管政策出台后被动回归业务本源。主动回归业务本源助推了城商行业绩回暖，被动回归业务本源却对城商行业绩产生了较大冲击。城商行从偏离本源到逐步回归的发展历程中有许多经验值得我们总结。公司治理优良程度直接影响城商行发展路径的选择，市场定位精准程度对城商行优势确立与发挥意义重大，服务质量高低直接影响城商行的竞争能力。我们将从这三个方面总结城商行业务回归本源过程中的经验。

（一）以完善公司治理为核心强化制度保障

公司治理为城商行长期发展提供制度保障，有助于城商行夯实发展基础。张健华和王鹏（2009）发现，我国银行业同时存在业务扩张方面的高效率和盈利能力方面的低效率这两种情况，改善公司治理结构可以缓解这一问题。我国城商行普遍存在公司治理上的问题，原银监会副主席王兆星在2017年的城商行年会上就表示城商行公司治理问题既是金融乱象和风险的根源所在，也是制约城商行转型升级的短板。良好的公司治理结构使城商行更加关注长期发展，注重规模与效益之间的平衡，从而阻止城商行盲目追逐短期利益和业务大幅偏离本源。

城商行完善公司治理可以从引入战略投资者和调整股权结构出发。以北京银行为例，北京银行相继引入荷兰ING集团作为战略投资者，国际金融公司作为财务投资者，为公司发展提供建议。北京银行还努力形成了相对分散、大股东数量稳定的股权结构，既防止股东过度干预又可以避免股东缺位。

(二) 以精准市场定位为基础开展特色业务

精准市场定位有助于城商行开展特色业务，进而发挥城商行独特优势。相比于大型国有银行，城商行存在资本不足、网点数量较少等劣势。这就要求城商行必须与大型国有银行错位竞争，发挥自身独特优势。开展符合自身情况的特色业务是发挥城商行优势的重要途径，而开展特色业务是建立在精准市场定位的基础之上的。

城商行的精准市场定位可以从合理评估内外情况出发。一方面，城商行可以根据自身情况评估异地经营的重要性。城商行需要结合自身实力，按照先立足省内，然后辐射地区，最后才走向全国的思路发展。另一方面，城商行还可以根据经济发展趋势寻找主要业务方向。小微企业对我国经济发展意义重大，居民消费将是经济重要增长动力。城商行可以寻找侧重点，将自身发展与服务小微企业、服务城市居民有机结合起来。

(三) 以提升服务质量为根本提升竞争能力

服务质量是银行业的重要竞争力，提升服务质量有助于城商行巩固发展优势。通过开展特色业务，城商行能够有效地建立起自身的发展优势。但要维持巩固发展优势，还需从提升服务质量出发。

城商行提升服务质量可以从对客户细分，提升金融服务的宽度与深度出发。客户细分应不仅仅局限于简单的公司业务和个人业务的分类，还需要进一步的详细划分。对于公司业务和个人业务，城商行在将客户按照资产规模等特征划分以后还可以根据其金融需求进一步细分。例如，小微企业在其生命周期的不同阶段可能具有不同的需求特征，城商行应根据这些特征建立起完善的系统的服务流程。这将有助于城商行吸纳更多处于不同生命周期阶段的客户，并建立长期深入的银企关系。

上述经验阐述了完善公司治理、精准市场定位和提升服务质量对城商行发展的重要意义，并为如何在这些方面做出改进指明了方向。城商行作为地方金融机构的重要组成部分，城商行回归业务本源过程中的经验对促进地方金融机构发展有重要借鉴意义，我们将进一步分析这些经验对地方金融机构发展的启示。

五 城商行业务回归本源对促进地方金融机构发展的启示

除城商行外，我国还存在农村商业银行、农村合作银行、农村信用社、村镇银行和小额贷款公司等地方金融机构。习近平总书记提出的"金融要回归本源，服从服务于经济社会发展"是对整个金融行业提出了要求，地方金融机构同样需要回归业务本源。这些地方金融机构与城商行有许多共同点：经营范围都有一定限制、与地方经济关系紧密等。城商行业务回归本源过程中经验可为促进地方金融机构发展提供重要启示，具体分析如下。

启示1：地方金融机构应主动回归自身市场定位。城商行围绕"服务地方经济，服务小微企业，服务城市居民"的市场定位开展业务，有力地助推了城商行发挥自身优势，有效减少了监管政策调整带来的冲击。监管政策虽然在不断调整，但是对坚守自身市场定位的城商行影响较小。时时研究政策动向，不如主动回归业务本源，以不变应万变。两种回归本源的方式对城商行业绩的影响也从侧面印证了这一点。

地方金融机构也应该主动围绕自身定位[①]开展业务。首先，围绕定位开展业务可以更好地发挥自己的优势，同时与其他金融机构形成错位竞争。以农商行为例，农商行最根本的市场定位是"服务三农"。农商行在农村地区有众多服务网点，对当地农村经济发展情况最为熟悉，将发展重点放在"服务三农"的定位上，可以与大型国有银行、城商行主要发展方向形成错位。其次，注重自身定位业务还可以有效减少外生政策冲击带来的影响，没有过度发展同业业务的城商行在面临监管政策时就存在较大的腾挪空间。最后，注重短期利益的发展模式随时可能被政策禁止，但服务农村经济，围绕自身定位开展业务则会得到政策的

---

① 对于地方金融机构官方虽没有明确给出市场定位，但是在建立之初都有其独特的使命，早在2007年原银监会副主席蒋定之就指出地方金融机构须准确把握地方市场定位。资料来源：http://news.hexun.com/2007-11-14/101093863.html。

支持。

启示 2：地方金融机构可以考虑引入国内战略投资者提升公司治理能力。部分城商行能够较早回归业务本源与其公司治理结构紧密相关。良好的公司治理结构有助于城商行更加关注长期利益，制定长远发展战略。部分大型城商行通过引入国际战略投资者、调整股权结构等多种措施来实现公司治理结构的完善。

不少农商行改制组建时间较短，公司治理问题较为严重，农商行应积极采取措施进行完善。[1] 中小地方金融机构虽然难以引进国际金融机构作为战略投资者，引入国内优质企业可以作为替代选择。2017 年 8 月，晋商银行引入了华能集团子公司华能资本作为战略投资者；2017 年 11 月，达州银行就与四川蓝润实业集团达成战略投资协议。除了可以提供公司治理方面的帮助，优质金融机构还可以为业务发展提供指导，非金融企业则可以在吸引客户等方面提供助力。

启示 3：地方金融机构也应该因地制宜发展地方特色金融。大量城商行积极围绕地方经济打造特色金融业务，这些特色金融业务对提高城商行竞争力有重要作用。表 1 展现了部分城商行提出的特色金融业务发展方向。这些特色金融业务都与当地经济特点紧密相关，有助于城商行形成特有优势。例如，上海银行对准城市居民的财富管理、消费和养老需求，大力开展了针对性的零售业务。截至 2018 年 6 月，上海银行个人消费贷款已达到 1158.8 亿元，同比增长 67.33%；上海银行的零售客户综合资产为 4783.63 亿元，相比上年末增长 11.30%。[2] 零售业务已经成为上海银行的重要利润来源，在上海银行业绩迅速回暖过程中起到了重要作用。

其他地方金融机构与城商行有不少相似之处，同当地经济也有着紧密的联系，因此也可以积极借鉴城商行发展思路着力打造特色金融业务。农商行通常对所在地的风土人情更加熟悉，更加了解当地居民需要哪些金融服务。因此农商行可以围绕当地三农发展特点开展推动"工业品下乡、农产品进城"等特色金融业务。

---

[1] 资料来源：http://finance.ce.cn/rolling/201705/12/t20170512_22778300.shtml。

[2] 资料来源：http://www.sohu.com/a/250214586_384082。

表1 部分城商行特色金融业务

银行名称	特色业务简介
上海银行	打造企业综合金融服务提供商，城市居民财富管理和养老金融服务专家
成都银行	主动对接"一带一路"倡议，对接长江经济带、"蓉欧+"战略
杭州银行	形成"创业银行""人才服务银行""新三板银行""创投主理银行"等服务体系，以匠心精神培育科技文创金融品牌
哈尔滨银行	发起首个中俄金融机构交流平台，打造对俄金融的领军银行

资料来源：整理自相关新闻和部分城商行年报。

启示4：地方金融机构也应该积极拥抱金融科技，提升运营风控能力。金融科技在城商行业务回归本源服务小微过程中起到了良好的促进作用。金融科技的应用可以降低风控成本、减少信息不对称，从而有效缓解小微企业融资的难题。以江苏银行为例，江苏银行积极与京东金融、苏宁集团等互联网公司开展合作，推动线上获客规模化、盈利模式多元化；江苏银行还借助大数据，推动线上"e融"网贷平台发展壮大，系列产品贷款余额增长迅速，不良贷款率可控。

各地农商行、信用社和小贷公司也应该积极拥抱金融科技，提升自身运营与风控能力。由于自身实力不足，部分地方金融机构可能难以建立起符合自身情况的金融科技平台，可以重点考虑购买金融科技公司的信息服务或者与金融科技公司达成合作，实现数字化转型。

参考文献

[1] 李广子：《跨区经营与中小银行绩效》，《世界经济》2014年第11期。

[2] 林毅夫、李永军：《中小金融机构发展与中小企业融资》，《经济研究》2001年第1期。

[3] 王擎、吴玮、黄娟：《城市商业银行跨区域经营：信贷扩张、风险水平及银行绩效》，《金融研究》2012年第1期。

[4] 张吉光：《城商行跨区域发展五年总结：现状、特点及问题》，《银行家》2011年第7期。

[5] 张健华、王鹏：《中国银行业前沿效率及其影响因素研究——基于

随机前沿的距离函数模型》,《金融研究》2009年第12期。
[6] 张敏、黄继承:《政治关联、多元化与企业风险——来自我国证券市场的经验证据》,《管理世界》2009年第7期。

实体企业布局金融的价值与风险
——基于"增值"与"脱实"权衡的视角

曾 燕 李书萱

摘 要

本文研究了实体企业布局金融为企业带来的价值与可能引发的风险，并提出了促进实体企业实现布局金融的价值与规避风险的具体建议。首先，梳理了实体企业获取金融牌照、控股金融公司、参股金融公司、与金融公司合作四种不同的布局金融模式，并探析了不同模式的特点。其次，从增加收益、提升竞争力、多元化经营、延伸上下游和防控风险五个维度阐述了实体企业布局金融可以实现的价值。再次，评估了实体企业过度布局金融可能带来主营业务支撑不足、过度负债和股价下跌三个方面的风险。最后，从市场定位、模式选择和风险管理三个角度提出了促进实体企业实现布局金融价值与规避风险的具体建议。

2018年实体企业[①]布局金融，可以称得上是"几家欢喜几家愁"。有的实体企业布局金融势头正盛，也有的实体企业放缓了布局金融的步

---

① 在《什么是虚拟经济》一文中，成思危先生指出虚拟经济是虚拟资本以金融平台为依托所进行的各种活动。虚拟经济相对于实体经济而言，而实体企业属于实体经济范畴。本文中实体企业指相对金融企业、互联网企业之外的企业。

伐。以家电、石化、通信三个较典型的实体行业为例，美的集团（以下简称美的）金融业务覆盖资产管理、私募、债券等领域，并于2018年5月宣布进军消费金融领域。[①] 2018年6月中国石油化工集团公司（以下简称中石化）设立资本和金融事业部，推动公司的保险、租赁、证券等金融业务继续做大做优，打造公司发展新引擎。[②] 同年12月中国移动通信集团有限公司（以下简称中国移动）在已有金融布局的基础上设立中移动金融科技有限公司，试图打造"通信+消费+金融"综合运营商，[③] 所触及的金融领域越来越广。除上述实体企业之外，还有许多实体企业正迈步向前扩大它们的金融版图。然而，部分早先布局金融的实体企业却已放缓拓土金融的脚步。2018年12月大连万达集团股份有限公司（以下简称万达）将9亿股百年人寿保险股份有限公司股份转让给绿城房地产集团有限公司。[④] 放弃保险业务、缩减征信业务，目前百亿级市值的万达离曾经"2020年打造万亿级市值"的目标相去甚远。[⑤] 中国恒大集团有限公司（以下简称恒大集团）的原有四大业务——地产、金融、健康与文化旅游中的金融业务2018年被高科技业务取代，[⑥] 集团董事局主席许家印"拥有金融全牌照"[⑦]的豪言壮语看来短期内也难以兑现。

在实体企业布局金融的过程中，有些实体企业相继进场、不断加码，也有些实体企业高开低走、黯然离开。人们不禁要问，实体企业究竟是否应该布局金融？实体企业布局金融应该选择何种模式？布局金融业务会给实体企业带来什么样的价值又会引发怎样的风险？利弊权衡之下，实体企业应该如何做出最优选择？下文将对上述问题逐一探究。

---

① 资料来源：大风号，http://wemedia.ifeng.com/63157871/wemedia.shtml。
② 资料来源：光明网，http://baijiahao.baidu.com/s?id=1604576624033591419&wfr=spider&for=pc。
③ 资料来源：移动支付网，http://www.mpaypass.com.cn/news/201812/29143758.html。
④ 资料来源：新浪财经，http://finance.sina.com.cn/roll/2019-01-08/doc-ihqhqcis4303046.shtml。
⑤ 资料来源：南方财富，http://www.southmoney.com/hangqing/201811/2766544.html。
⑥ 资料来源：迈点，http://dy.163.com/v2/article/detail/DESAT4DF0518DD7D.html。
⑦ 资料来源：凤凰财经，https://finance.ifeng.com/a/20170215/15198068_0.shtml。

一 实体企业布局金融模式探析

目前,实体企业布局金融已较为普遍,在这一过程中形成了实体企业布局金融的多种模式。发展环境不同、综合实力不同的实体企业根据自身特点选择了不同的模式拓展金融业务。通过梳理我们发现实体企业布局金融主要有以下四种模式。

(一)获取金融牌照

实体企业通过申请获得金融牌照[①]在企业业务中成立从事金融活动的新板块。以消费金融牌照为例,2018年仅有两家公司获得。其中一家是由国美控股集团与中国信托商业银行、厦门金圆金控合资成立的金美信消费金融公司。该公司于2016年2月发起,历时两年多才在2018年4月得到银保监会批复开始筹建。[②] 再如,支付牌照的申请,广东物资集团于2014年8月进行支付牌照申请,历时八个月在2015年4月得到央行批复成功获得支付牌照。即便是历时数月,但对比迄今为止获得支付牌照的其他269家公司,广东物资集团从公示到获得支付牌照的时间仍是最短的。[③]

相比于其他模式,获取金融牌照必须通过央行、证监会、银保监会等部门的审批,获取速度相对缓慢、审查严格。此外获取金融牌照模式还会面临停止发放牌照、修改金融牌照申请标准等方面的政策不确定性。截至2018年,一些金融牌照如信托、期货、网络小贷牌照已经暂停发放,[④] 政府也在不断颁布提高申请牌照准入门槛的监管文件。[⑤]

[①] 金融牌照是批准金融机构开展业务的正式文件。目前金融牌照由央行、证监会、银保监会等部门颁发。

[②] 资料来源:厦门网,http://epaper.xmnn.cn/xmrb/20181001/201810/t20181001_5221797.htm。

[③] 资料来源:搜狐网,http://www.sohu.com/a/9653772_116173。

[④] 资料来源:零壹财经,https://baijiahao.baidu.com/s? id = 1592837210788078391&wfr = spider & for = pc。

[⑤] 资料来源:36氪,https://36kr.com/p/5063902。

(二) 控股金融公司

实体企业通过收购持有金融公司 50% 及以上股份，或持股未达 50% 但是成为控股份额最多的股东，从而获得金融公司的控制权开展金融业务。例如 2018 年 7 月，联想控股股份有限公司（以下简称联想控股）发布公告称其耗资约 117.41 亿元收购卢森堡国际银行 89.936% 的股权。① 此次收购之后卢森堡国际银行成为联想控股的附属公司。联想控股执行董事兼总裁朱立南表示，金融服务是联想控股想要重点发力的板块。② 2018 年 8 月，圆通速递有限公司以 100% 股权收购海星达保险，③ 踏出了涉足金融领域的第一步。2015 年 9 月，恒大集团斥资 39.39 亿元竞拍获取中新大东方 50% 股权，④ 从而间接获得了保险牌照。该过程全程仅用四小时，恒大人寿即脱胎于中新大东方。

实体企业通过控股金融公司进而布局金融这一模式需要花费较多资金。但与申请金融牌照相比，通过控股金融公司间接获取金融牌照这一模式耗费的时间明显更少，便于企业迅速布局金融。

(三) 参股金融公司

实体企业通过持有 50% 以下的股份，作为非第一大股东参与金融公司的金融业务。例如，2017 年 12 月，泸州老窖集团（以下简称泸州老窖）出资购买华西证券股份有限公司（以下简称华西证券）2.73 亿股股份，占华西证券总股本的 12.99%。⑤ 2018 年，泸州老窖一季报显示参股华西证券给企业带来的收益高达 1.53 亿元。⑥ 又如，2016 年 8 月，TCL 集团出资 7160 万元参股惠州农商行，持有 6% 股份，成为单

---

① 资料来源：观察者网，https://www.guancha.cn/economy/2018_07_03_462533_s.shtml。
② 资料来源：搜狐财经，http://www.sohu.com/a/132288848_118622。
③ 资料来源：快递观察家，http://dy.163.com/v2/article/detail/DPHBMET90511M3GR.html。
④ 资料来源：东方财富，http://finance.eastmoney.com/news/1347, 20161117685058313.html。
⑤ 资料来源：财富投资网，http://www.baiyintouzi.com/ssgs/20181224-05594.html。
⑥ 资料来源：新浪财经，http://finance.sina.com.cn/stock/s/2017-12-28/doc-ifypyuve0488488.shtml。

一第二大股东。① 再如，2010年11月起美的相继参股广东顺德农村商业银行股份有限公司、丰城顺银村镇银行股份有限公司等金融上市公司，分别占股6%与6.33%，②通过公司分红获取新的收益。

这种模式下，实体企业不以控制金融公司为目的，旨在通过参与金融业务获取布局金融的收益。参股金融公司给实体企业带来新收益的同时所耗费的资金相对较低，且不需要动用公司过多人力发起新的业务。但与控股金融公司相比，由于实体企业不是第一大股东，话语权相对较小，参股金融公司对公司金融业务的控制力较弱。

（四）与金融公司合作

实体企业与金融公司联合推出新金融业务或发起新金融公司，双方合作实现实体企业布局金融。例如，2018年9月，顺丰速运有限公司与汇联金融控股有限公司合作推出分期电商业务，用户可以实现"0元购机"。③ 2018年4月，绿地集团联合兴业银行、中国建设银行、上海光大资本投资有限公司、南京银行、芯鑫融资租赁有限责任公司等金融公司共同组建绿地科创金融联盟，强强联合开创绿地科技金融新格局。④ 2016年5月，TCL集团与恒生电子、众诚汽车保险等公司联合设立粤财信用保证保险公司，TCL集团出资1亿元，持股20%。⑤

相较于自行推出金融业务或成立金融公司，与金融公司合作的模式通过双方联合进行金融布局，金融公司可以提供更多金融领域的经验与人才，实体企业可以为金融公司提供宝贵的行业资源，双方各尽其能、各取所需。实体企业布局金融四种模式的具体对比如表1所示。

---

① 资料来源：搜狐网，https://www.sohu.com/a/112384349_474772。
② 资料来源：中商情报网，http://www.askci.com/news/finance/20160824/14505756677.shtml。
③ 资料来源：华尔街见闻，https://wallstreetcn.com/articles/3408107。
④ 资料来源：东方财富，http://stock.eastmoney.com/news/1699,20180411855762291.html。
⑤ 资料来源：搜狐网，https://www.sohu.com/a/75998772_405862。

表1　　　　　　　　　实体企业布局金融模式对比

	获取金融牌照	控股金融公司	参股金融公司	与金融公司合作
耗时	较多	较少	较少	较少
耗资	最少	最多	较少	较多
控制力	最强	较强	较弱	较弱
监管限制	较严	较为宽松	较为宽松	较为宽松
政策不确定性	较大	较小	较小	较小

综上可知，实体企业主要通过获取金融牌照、控股金融公司、参股金融公司、与金融公司合作四种不同的模式进行金融布局，而同一企业可以采取多种模式灵活布局。众多实体企业通过不同模式涉足金融领域，体现出实体企业对金融业务的青睐，而这种青睐来源于实体企业布局金融带来的价值。

二　实体企业布局金融的价值

正如上文提到的美的、中石化、中国移动、恒大集团等案例，无论是家电、能源、通信还是地产等行业，实体企业通过各种模式布局金融。这离不开金融业务为实体企业创造的可观价值。本文认为实体企业布局金融主要给企业带来了以下五方面的价值。

（1）实体经济发展较不景气的背景下实体企业布局金融有助于其拓宽收入渠道与增加收益。Theurillat 等（2010）指出，实体企业布局金融有利于企业资本积累渠道的拓展，从而帮助实体企业提高收益能力。海通证券股份有限公司2018年发布的《实体经济观察报告》显示，相比于实体企业发展较为兴盛的20世纪80年代，2018年实体企业面临着生产正旺、需求遇冷的问题。① 实体经济较不景气，实体企业在市场竞争中的生存也越发艰难。当实体企业利润较低时，出于提高企业收益考虑，实体企业开始尝试涉足金融领域以拉动业绩增长。例如，中国华能集团有限公司（以下简称华能集团）的主营业务为能源开发，

---

① 资料来源：搜狐财经，http://www.sohu.com/a/231996523_460356。

在金融领域已覆盖租赁、信托、保险、证券等业务。金融业务对提高企业收益助力颇多，2018年华能集团年报显示企业净利润169.5亿元，而金融产业营业收入72.6亿元，净利润贡献率达42.8%。再如，国家电力投资集团有限公司（以下简称国家电投）也在保险、租赁、基金、信托等金融领域有所布局。2018年上半年国家电投财务报表显示企业净利润168.1亿元，金融产业营业收入33.8亿元，净利润贡献率达20.1%。由此可以看出，金融领域的业务能够给实体企业带来更多收益。

（2）实体企业布局金融可以反哺其主营业务，帮助其占据市场优势地位与提升竞争力。Aivazian等（2005）指出，非金融企业的金融资产投资可以帮助缓解融资约束的限制，在一定程度上提高企业的实业投资水平。实体企业若能合理运用金融业务营收，可以有效支持企业主营业务发展，促进企业进一步扩大规模，帮助企业占据市场优势地位。例如，2017年以来同煤集团借助其旗下同煤金融业务营收，顺利建造了多座电厂、煤矿并升级了煤炭、甲醇等燃料项目。[1] 在合理布局金融的助力下，2018年该集团成功入围中国煤炭企业前10强。[2] 2015年，国家电投重组之后便开始布局金融业务，从企业年报可以看出其金融业务自2016年后始终占企业净利润贡献率20%以上。金融业务的资金支持帮助企业更加顺利地进行产能升级，核心竞争力得到提升。在2018年发布的"电力企业全球竞争力排名100强"中，国家电投跻身全球第16位。[3] 诸多案例表明，实体企业合理布局金融能够使企业发展形成良性循环，帮助实体企业稳步扩大市场规模，有效提高企业竞争力。借助金融板块的收益，实体企业将更有能力继续拓展新业务或发展自身主营业务，进而在市场竞争中攫取优势地位。

（3）实体企业布局金融作为多元化经营的手段能够从节省交易成本、扩大业务覆盖范围等方面帮助企业实现高质量发展。一方面，在交

---

[1] 资料来源：同煤集团，http://www.dtcoalmine.com/101727/116108.html。
[2] 资料来源：搜狐财经，http://www.sohu.com/a/250358528_99966961。
[3] 资料来源：搜狐财经，http://www.sohu.com/a/222278156_403003。

易成本理论[①]基础上,诺贝尔经济学奖获得者 Oliver E. Williamson 指出,企业多元化经营可以利用企业内部资本市场,节省高额交易成本。另一方面,企业日常经营中会存在未被充分利用的过剩资源,多元化战略能够通过资源的共享和转移,帮助企业开发运用这部分资源、降低生产运营成本最终走上多元化的高质量发展道路(崔晓岳,2015)。伴随着日趋激烈的国际竞争,多元化经营已成为各实体企业重要的经营战略之一。多元化经营是开发和更好地运用自身资源、降低交易成本的重要手段。2018 年,中国大唐集团公司年报显示集团财务公司实现利润总额达 1.05 亿元,其自身的金融业务自 2015 年来为集团提供低成本资金累计达 1060 亿元以上,[②] 使企业有更充足的资金发展主营业务。此外,中国电信股份有限公司早在 2011 年便成立金融品牌甜橙金融,陆续推出支付、理财、保险、贷款等业务,借助其拥有的海量客户资源将业务拓展至金融领域。据甜橙金融副总经理高扬介绍,2018 年甜橙金融已拥有用户 4.5 亿以上,年交易额度突破 15000 亿元。[③] 通过布局金融进行多元化经营是帮助实体企业高质量发展的重要策略之一,能够帮助实体企业节省交易成本、扩大业务覆盖范围等。

(4) 实体企业布局金融增加了实体企业与上下游企业的交易往来,能够帮助企业延伸上下游业务。实体企业在传统生产型产业模式下产生的利润持续走低,而企业丰富的上下游资源存在广阔的利润前景。韩君(2018)指出,核心实体企业向上下游中小企业提供金融服务,在拓展了上下游业务的同时,有效地促进了实体企业融资绩效的提升。例如,美的在贷款业务方面开展了经销商信用贷款项目。美的对长期合作的优质经销商履约情况与交易次数进行评估划定信用等级,进而为经销商提供相应的贷款额度。经销商信用贷款项目给经销商提供更简便贷款途径的同时通过贷款利息增加了企业收入。由于两者是上下游关系往来较为

---

① 交易成本理论由诺贝尔经济学得奖主 Ronald H. Coase 提出,认为由于经济体系中企业的专业分工与市场价格机能之运作,产生了专业分工的现象;但是使用市场的价格机能的成本相对偏高。
② 资料来源:国际能源网,http://www.in-en.com/article/html/energy-2262641.shtml。
③ 资料来源:界面新闻,https://baijiahao.baidu.com/s?id=1620202259035863577&wfr=spider&for=pc。

频繁，贷款企业不易跑路降低了美的发放贷款的毁约风险。此外，海尔集团也运用其丰富的上下游资源布局供应链金融。海尔集团旗下平台海融易为集团经销商提供便捷安全的贷款服务，从提交申请到审核放款全程仅需要两个工作日，速度远快于银行贷款。[①] 对上下游企业开展金融业务可以在惠利合作伙伴的同时增加收入，使核心企业与上下游企业的联系更加密切，结成某种程度上的命运共同体，有助于提升上下游黏度。

（5）实体企业布局金融有助于帮助企业防控内外部风险[②]。从内部风险看，实体企业布局金融可以防控财务风险[③]。彭俞超和黄志刚（2018）指出，适当与适度金融布局可以使企业面临风险时通过其持有的金融资产缓解财务困境，从而维护实业投资，为企业发展保驾护航。从外部风险看，实体企业布局金融可以防控来自政府、市场与相关方的风险。Gulen 和 Ion（2016）通过研究美国 2007—2009 年金融危机期间的企业表现，发现财务约束更紧的企业更容易遭受政策不确定性的负向影响。实体企业合理布局金融可以帮助企业降低类似外部风险。例如，在 2018 年整车制造行业业绩整体下滑的情况下，[④] 长城汽车推出汽车金融业务拉动业绩增长，实现了营收不降直升的情况。[⑤] 这一举措被媒体喻为给业绩买"保险"，[⑥] 防控了来自市场的风险。又如 2018 年富士康科技集团通过布局供应链金融将金融业务向上下游企业延伸，使获得融资较为困难的中小企业与公司关系逐渐紧密，既助力了中小企业发展，也维持了集团的上下游稳定，帮助防控来自相关方的风险。[⑦] 再

[①] 资料来源：新浪财经，http://finance.sina.com.cn/trust/2018-04-24/doc-ifzqvvrz8230343.shtml。

[②] 国资委 2006 年发布的《中央企业全面风险管理指引》中对企业风险有明确定义，按照风险来源不同可以分为内部风险与外部风险。企业外部风险包括顾客风险、竞争对手风险、政治环境风险、法律环境风险、经济环境风险等；企业内部风险包括产品风险、营销风险、财务风险、人事风险、组织与管理风险等。

[③] 财务风险是指企业受各种不确定因素的影响而导致利润变动的风险（张友棠、黄阳，2011）。

[④] 资料来源：前瞻网，https://t.qianzhan.com/caijing/detail/181228-5ef90646.html。

[⑤] 资料来源：新浪财经，http://finance.sina.com.cn/stock/s/2019-01-17/doc-ihqfskcn8069448.shtml。

[⑥] 资料来源：保险管家，https://www.bao361.cn/news/detail/322634.html。

[⑦] 资料来源：万联网，http://news.163.com/16/0818/17/BUP4PCFO00014SEH.html。

如，同煤集团在 2016 年上半年政府叫停直接融资手段时，同煤集团在同煤金融的助力下净偿还 178 亿元债务，企业违约风险得到化解，维护了企业信誉，防控了外部的政策风险[①]与内部的企业财务风险。实体企业布局金融可以为企业增添一道保护屏障，通过防控内外部风险的方式减少亏损。

综上所述，在实体经济发展压力较大的背景下，出于增加收益、提升竞争力、多元化经营、延伸上下游和防控风险五个维度的价值考量，实体企业有充分的动机在金融领域展开布局。然而，布局金融是否真的百利而无一害呢？这需要我们客观理性地分析其中蕴含的风险。

三　实体企业布局金融的风险

虽然合理布局金融会给实体企业带来"增值"效果，但过度布局金融也会给实体企业带来一定的风险。一旦实体企业过度金融化[②]，就可能引发"脱实"从而导致主营业务支撑不足、过度负债、股价下跌等方面的风险。我们将从这三个方面进行详细阐述。

（1）实体企业过度布局金融可能导致主营业务支撑不足，进而危及企业发展。Orhangazi（2008）通过对 1973—2003 年美国实体企业财务状况的数据分析，研究发现实体企业在金融业务的过度投资将导致企业主营业务投资的弱化。美国通用电气公司（以下简称通用电气）曾经是全球产融结合最成功的案例之一，但因为过度布局金融产生"挤出"效应最终导致主营业务支撑不足，面对巨额金融业务亏损时，主营业务获取的利润无法填补金融漏洞，最终在 2018 年 6 月被移出道琼斯工业平均指数（DJIA）成分股。[③] 通用电气一度是中国实体企业争相学习的优秀布局金融范本，但其后来的失败也为其他实体企业敲响了警

[①] 政策风险是指由于政策的潜在变化所带来的各种不同形式的经济损失（邓明然、孙命，2010）。

[②] 《中国银行业监督管理委员会中资商业银行行政许可事项实施办法》规定：同一股东入股同质银行业金融机构不超过 2 家，如取得控股权只能投（或保留）一家，主要股东包括战略投资者持股比例一般不超过 20%。超过此标准可称为"过度布局金融"。

[③] 资料来源：搜狐财经，http://finance.sina.com.cn/roll/2018-07-03/doc-ihevauxi8893128.shtml。

钟——即使是财力雄厚的大型综合性集团也可能因过度布局金融而走向没落结局。再如德隆集团，其曾是中国最大的民营企业，旗下拥有19家金融机构与177家关联公司,[①] 几乎覆盖金融领域所有业务。但也因为金融业务经营不善而无法服务主营业务，致使主营业务无力支撑，在2004年4月走向破产的结局。在资源配置有限的情况下，收益较为可观的金融领域容易吸引实体企业的更多关注，导致越来越多的实体企业获利重心向金融领域倾斜，对主营业务的投资减少。实体企业离开自己熟悉的实业领域，在金融领域投入过多资金时，容易给实体企业日后核心竞争力的提高以及可持续发展带来不利影响。一旦在金融业务上经营失利，过度布局将给企业发展带来难以预料的风险。

（2）实体企业过度布局金融可能使企业过度负债引起企业资金周转率降低，应对负面影响能力下降。王合绪（2001）认为，企业过度负债将为企业陷入财务困境、发生财务危机埋下隐患。实体企业因过度布局金融出现过度负债问题的企业数量在不断攀升，2018年出现过度负债问题的企业已达630家以上。[②] 例如，上海华信国际有限公司（以下简称上海华信）开展金融业务后其资产规模从2011年的50.98亿元迅速增加至2017年的1830.22亿元。[③] 然而快速增长的资产规模背后是由于一系列并购业务引起的负债快速扩张，上海华信资产规模不断增加的同时资产周转率也在持续走低。较低的资产周转率使上海华信防控风险、应对负面影响的能力较弱。2018年5月千亿级资产规模的上海华信因无力偿还20亿元的债务而爆发了违约事件,[④] 这次违约事件引发了严重的企业信用危机。对负面影响的无力应对不仅使企业陷入经营危机，还使企业再融资成本和难度增加，增大了上海华信再融资失败的风险。再如，恒大集团也因为业务扩张过快等原因出现了资金周转率过低问题。2018年恒大集团选择了缩减大部分金融业务、加大营销力度促进房屋售出等策略加快提升资金周转率。

（3）实体企业偏离主业发展容易导致市场对其营收能力的看空，

[①] 资料来源：行知部落，https://www.xzbu.com/7/view-7999514.htm。
[②] 资料来源：国泰安数据库。
[③] 资料来源：东方财经，http://mini.eastday.com/a/180522090628813.html。
[④] 资料来源：每经网，http://www.nbd.com.cn/articles/2018-05-24/1219974.html。

增加股价下跌风险。张功富和宋献中（2009）指出，企业的非效率投资[1]往往会带来投资者对股价的消极反应，尤其在中国资本市场非效率投资行为普遍存在的情况下。例如，2018年福州达华智能科技有限公司（以下简称达华智能）在金融领域的投资动作频繁，业务包括租赁、支付、P2P等多个方面。然而大量的并购动作并没有给公司业绩带来明显提升，市场对达华智能从事金融领域的看空导致股价大幅下跌。达华智能2018年3月复牌后累计下跌已达19.04%，曾接连两次出现跌停板。相比于其2017年12月的最高价，达华智能股价累计回撤率高达－28.46%。[2] 再如2015年以来江苏华西村股份有限公司（以下简称华西股份）股价屡次创下新低，[3] 究其原因主要也是过度布局金融。华西股份由于实体经营困难欲寻求资本市场以获取超额收益，因此公司大规模布局金融，资金从实体转向金融行业。但这种行为不但没有为企业带来营收，反而给原本就经营困难的实体企业带来了新的压力。企业过度布局金融以及市场对其营收能力的不看好，导致一些布局金融的实体企业面临较大的股价下跌风险。

可见，实体企业合理布局金融的确可以带来"增值"，但如果企业过度布局金融就会引发"脱实"带来的主营业务支撑不足、过度负债、股价下跌等风险。因此，为了达到实现布局金融价值、防范过度布局金融风险的目的，实体企业如何合理布局金融变得至关重要。

四 实体企业合理布局金融的建议

实体企业布局金融既有其价值，也有可能给企业带来风险。彭俞超等（2018）指出，引导企业脱虚向实、着力提高金融对主营业务的支持力度与防范系统性金融风险是摆在实体企业管理者面前的重要问题。基于前文中分析的实体企业布局金融的价值与风险，本节从市场定位、

---

[1] 根据张功富和宋献中（2009），非效率投资是企业投资不足或过度投资，不利于企业价值最大化目标。

[2] 资料来源：新浪财经，http：//finance.sina.com.cn/stock/s/2018－03－08/doc－ifyknsvy8596736.shtml。

[3] 资料来源：华西股份，http：//www.jshuaxicun.com/index.php？c=article&id=1315。

模式选择、风险管理三个方面提出了实体企业布局金融的具体建议。

首先,实体企业需要根据自身定位决定是否选择布局金融。以华为技术有限公司(以下简称华为)为例,其坚持将巨额资金投入科研当中而不是布局金融,2018年华为营收7212亿元,投入科研1015亿元占其营收的14.1%。① 华为总裁任某曾表示华为不能在实体与金融两条线上同时承担风险,需要脚踏实地依靠优质产品与服务获取利润。② 与华为不同,绿地集团将布局金融作为集团的重要战略之一重点发展。绿地集团董事长张某曾表示,绿地集团利润三大主要来源之一便是金融,绿地集团的布局结构与其他企业不同。③ 两大企业的不同选择究其主要原因应是两者市场定位不同。华为将发展目标定为在通信网络、IT、智能终端和云服务等领域为客户提供有竞争力、安全可信赖的产品,④ 绿地集团旨在发展成为全球经营、多元发展、产业与资本双驱动的跨国公司。⑤ 据此两者有不同选择便不难理解,可见实体企业需要明确自身定位与发展方向以决定是否布局金融。

其次,实体企业需要根据自身特点与内外部环境决定布局金融的模式,以实现布局金融的价值。不同实体企业的特点不同,布局金融的难易程度也不同。申请金融牌照方面,以消费金融牌照的申请为例,银保监会2018年8月下发的文件明确规定,有关联企业较多、股权关系复杂不透明、核心主业不突出且经营范围涉及行业过多等特点的企业将不被允许申请消费金融牌照。⑥ 包含丰富场景的企业更容易受到监管认可,更容易获取消费金融牌照。恒大集团、万科、万达等地产公司是传统资金密集型企业,与金融公司交往密切,首先选择通过控股金融公司或参股金融公司进行金融布局。美的选择设立美的金融控股有限公司对上下游中小企业开展金融业务进行布局金融,是源于其丰富的上下游资

---

① 资料来源:36氪,https://36kr.com/p/5189743?appinstall=0。
② 资料来源:搜狐财经,http://www.sohu.com/a/108726462_465373。
③ 资料来源:搜狐焦点,https://gz.focus.cn/zixun/213ed55bed1fe269.html。
④ 资料来源:华为技术有限公司官网,https://www.huawei.com/cn/about-huawei-corporate-information。
⑤ 资料来源:绿地集团官网,http://www.greenlandsc.com/About_jtjj.aspx。
⑥ 资料来源:商务部公共信息服务,http://www.fdi.gov.cn/1800000121_23_74457_0_7.html。

源，经销商融资需求较大。因此，企业需要根据自身特点及拥有资源选择适合的模式进行布局，通过更合理的选择更好发挥布局金融的"增值"效果。

最后，在布局金融过程中，实体企业需要避免过度布局金融走向"脱实"并警惕布局金融带来的风险。过度布局金融带来的危害将直接影响实体企业的未来发展，因此实体企业需要建立健全的风险防控和预警机制，防止金融产业投资过多引发企业经营重心偏移。避免前文所述的过度布局金融的三类风险，最核心的要求还是实体企业需要精益求精地经营主营业务，打造品牌声誉，秉持工匠精神。自2016年以来，工匠精神在国家政府工作报告中被反复提及。中国的实体企业需要追求精工制造，用切合实际、重质再求量的工匠精神逐渐在国内外市场赢得口碑，摆脱过去粗制滥造的"中国制造"形象。实体企业需要凭借工匠精神获取品牌的高溢价能力，而不是过度依赖金融布局进行短期投机、一味追求利润。除了警惕前文分析到三类主要风险，实体企业在金融投资获得收益时应明确不当或过度布局金融也面临潜在的亏损风险。涉足金融的实体企业众多，但持续亏损的实体企业也不在少数。例如，熊猫烟花于2015年3月正式更名熊猫金控，但至今其互金业务亏损已超3000万元，[①] 仍靠烟花业务维持营收；三六零科技股份有限公司旗下36家互金公司只有2家盈利，2017年上半年盈利分别为11.7万元与3.7万元，而仅360借条业务2017年上半年已亏损4635万元。[②] 布局金融需要专业的知识与经验，实体企业非"科班出身"，更应谨慎布局，投入足够的时间与精力进行合理规划，引进高端金融人才、培养新鲜血液。

综上所述，实体企业需要根据自身发展定位决定是否布局金融，并评估自身特点选择适合的布局金融策略让金融业务发挥"增值"效果。主营业务是实体企业发展的核心支撑力量，实体企业应合理控制金融投资比例，防止过度布局金融引发"脱实"风险。

[①] 资料来源：凤凰财经，https://finance.ifeng.com/a/20160830/14830749_0.shtml。
[②] 资料来源：企查查，http://www.qichacha.com/postnews_4b5dfe64877f3e72182a0e645f2dc3a5.html。

总之，实体企业若能结合自身发展定位适度布局金融，紧紧围绕金融服务实体经济的原则，建立健全的风险监控体系，则很有可能帮助实体企业获得更好的发展机会，发挥惠利中小企业融资的普惠作用，促进我国实体经济的繁荣。

参考文献

[1] Aivazian V. A., Ge Y., Qiu J., "The Impact of Leverage on Firm Investment: Canadian Evidence", *Journal of Corporate Finance*, 2005, 11 (1-2): 277-291.

[2] Gulen H., Ion M., "Policy Uncertainty and Corporate Investment", *Review of Financial Studies*, 2016, 29 (3): 523-564.

[3] Orhangazi O., "Financialization and Capital Acumulation in the Non-financial Corporate Sector: A Theoretical and Empirical Investigation on the US Economy: 1973-2003", *Cambridge Journal of Economics*, 2008, 32 (6): 863-886.

[4] Thierry T., Jose C., Olivier C., "Property Sector Financialization: The Case of Swiss Pension Funds (1992-2005)", *European Planning studies*, 2010, 18 (2): 189-212.

[5] 崔晓岳：《冗余资源对企业多元化战略的影响》，《中小企业管理与科技》（上旬刊）2015年第10期。

[6] 邓明然、孙命：《基于黑洞熵理论的区域金融政策风险控制分析》，《财会通讯》2010年第5期。

[7] 韩君：《供应链金融、金融信息质量与企业融资绩效关系的实证分析》，《统计与决策》2018年第19期。

[8] 李维安、马超：《"实业＋金融"的产融结合模式与企业投资效率——基于中国上市公司控股金融机构的研究》，《金融研究》2014年第11期。

[9] 彭俞超、黄志刚：《经济"脱实向虚"的成因与治理：理解十九大金融体制改革》，《世界经济》2018年第9期。

[10] 彭俞超、倪骁然、沈吉：《企业"脱实向虚"与金融市场稳定——基于股价崩盘风险的视角》，《经济研究》2018年第

10期。

[11] 王合绪：《过度负债与所有者控制》，《经济评论》2001年第1期。

[12] 张功富、宋献中：《我国上市公司投资：过度还是不足？——基于沪深工业类上市公司非效率投资的实证度量》，《会计研究》2009年第5期。

[13] 张友棠、黄阳：《基于行业环境风险识别的企业财务预警控制系统研究》，《会计研究》2011年第3期。

金融扶贫中贫困农民金融需求之困

——基于金融能力视角

曾 燕 杨 波 陈凤雨

摘 要

本文在数字普惠金融背景下研究了贫困农民金融能力、金融需求与金融扶贫之间的关系。首先，以实践中的三个案例介绍了贫困农民金融能力低下会降低金融扶贫成效，并从金融能力低下抑制金融需求的视角来解释该现象。其次，根据上海财经大学2015年"千村调查"数据，从贫困农民互联网金融使用状况和包括储蓄知识、保险知识、信用知识以及风险意识等在内的传统金融知识两个维度分析指出了当下我国贫困农民的金融能力普遍低下的现状，并且金融教育缺失是其主要成因。最后，围绕金融教育和金融生态环境建设，结合贫困农民金融能力低下的现状，从政府、金融机构和农民等参与主体角度提出相应的政策建议。

自2016年金融扶贫以来，数字普惠金融（Digital Inclusive Finance）[①]

[①] 《G20数字普惠金融高级原则》将数字普惠金融定义为泛指一切通过使用数字金融服务以促进普惠金融发展的行动。其包括运用数字技术为无法获得金融服务或者缺乏金融服务的群体提供一系列正规金融服务，其所提供的金融服务能够满足他们的需求，并且是以负责任的、成本可负担的方式提供，同时服务提供商是可持续提供的。

为脱贫攻坚战略的实施提供了有效的金融服务,① 并已在金融覆盖方面取得显著成效。零壹智库报告《数字普惠金融：全球趋势与中国实践》指出："截至2017年底，在全国832个贫困县中仅蚂蚁金服提供的金融服务就覆盖了795个",② 数字普惠金融广泛地为贫困人群提供传统金融服务。然而我国贫困农民的金融能力（Financial Capability）③ 仍然普遍低下。大多数农民仅仅是为了生产和生活的需要，自发积累金融知识，培养自己的金融能力，缺乏系统的金融教育，无法有效运用数字普惠金融服务。该现象直接导致了金融扶贫成效低下。为此，2018年10月28日国务院扶贫办发布《关于开展扶贫扶志行动的意见》，指出"加强扶贫扶志，激发贫困群众内生动力是打赢脱贫攻坚战的重要举措"。同时，政府在贫困地区深入实施农村金融教育"金惠工程"，提高金融消费者的金融素养和风险意识，优化农村金融生态环境，以实现金融助力精准扶贫。

因此，在金融扶贫中尽管数字普惠金融的初衷是以负责任的、成本可负担的方式为低收入人群提供金融服务，但是贫困农民由于金融能力低下而不能充分运用数字普惠金融服务。这一现象使金融扶贫成效不理想。为了能够形象地说明以上情形，本文以金融扶贫实践中的三个案例来阐述贫困农民金融能力低下如何影响金融扶贫成效。

---

① 资料来源：原"一行三会"、发改委、财政部、扶贫办等部门2016年发布《关于金融助推脱贫攻坚的实施意见》，指出引入新兴金融业态支持精准扶贫，多渠道提供金融服务。在有效防范风险的前提下，支持贫困地区金融机构建设创新型互联网平台，开展网络银行、网络保险、网络基金销售和网络消费金融等业务；支持互联网企业依法合规设立互联网支付机构。

② 资料来源：零壹智库，《数字普惠金融：全球趋势与中国实践》，https：//baijiahao. baidu. com/s? id =1589660823884054134&wfr = spider&for = pc。

③ 《连片扶贫区农村居民金融能力现状分析报告（2017）》中将金融能力定义为通过接受金融教育具有一定的金融知识，并内化形成一定的金融素养，继而展示出适宜的金融行为，最终具备获得金融福利的能力。http：//baijiahao. baidu. com/s? id = 1579321291041173685&wfr = spider&for = pc。Microfinance Opportunities（MFO）将金融能力定义为当处于有机会获得适当金融服务的环境时能够做出最适合个人生活环境的理财决策所需要的集态度、知识、技能和自信心于一体的能力。https：//www. centerforfinancialinclusion. org/what - is - financial - capability。Sherraden（2013）将金融能力定义为个体的一种能力，并且有机会追求自身的金融利益，能力既来源于金融教育所获得知识和技能，又取决于能否接触金融产品和金融服务，强调了外部环境。

一 从三个案例看农民金融能力、金融需求及农村金融扶贫成效

金融扶贫实践中普惠金融服务借助数字技术广泛地触达农民和低收入人群。但在金融需求方面，被金融服务排斥的低收入人群仍然由于受到自身金融能力低下的限制，无法很好运用农村金融服务为其创收提供有效的金融支持。农村金融市场上呈现出金融供给和金融需求不匹配的现象。确切地说，由农民金融能力不足引致的低下的金融需求与金融服务的高质量供给不匹配，导致了农民，尤其是贫困农民的金融的有效需求得不到满足。金融能力低下降低了金融扶贫的成效并制约了数字普惠金融的发展。以下实践中的三个案例就是这一问题的真实写照。

（一）三个案例

案例一：河南省安阳县牛辛庄村是交通极为不便的偏远乡村，以自给自足的农业为主，生产技术落后、产量低下，极为贫困。大多农民渴望通过贷款等方式获得资金来改良和扩展种植业、养殖业等。农民的诉求在2018年迎来了契机。2018年，政府为了解决当地无金融服务覆盖的问题设立了"农村金融服务站"帮助农民使用移动金融、电子化办理小额扶贫贷款等金融服务。但是由于农民金融能力低下，绝大多数农民排斥使用"农村金融服务站"的金融服务和产品，导致这些设备的利用率低，长期处于荒废状态。目前，大多数农民的农业生产仍然是小规模的自给自足经营模式，严重影响了金融扶贫成效，阻碍了普惠金融的发展。

案例二：北川羌族自治县是少数民族聚集地区，地处深山峡谷之中，经济发展相对滞后。董玉峰（2018）调研指出，近年来当地政府运用数字技术驱动普惠金融发展，借助移动终端为农民提供手机银行、云闪付、扫码支付等便捷支付方式。2018年年底当地金融机构电子替代率、手机银行签约率均已达到较高水平。但是有金融需求的贫困农民（如家里发生丧事、婚嫁，以及疾病等急需用钱的农民）由于其数字金融能力较低，对数字化金融工具有抵制和排斥意识，导致数字化金融手

段的使用率较低，金融扶贫成效不明显。①

案例三：2018年，佳木斯市连片贫困县的政府不断优化支付环境（加大村级POS机、ATM机等电子器具设备的投放等），但是有金融需求的农民②仍由于没有受过系统的金融知识教育，很少接触金融产品和服务，几乎不了解也不会去使用数字普惠金融服务（王斯，2018）。当地一位农民说："平时经常看见这些机器设备，特别想用这些方式来借钱购买农具、农药和化肥等以提高农业收入。但是其并不知道怎么使用，害怕由于自己操作不当造成财产损失"。这位农民也表示平时很少接触理财产品，不相信它能帮助自己提高收入，几乎不去接触这些金融工具和金融产品。当他们需要用钱办事的时候主要去银行办理，实在不行的话就找亲朋好友借钱。农民的不会用、不信任等行为严重制约了当地数字普惠金融的发展，不利于当地经济的发展。

贫困农民由于金融能力低下无法有效使用数字普惠金融服务的现象较为普遍，在全国范围内数不胜数。从以上三个案例我们可以发现贫困农民金融能力偏低一定程度上影响了金融扶贫的效果，制约了数字普惠金融的发展。然而该现象背后是否有相应的理论支持？金融能力低下导致金融扶贫成效低的理论逻辑是什么？进一步，贫困农民金融能力低下的原因是什么？如何改善农民金融能力低下的现状以提高数字普惠金融服务的使用效率？后文将一一探讨。

（二）金融能力低下抑制农民金融需求

经济学中需求③的定义包含两部分内容：一是意愿，二是能力，二者缺一不可，金融需求也不例外。农民金融需求不仅受到其金融意愿的制约，还受到其金融能力的制约，金融能力是金融需求的主要构成部分。李似鸿（2018）基于贫困地区农民金融行为考察后指出：贫困农

---

① 贫困农民由于无抵押资产等原因向银行借款会比较困难，而向亲戚朋友借款又欠人情，因此借助手机等工具来借款不失为一个很好的渠道。然而由于其金融能力不足，不会、不信任网络借贷等，导致其无法缓解燃眉之急，贫困状况持续。

② 农民的小额贷款常常用来购买农具、化肥、农药等各种农用物料，以实现科学种植和养殖。

③ 需求（Demand）指人们在某一特定的时期内在各种可能的价格下愿意并且能够购买某个具体商品的数量。

民金融知识匮乏抑制了其金融需求。此结论也得到了《连片扶贫地区农村居民金融能力现状分析报告（2017）》（以下简称《报告》）①的支持。该《报告》指出，农民融资难等金融可获得性方面问题有两个主要原因：一方面由于其有效抵押不足和担保不足；②另一方面由于农民自身金融能力缺乏、金融素养低下，对正规金融服务认识不足，部分人群存在排斥心理。例如，金融能力缺乏导致了贫困农民在银行卡持有率和使用率之间出现了差距。总之，在金融扶贫背景下，数字技术的使用扩大了普惠金融的覆盖面，有金融意愿的农民由于金融能力低下，不会用、不信赖金融产品以及对金融产品产生排斥意识，抑制了农民的金融需求。

贫困农民金融能力提升对满足其金融需求，改善农村金融扶贫成效，推动社会数字普惠金融发展至关重要。因此，有必要考察一下我国贫困农民的金融能力现状如何，以期在此基础上形成相应的政策建议。

二 我国贫困农民金融能力普遍低下

为了能够比较真实地反映当下我国贫困农民的金融能力，本文运用上海财经大学2015年"千村调查"数据③，从互联网金融使用，包括储蓄知识、保险知识、信用知识和风险知识等的传统金融知识两个方面来反映我国贫困农民的金融能力④。原始样本一共有15551位农民样

---

① 该报告由中国金融教育发展（CFDF）、中国人民大学中国普惠金融研究院（CAFI）、长春金融高等专科学校与Visa公司于2017年9月22日联合发布。

② 资料来源：《连片扶贫地区农村居民金融能力现状分析报告（2017）》。该《报告》指出，有融资需求的受访者中希望通过银行进行融资的达近53%，然而去年在银行申请过贷款的受访者中有近42%的人表示审核未获通过，究其原因有效抵押不足（33%）和担保不足（37%）是农民申请银行贷款未获得审批的主要障碍。http://baijiahao.baidu.com/s?id=1579321291041173685&wfr=spider&for=pc。

③ 本文特别感谢上海财经大学金融学院提供的数据支持。该数据主要针对农村金融开展，是上海财经大学于2015年以"农村基础金融服务的覆盖与使用"为主题展开调查，对县金融办、乡镇代表金融机构、村委会及农民家庭四个层面的相关人员进行访谈，覆盖吉林、山西、甘肃等20个省（市、区）。

④ 本文综合金融能力的定义和文献里度量金融能力的方法，并基于度量指标易于操作和数据变量可获得性方面的考虑，选取了互联网金融知识和包括储蓄、信用知识、保险知识和风险知识在内的传统金融知识两个方面来度量贫困农民的金融能力。

本，根据问卷里的问题"上一年家庭收入和支出相抵后是否有结余"将农民区分为贫困农民和非贫困农民，① 筛选后得到 4118 位贫困农民样本。进一步，我们通过分析调查问卷得出我国贫困农民的金融能力现状，分为以下两个方面。

（一）互联网金融知识匮乏

在数字普惠金融背景下，农民普惠金融服务的可获得性显著加强，农民对互联网金融的使用影响到金融扶贫成效。为了能够反映贫困农民在互联网金融使用方面的状况，本文对问卷中贫困农民互联网金融未使用的原因以及有意愿使用而没有使用的原因进行分析。

贫困农民互联网金融知识匮乏。贫困农民未使用互联网金融的主要原因在于不了解、不会用和没条件。其中贫困农民中有意愿使用互联网金融而未使用的主要原因在于不了解互联网金融。② 当下数字技术以及移动金融的使用加强了普惠金融的力度，然而现如今互联网金融在农村的使用情况极其不理想。为了真实反映当下我国农村互联网金融使用情况不理想的原因，本文选取了如下问题："如果未使用过互联网金融服务，不使用互联网金融服务的原因是：1. 不了解；2. 不安全；3. 没条件；4. 不会用；5. 其他"。数据整理后由图 1a 可看出农民没有使用互联网金融的原因主要有：不了解（41.20%）、不会用（29.00%）、没条件（22.50%）、不安全（7.30%）。其中"不了解"占比最大，达到 1665 位农民。由此可见，农民不使用互联网金融很大原因还是缺乏对其了解，并且即使了解互联网金融的贫困户中也有 28.48% 的不会用。因此，农民在互联网金融的知识方面匮乏。

进一步，本文根据问卷里问题"您有意愿使用互联网吗？1. 愿意；2. 非常愿意；3. 不太愿意；4. 没有必要"，筛选出有意愿使用互联网金融的 1338 位贫困农民，与未使用互联网金融的原因进行交叉统计分析。如图 1b 所示，有意愿使用互联网金融的贫困农民里有 507 位（37.90%）贫困农民不了解互联网金融，335 位（25.24%）贫困农民不会使用互联

---

① 这里为了简化起见仅仅从收入维度来识别贫困户。
② 农民约 38% 的贫困农民有意愿去使用互联网金融但却未使用互联网金融。

网金融，420 位（31.39%）贫困农民没条件。可见贫困农民愿意使用互联网金融，但由于互联网金融知识缺乏而最终没有使用。

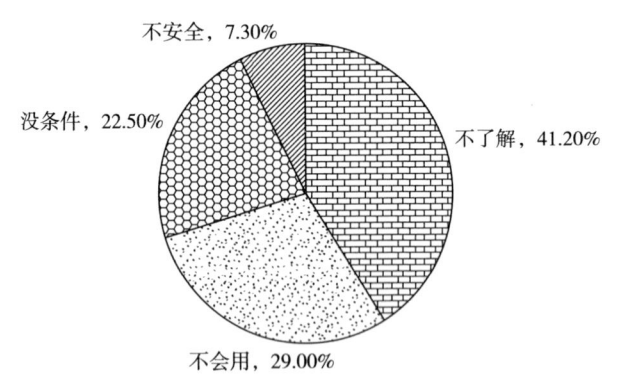

图 1a　贫困农民未使用互联网金融的原因

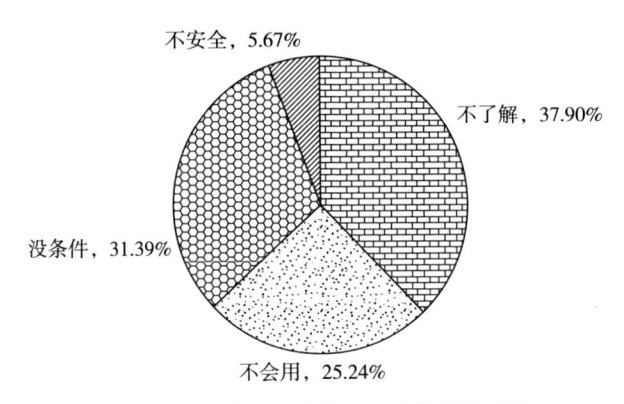

图 1b　贫困农民愿意使用而未使用的原因

（二）传统金融知识欠缺

数字普惠金融服务的使用，一方面受制于互联网金融知识的影响，另一方面也受到包括储蓄知识、保险知识、信用知识和风险知识等传统金融知识的影响。为了能够全面地反映贫困农民传统金融知识状况，本文从以下两个方面分析。

第一，贫困农民的闲钱主要是存入银行和放在家中。为了反映农民传统金融知识现状，本文通过问卷中的问题："若有闲钱，通常如何处理？1. 放家中；2. 存银行；3. 买理财产品或基金；4. 股票投资；5. 民间借贷；6. 发放高利贷或参与集资"来体现。如图 2a 所示，在全国范围内约 68.60% 的贫困农民采取低收益低风险的方式选择将闲钱存入银行，29.10% 的贫困农民选择将闲钱放在家中作为预防性需求。彭显琪和朱小梅（2018）指出，金融能力较高的人群会偏向将资产投入到风险更高、期望收益较高的资产组合中。可以推测大量农民风险厌恶程度较高，对于闲钱仅仅是确保其安全性，并不会将资金投入理财产品或基金、股票等高风险投资里。因此，当下我国贫困农民的金融能力较为低下，对股票、基金、理财等的了解较少，传统金融知识欠缺。

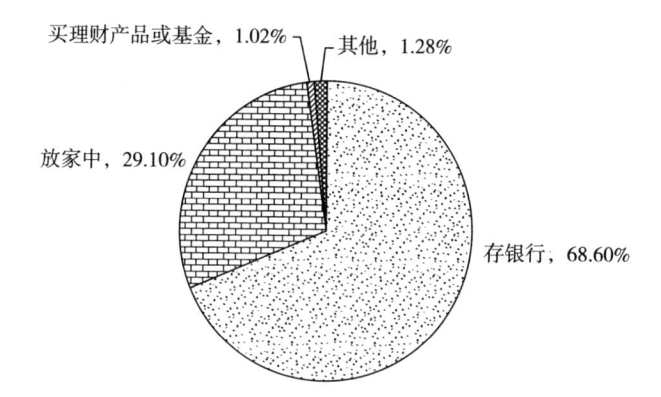

图 2a 贫困农民的闲钱如何处理

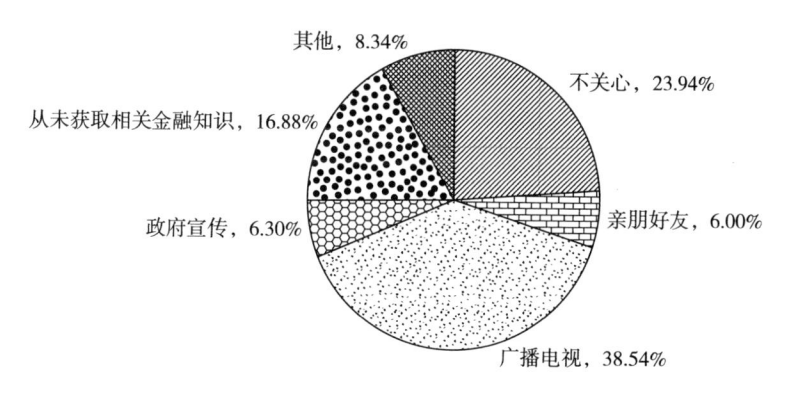

图 2b 贫困农民获取金融知识的渠道

进一步，可以得出贫困农民储蓄知识欠缺的原因。客观上源于获取金融知识渠道单一，主观上源于农民缺乏学习金融知识的积极性、金融意识薄弱。由图 2b 可以看出超过 1/3 的农民不关心或从未获得金融知识，38.54% 的贫困农民通过广播电视获取金融知识，极少数农民通过网络、报纸和书籍等渠道获取金融知识。而且约17%的贫困农民根本就没有金融知识，其金融能力较为低下。广播电视渠道学习的方式并不能够系统地学习到金融知识，获取的金融知识有限。值得注意的是，近些年来中国人民银行、银保监会以及其他金融机构等大力开展"金融知识下乡"活动。但通过金融机构工作人员介绍获取知识的农民占比较低，在4118位贫困农民中不到120位农民是通过金融机构工作人员了解金融知识，金融机构的金融知识普及率较低，没达到广泛传播金融知识的效果。

第二，贫困农民保险知识欠缺，风险意识较弱，信用知识缺乏。农民之所以将闲钱存在银行或者家里而不是投资其他金融产品如理财、保险等，一方面是因为其金融知识欠缺，另一方面也说明其在风险方面有一定的认知，例如持有现金或者存银行最安全。鉴于此，本文选取关于风险的问题来描述农民的金融能力现状："您了解保险知识吗？1. 不懂；2. 懂一些；3. 比较懂"；"您听说过'信用户'吗?[①] 1. 是；2. 否"；"您了解风险知识吗？1. 是；2. 否"。由图3可见一半以上的

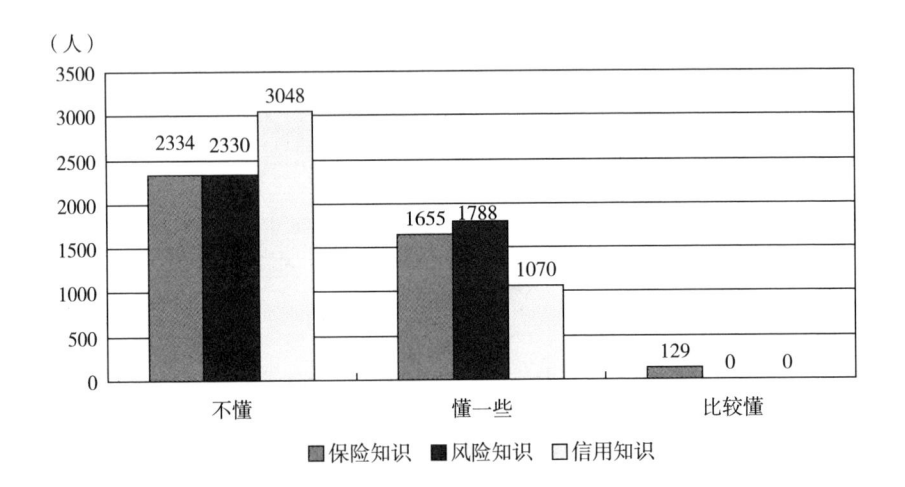

图3 贫困农民的保险知识、风险知识和信用知识状况

[①] 为了实现金融服务"三农"，营造良好的地方信用环境，各地金融机构，如信用社，会对农户的信用状况进行评级。信用评级以诚实守信、按期偿还债务为核心。根据农户道德品质、信用记录、经营状况、经济实力、偿还能力等对其进行综合测评，实行户主制管理。

贫困户不懂保险知识，懂保险知识的贫困农民占比最少，占比3%（129人）左右。贫困农民保险知识欠缺，自然也不知道使用保险等手段来转嫁农业生产等方面的风险。在风险知识方面，56.6%（2330人）的贫困农民不懂风险知识，风险意识自然也就淡薄。除此之外，调查显示有约75%（3048人）的贫困农民没有听过信用户，对于征信系统一无所知。

总体可见，贫困农民金融知识缺乏，[①] 金融能力普遍低下，数字普惠金融发展受阻。那么导致贫困农民金融能力低下现状的原因是什么呢？我们认为很有必要对贫困农民金融能力低下的导因进行分析以有助于提出改善贫困农民金融能力的举措。

三 贫困农民金融能力低下与金融教育缺乏

贫困农民金融知识缺乏导致其金融能力低下，进而影响其金融需求，最终致使金融扶贫成效不显著，影响数字普惠金融的发展。这一现状的直接原因在于贫困农民的金融教育[②]不足。[③] 金融教育不足对个体金融能力的影响在理论研究和调查报告中均有体现。学者们也实证指出，金融教育对个体的金融能力会产生显著的影响（Xiao，2018；Sherraden，2018）。并且中学阶段受到的金融教育对金融能力的提升至关重要。另外，据中国普惠金融研究院报告《在曲折中前进——中国数字

[①] 资料来源：《消费者金融素养情况调查报告》（以下简称《报告》）。中国人民银行金融保护局2013—2015年开展的首次消费者金融素养情况抽样调查显示，目前我国消费者的金融知识整体水平不高。该《报告》指出"我国农村消费者对金融知识问题回答的平均正确率为49%，随着农村青壮年离开农村，留守的农村人口在金融知识存量和接受能力上难以满足普惠金融发展的要求，部分金融机构在农村设立了ATM机、支持POS机支付，但在农村居民参与金融活动的意识和能力没有相应提高的情况下，金融网点设施可能因为使用率不足而关闭，普惠金融发展受阻"。

[②] CFI（Center For Financial Inclusion）发现，金融教育给予人们知识和技能，提高人们的自信，从而人们可以在知情的情况下，自信地、及时地做出理财决定。也即，金融教育能够影响个人的态度、知识、技能和自我效用。https：//www.centerforfinancialinclusion.org/what-is-financial-capability。

[③] 根据金融能力的定义，金融能力包含金融知识、技能、态度和行为。其中金融知识是一切的基础。而知识来源于金融教育（不管是正规金融教育还是非正规金融教育）。因此，金融能力源于金融教育。

普惠金融发展报告》,① 农村数字普惠金融的普及状况与农民的金融教育状况相关,对于贫困户更加明显。并且随着金融教育程度的提高,网银和手机银行使用状况在提升。

从当下现状来看,我国贫困农民金融教育普遍不足。我国金融教育自 2008 年开始引起国家重视。2013 年 Visa 公司与中国金融教育发展基金会启动中国农村金融教育十年规划项目,共同推进开展金融教育,提升中国中西部地区居民的金融素养。② 但是根据《连片贫困区农村居民金融能力调查分析报告（2017）》,我国政府及相关金融机构在农村的金融宣传和金融教育不到位,贫困户没有充分认识到金融知识的重要性,学习的积极性不高,且贫困户受金融知识接受能力较差影响,学习效果不好。③ 农民尤其是贫困农民普遍没有接触过金融知识,更没有接受过金融教育。

进一步,金融教育不足受到两方面因素的制约:一是贫困农民的教育水平低下。50% 左右贫困农民的教育水平在初中及以下（见表1）。二是实践中的金融教育供给不足。从微观个体的教育方面来看,如表1所示,贫困农民家庭的最高受教育水平集中在初中,并且在小学和初中阶段的占比达总贫困人口的 50%。而我国金融教育没有出现在初中及以下的教育里,因此,50% 左右的贫困农民缺乏金融教育。从外部金融供给来看,实践中,近年来中国人民银行、银保监、中国金融教育发展基金会（CFDFE）以及各大金融机构的"金融知识下乡活动"大规模地开展。这些活动的开展短期内能够起到迅速传播金融知识的目的,提高了贫困农民的金融能力。但是,金融教育改善贫困农民的金融能力是一个长期的过程。需要构建一个长效的金融教育机制。目前,金融教育的长效机制尚未构建起来,未能给贫困农民一个良好的金融教育环境。

---

① 资料来源:2016 年 8 月 26 日,中国人民大学普惠金融研究院公布了中国首份数字普惠金融报告《数字普惠金融的实践和探索》,http://finance.sina.com.cn/roll/2016-08-26/doc-ifxvitex9021323.shtml。

② 资料来源:《经济导刊》,http://www.wtoguide.net/index.php?g=&m=article&a=index&id=928&cid=36。

③ 资料来源:2018 年 1 月 20 日在长白山学术论坛·第二届吉林省农村金融改革与发展学术研讨会暨普惠金融论坛上正式发布的《大兴安岭南麓连片特困区及周边贫困县农村金融能力调查分析报告》,http://jr.jl.gov.cn/jrzx/jryw/201801/t20180122_3654726.html。

金融教育缺失是导致贫困农民金融能力低下的直接原因。贫困农民金融教育缺失，主观上受制于其受教育水平低下，客观上也受到金融供给不足的影响，导致获取金融知识途径欠缺，没能够形成一个良好的金融教育环境。鉴于此，如何提升贫困农民的金融能力就落脚到个体金融教育和金融教育的供给上来。因此，下文中将从金融教育和金融生态环境构建视角提出相应的政策建议以期形成改善贫困农民金融教育的长效机制。

表1　　　　　　　　贫困农民家庭的教育状况

教育水平	贫困户家庭（户）
小学及以下学历	512（12.43%）
初中	1530（37.15%）
高中或者职高	929（22.56%）
中专	181（4.40%）
大专	359（8.72%）
本科	569（13.82%）
研究生	38（0.92%）

资料来源：上海财经大学2015年"千村调查"数据。

四　提升农民金融能力的建议

2018年是乡村振兴发展的元年，也是脱贫攻坚战略实施的关键年份，加强农民金融能力建设对金融助力精准扶贫和乡村振兴至关重要。根据上文第一节中金融能力的定义，影响个体金融能力的既有内在的个体的金融教育又有外在的金融环境。金融教育的概念表明金融教育能够影响个人的态度、知识、技能和自我效用，但是不能影响外界环境。因此，除了发展金融教育外，还应当合力构建金融生态环境。个人、金融机构以及设定规则的监管者等政府机构必须齐心协力改善金融环境。基于此，本文从政府、金融机构和农民等参与主体出发，围绕金融教育和金融生态环境，提出如下建议。

（一）金融教育先行

第一，将金融知识融入农村日常教学中。当前，我国农村居民金融知识水平低下，金融能力不足，将金融知识融入农村地区的日常教学中刻不容缓。相关教育部门应建立多方合作的国民金融知识教育工作机制，科学设计针对不同人群的金融知识课程和读本，并为农村学校引进金融方面的相关专业人才，为农村学子讲解金融知识。同时教育管理部门应定期开展国民金融知识教育的调查和评估，从而能够循序渐进地培养学生形成相对完整的金融知识体系，实现贫困农民金融教育可持续发展。

第二，金融机构因地制宜地开展金融知识教育培训，加大宣传力度。当地金融机构应当结合实际情况有针对性地开展金融知识教育培训，向贫苦农民讲解实用性较强的金融知识，助力金融知识下乡。由于贫困农民获取金融知识的途径较少，金融机构可以通过广播、电视和宣传标语等渠道有效地宣传金融知识，运用网络平台和现代化通讯手段推送金融资讯，多渠道提升贫困户的金融知识水平。金融知识的提升有助于提高贫困户参与金融市场的积极性，从而激发更多潜在的金融需求。

（二）合力构建良好的金融生态[①]

仅仅向人们提供金融教育、金融知识还远远不够，更加重要的是构建一个良好的金融生态。良好的金融生态能够为被传统金融体系所排斥的贫困人们提供支持他们做出合适财务决策的可靠环境。

第一，政府应该加强金融基础设施建设。贫困农民所处地区大多教育水平落后，交通闭塞，信息交流水平相对落后，且宽带等基础设施不完备，限制了他们获取金融知识的渠道。金融知识水平普遍较低会显著影响贫困农民在金融市场的参与度。因此政府应加强农村地区的金融基

---

① 2003 年时任中国人民银行行长的周小川提出金融生态的概念以后，引发了金融经济界广泛的讨论。金融生态是指对金融的生态特征和规律的系统性抽象，本质反映金融内外部各因素之间相互依存、相互制约的有机的价值关系。资料来源：https://baike.baidu.com/item/金融生态/3000243? fr = aladdin。

础设施建设，使农民有更多的机会接触并了解数字普惠金融服务。

第二，金融机构要开发针对农民生产生活的金融产品。金融机构应将市场定位与农村发展相契合，提高创新能力，突出自身经营特色，实现与农民互利、与农业共存、与农村共赢的目标。金融机构应了解相对落后的农村地区的情况，结合当地市场需求，开发针对农民生产生活需求的金融产品，使农民在具备充足的金融知识的前提下可以选择适合自己的金融产品，进而获得金融福利。

第三，金融机构及政府工作人员应鼓励农民积极广泛学习金融知识，提高风险管理意识，采取理性的金融行为。目前，中国贫困农民受教育水平整体较低，缺乏金融知识，这极大地阻碍了农民获得金融红利。相对而言，受教育水平很难在短时间内改变，但金融知识可以通过有针对性的培训来普及。因此，贫困农民应转变思想观念，积极学习金融知识，参加技能培训。贫困农民也应大力参与各类扶贫开发项目，有效运用政府及金融机构的资源，纠正对金融服务及产品的认知偏差，从而更加合理地使用金融服务和产品。再则，近年来我国股市大幅震荡，P2P平台频频"爆雷"，金融市场不稳定。贫困农民在掌握金融知识的基础上，应培养理性的金融意识，提升风险识别能力和自我保护能力，合理地进行投资理财、融资消费、养老储蓄等金融活动，了解相关的保险知识，购买合适的保险以提高应对风险的能力，从而实现增加收入、改善生活的目标。总之，金融能力的改善除金融教育外，还应该在宏观上形成一个绿色的金融生态环境。

参考文献

[1] Xiao J. J., O'Neill B., "Consumer Financial Education and Financial Capability", *International Journal of Consumer Studies*, 2016, 40 (6): 712 - 721.

[2] Sherraden M. S., "Building Blocks of Financial Capability", *Financial Education and Capability: Research, Education, Policy, and Practice*, 2013: 3 - 43.

[3] 李似鸿:《金融需求、金融供给与乡村自治——基于贫困地区农户金融行为的考察与分析》,《管理世界》2010 年第 1 期。

［4］彭显琪、朱小梅：《消费者金融素养研究进展》，《经济学动态》2018年第2期。

［5］董玉峰：《农村数字普惠金融模式探索与困境化解——基于北川县实践》，《农村金融研究》2018年第10期。

［6］王斯：《普惠金融助力金融精准扶贫路径探究——基于对佳木斯市连片贫困县农村金融情况调研分析》，《吉林省教育学院学报》2018年第3期。

数字普惠金融服务下沉困境剖析与对策研究

——基于金融生态环境视角

杨　波　曾　燕　陈凤雨

摘　要

本文以我国数字普惠金融服务下沉困难为背景，探究了该现象发生的原因和理论机制，并提出了推动我国数字普惠金融服务下沉的对策建议。首先，从三个案例归纳出我国数字普惠金融服务下沉困难的现实原因在于农村地区经济发展落后、信用体系不健全和法治建设不完善，并据此引出金融生态环境的概念。其次，基于统计数据和相关文献从经济基础、信用环境与法治建设三方面对比了我国农村和城镇的金融生态环境差异，指出了我国农村金融生态环境较差的现状。再次，基于新制度经济学理论深入探究了数字普惠金融服务下沉与农村金融生态环境之间的关系，并得出农村较差的金融生态环境阻碍了数字普惠金融下沉。最后，从夯实经济基础、健全信用体系和完善法治建设等方面基于政府、金融机构和农民的视角提出了推动数字普惠金融服务下沉的对策建议。

2018年1月15日，壹零财经发布的《数字普惠金融：全球趋势与中国实践》指出数字普惠金融以其广覆盖和低成本特性，填补了四大行裁剪分支机构和网点形成的市场空白，显著提高了广泛乡村地区的金融服务可获得性。① 数字普惠金融推动金融服务重心下沉，将市场开辟到农村去，让广大农民享受数字普惠金融带来的福利，中国互联网金融协会会长李东荣将这种情形称为"数字普惠金融服务下沉"。② 数字普惠金融服务下沉目前没有确切的学术定义，本文中将其理解为数字普惠金融服务的市场从城镇（一二三四线城市、小镇）下沉到农村，即金融服务由"高大上"变得"接地气"。

但是由于存在城乡二元经济结构和城乡地域金融排斥，农村地区相较于城镇地区的金融服务可获得性相对较低（田霖，2011；陈本凤、周洋西，2013）。截至2018年，我国农村地区互联网普及率仅为36.5%，③ 每百人银行网点为0.25个，④ 而我国城镇网民在线下消费时使用手机网络支付的比例已达71.9%。⑤《中国"三农"互联网金融发展报告（2017）》显示"三农"领域资金缺口约为3万亿元，⑥ 这为互联网金融在农村的发展提供了机会，然而面对农村复杂而陌生的金融生态环境，互联网金融⑦面临下沉困境，其主要原因在于农村市场是以线下市场为主，对互联网的线上运营极不习惯、不熟悉。⑧ 农村市场巨大

---

① 资料来源：2018年1月15日壹零财经发布的《数字普惠金融：全球趋势与中国实践》，https：//www.01caijing.com/article/19954.htm。

② 本文整理中国互联网金融协会会长李东荣在参加"2018中国普惠金融国际论坛"的讲话内容而得出"数字普惠金融服务下沉"的含义。资料来源：中国互联网金融协会，http：//www.nifa.org.cn/nifa/2955675/2955759/2975424/index.html。

③ 资料来源：2018年7月中国互联网络信息中心发布的《中国互联网络发展状况统计报告》，http：//www.cac.gov.cn/2018-08/20/c_1123296882.htm。

④ 资料来源：中国产业信息研究网，http：//m.china1baogao.com/data/20180502/520177.html。

⑤ 2018年12月20日在"2019中关村金融科技论坛暨第六届普惠金融论坛"上发布了《中国金融科技和数字普惠金融发展报告（2018）》。该报告中将数字普惠金融下沉定义为数字普惠金融通过科技创新、模式创新，让传统金融服务变得更加高效、便利、包容、可触及，从而将金融服务市场开辟到农村去，让农民切实享受到数字普惠金融带来的福利。全文可见http：//www.sohu.com/a/283323875_120057347。

⑥ 资料来源：2018年5月11日中国社会科学院财经战略研究院、社会科学文献出版社共同发布的《"三农"互联网金融蓝皮书：中国"三农"互联网金融发展报告（2017）》，https：//www.ssap.com.cn/c/2018-06-01/1068791.shtml。

⑦ 互联网金融常常被视为互联网公司从事金融业务，金融科技更加突出技术特点，而数字金融更加中性，覆盖面较广。

⑧ 资料来源：AI金融评论，https：//mp.weixin.qq.com/s/btjviBOFIfei_O-BVj6qZw。

的数字普惠金融服务需求①和数字普惠金融服务下沉受阻并存。因此，我们有必要去探究：数字普惠金融下沉受阻的原因是什么？如何促进数字普惠金融服务下沉以实现城乡金融服务均等化？② 下文通过三个案例来说明我国数字普惠金融服务下沉到农村的困难，并探究该现象背后的原因。

一 数字普惠金融服务下沉难的三个案例

我国"三农"领域的发展、乡村振兴战略的实施等都需要大量资金支持，未来农村市场将成为数字普惠金融发展的新战场。但是农村地区的经济发展水平落后、信用体系不健全和法治建设不完善等问题阻碍了数字普惠金融服务下沉到农村地区，以下三个案例便是这一问题的现实写照。

案例一：贵州省雷山县郎德镇南猛村的经济发展水平相对落后、经济活跃度相对较低和互联网基础设施缺乏等阻碍了数字普惠金融服务下沉。南猛村是全县脱贫攻坚的主战场之一，也是我国深度贫困村之一。③ 该村年轻人大多数外出务工，常住居民多为留守儿童与老人，即"空壳村"。村里人均收入水平低下，产业发展滞后，经济活跃度不高，数字普惠金融服务缺乏生存空间和土壤。④ 此外，2015年前一些贫困户家里连电视都没有，⑤ 更不用说互联网等数字普惠金融发展的基础设施。互联网覆盖率低下导致了该村数字普惠金融服务线上运营的客观条

---

① 网贷之家预计到2020年我国"三农"金融平台规模将达到3200亿元。资料来源：网贷之家，https://www.01caijing.com/article/19954.htm。2018年5月11日中国社会科学院财经战略研究所发布的《中国"三农"互联网金融发展报告（2017）》指出，国内"三农"金融的缺口约为3万亿元。资料来源：社科文献，http://www.enet.com.cn/article/2018/1225/A20181225058454.html。
② 资料来源：中国人民银行网站，http://www.gov.cn/xinwen/2019-02/11/content_5364842.htm。
③ 资料来源：贵州省统计局，http://www.gz.stats.gov.cn/tjsj_35719/tjfx_35729/201610/t20161024_1168278.html。
④ 资料来源：辉煌历程，http://m.sohu.com/a/54134223_188326/。
⑤ 南猛村"第一书记"刘为在入村走访过程中发现一些贫困户家中没有电视。资料来源：辉煌历程，http://m.sohu.com/a/54134223_188326/。

件得不到满足,数字普惠金融发展受阻。再加上互联网覆盖率低使当地居民获取金融相关信息的渠道较少,当地农民几乎不参与金融市场,这进一步加大了数字普惠金融服务下沉难度。

案例二:凉山州农村地区信用环境不理想、信用体系不健全,不利于数字普惠金融服务下沉。凉山州是全国深度贫困地区"三区三州"之一,[①] 地理位置偏远,交通极为不便。早在 2011 年凉山州政府就充分认识到农村信用体系建设的重要性,发布了《关于进一步深入开展农村信用体系建设的实施意见》来指导构建农村信用体系。[②] 当地政府期望通过构建农户信用体系来了解借贷人的信用状况,以降低信息不对称程度,进一步增强普惠金融服务,提高农户贷款的可获得性。但是经过五年的建设,由于凉山州农村地区农民信用文化培育不足、信用意识淡薄等问题,信用平台仅仅掌握了少量的农户征信数据且已建立起来的农户信用信息不完整、可用性差。[③] 这导致当地金融机构对农村地区惠农授信业务等数字普惠金融服务滞后,数字普惠金融发展水平低下。截至 2016 年 6 月,凉山州地区贫困农村的贷款总额仅占总涉农贷款额的 15.22%,并且当地农民骗取惠农贷款等现象屡禁不止(杨永清、陈璐,2017)。

案例三:黔东南州农村地区法治建设不是很完善,金融机构合法权益得不到最有效的保护,数字普惠金融服务下沉受阻。贵州省的黔东南州是全国少数民族人口比例最高的自治州。[④] 2017 年以来政府在推动普惠金融发展的同时也高度重视金融司法环境建设,按照《黔东南州金融生态环境示范县、市(区)建设试点工作实施方案》推进良好的金融生态环境建设。具体做法是由黔东南州政府牵头建立金融涉诉案件协

[①] 资料来源:凉山彝族自治州人民政府,http://www.lsz.gov.cn/lszrmzf_new/szf/6824323/index.shtml。

[②] 资料来源:中顾法律网,http://www.9ask.cn/fagui/201112/223132_1.html。

[③] 《四川省物流业发展中长期规划(2015—2020)》指出,四川省信用体系建设滞后,应加快建设凉山州等地区的信用体系。资料来源:四川省人民政府,http://www.sc.gov.cn/10462/10883/11066/2015/4/1/10331486.shtml。

[④] 资料来源:黔东南苗族侗族自治州人民政府门户网,http://www.qdn.gov.cn/。

调机制、督办机制和强制执行措施，以维护金融主体的权益。① 但是由于当地农民普遍法律知识匮乏、法治意识淡薄和法律理念不足②对法律执行效果产生较大的影响，降低了司法机关执行金融诉讼事件的效率，延缓了执行周期，金融机构的权益得不到最有效的保障，数字普惠金融服务供给不足。

以上三个案例分别表明农村地区经济发展水平落后、信用体系不健全与法治建设不完善等方面阻碍了数字普惠金融服务下沉。李扬（2005）将以上这三个影响因素、金融资源水平、地方政府公共服务等统称为金融生态环境。

金融生态环境的概念最早由中国人民银行前行长周小川2005年在"中国经济50人论坛"中提出。此后，学界对这一概念的使用大多参照徐诺金（2005b）、李扬（2005）与中国人民银行洛阳市中心支行课题组（2006）等的表述。徐诺金（2005b）指出，金融生态环境可分为硬环境③和软环境。李扬（2005）以城市为研究对象指出金融生态环境包括经济基础、诚信文化、法治建设、地方政府公共服务等。中国人民银行洛阳市中心支行课题组（2006）将金融生态环境概括为经济发展水平、金融资源水平、社会信用水平3个目标层。④

因此，金融生态环境是金融业或金融服务运行的硬环境和软环境，不仅包括了案例中的经济发展水平、信用体系和法治环境，还包括了地方政府公共服务、金融资源水平等。⑤

---

① 资料来源：2015年4月21日，贵州省黔东南苗族侗族自治州人民政府颁布的《黔东南州金融生态环境示范县、市（区）建设试点工作实施方案》，http://www.9ask.cn/fagui/201504/127728_1.html。

② 黔东南州税务局通过实地考察发现当地农村律师资源较为匮乏，农民的法律意识、法治观念较为淡薄。资料来源：黔东南苗族侗族自治州人民政府，http://www.qdn.gov.cn/xwzx/bmdt/201809/t20180925_2260978.html。

③ 硬环境是指由政治制度、经济制度、法律制度构成的具有成文性、强制性的正式规则；所谓软环境是指由社会习俗、习惯行为、文化传统、价值观念、道德规范、思想信仰和意识形态等构成的不成文的潜在规则。硬制度和软制度是紧密联系，相互依存的。

④ 这3个目标层具体又细分为14个准则层和90项指标层。

⑤ 由于其中前三者已经囊括了金融生态环境的主要方面，本文将围绕前三者展开。

二 我国农村与城镇的金融生态环境比较

以上三个案例形象地说明了农村金融生态环境较差会阻碍数字普惠金融服务下沉。那么我国农村地区金融生态环境现状如何？本文从其定义出发，围绕经济基础、信用体系和法治环境等方面，将农村金融生态环境与城镇金融生态环境进行对比，以揭示当下我国农村地区金融生态环境较差的现状。

（一）农村经济基础薄弱

我国农村地区经济基础薄弱，主要表现为经济发展水平相对落后、第三产业的GDP贡献率不高以及经济不活跃。金融生态环境中的经济基础包括经济发展水平、产业结构与经济活跃程度等方面，分别用人均可支配收入、第三产业产值[1]与人均固定资产投资总额[2]等指标反映（李扬，2005；吴轶，2013）。如图1（a）所示，虽然2014—2018年城镇居民和农村居民的人均可支配收入在逐年稳步增长，但是城镇和农村仍存在较大差距，城镇居民人均可支配收入和消费水平几乎是农村居民的两倍，且农村地区的增幅明显缓慢。由此可知，农村经济发展水平显著低于城镇。此外，如图1（b）所示，从2011—2016年城镇和农村地区的固定资产投资增长率均在逐年下降且城镇地区的固定资产投资增长率显著高于农村地区，农村地区的固定资产投资增长率自2013年开始负增长。[3] 因而城镇地区的经济活跃程度更强。总之，以上农村和城镇地区的人均可支配收入和固定资产投资增长率的对比发现，我国农村地区的经济基础较为薄弱。

---

[1] 国家统计局在第三产业对GDP的贡献度指标上没有区分城镇地区和农村地区，因此该项指标的数据的对比较缺乏，图1中没有展现出来。

[2] 该变量能够反映经济的活跃程度，但由于总额属于绝对量比较起来不如增长率方便，所以本文选用增长率来反映经济活跃程度，并且通过固定资产增长率来判断经济活跃程度对判断结果不会产生影响。

[3] 2017年增长率的计算需要用到2018年的数据，但是2018年农村农户的固定资产投资数据缺失，所以无法计算出2017年的增长率，最终呈现出来的数据仅到2016年。

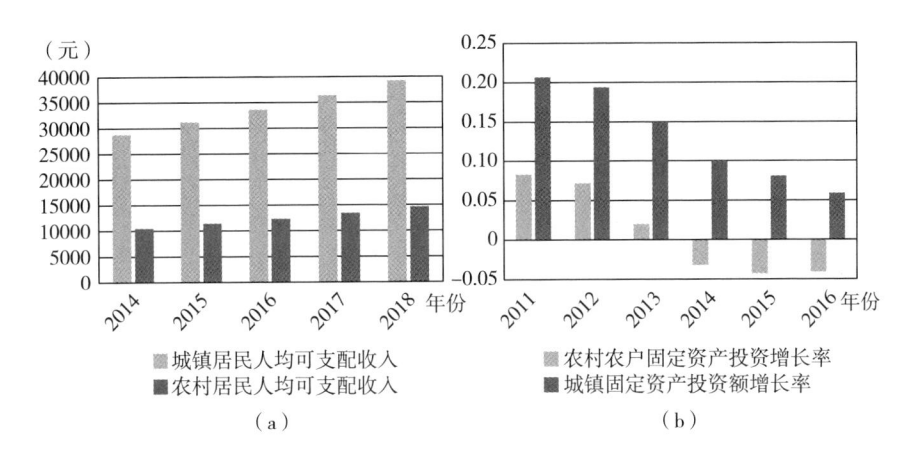

图 1　城镇和农村居民人均可支配收入和固定资产投资总额①

资料来源：根据国家统计局数据整理。

（二）农村地区信用水平相对较低且信用信息相对较散乱

我国农村地区信用体系不健全，表现为借贷主体信用水平相对较低，违约率相对较高，农户信用信息相对较散乱。数字普惠金融服务下沉到农村市场，面临着我国农村地区征信市场相对不发达、征信意识相对淡薄、农民信用等级相对较低等问题（朱莉等，2015）。为了能够直观、真实地反映信用水平的状况，本文选取了城市商业银行和农村商业银行的不良贷款率做比较，不良贷款率指标基本上能够反映一个地区金融信用水平的高低。如图 2 所示，自 2012 年 12 月至 2018 年 9 月城商行的不良贷款率显著低于农商行的不良贷款率，且两者的差距愈有增加的趋势。② 由此可知，农村地区市场主体的信用水平比城市低。农村信用水平相对较低直接导致了农村地区金融机构的贷款回收率较低，贷款风险加大，不利于金融机构在农村地区的长远发展。

此外，农村农户的信用信息相对散乱，信用体系不健全。农村居民土地承包、土地扭转和确权、新农合、子女教育等基础信息散落在各个

---

① 从 2011 年起国家统计局在统计数据时将城镇固定资产投资数据发布口径改为固定资产投资（不含农户），因此本文选取 2011 年以后的数据，更加严谨，具有可比性。
② 本文选取了季度数据，季度数据的信息量较大，更能真实地反映现状。

部门，且这些信息不完整、不精确；[①] 并且各部门之间又因各自信息的采集程序、内容架构的不同导致信息难以融合，信息共享程度相对较低，部门彼此之间形成"信息孤岛"，存在信息壁垒。这加大了金融机构整合农户信息的难度，进而使其难以综合评估农户的信用水平。因此，政府、金融机构或其他相关机构应加强农村地区信用信息整合与共享，加强农村地区征信体系建设工作。

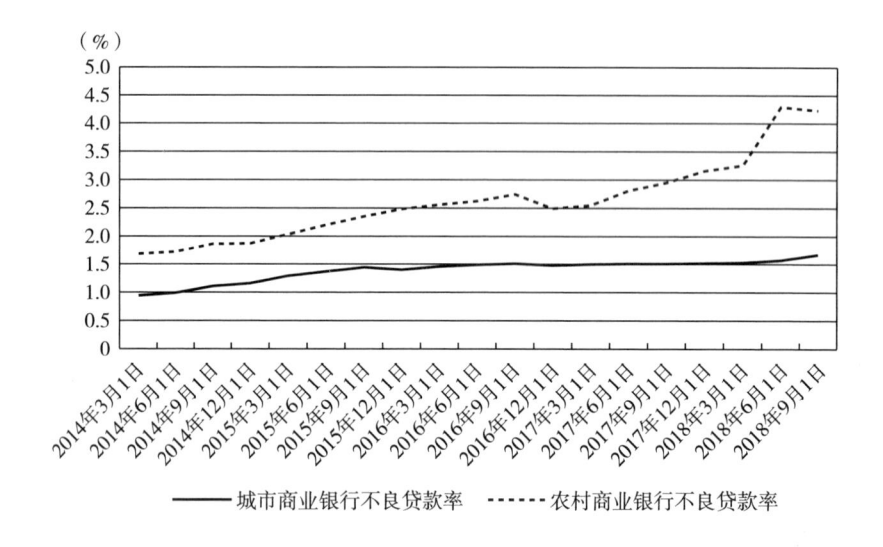

图 2　城市商业银行和农村商业银行不良贷款率

资料来源：中经网统计数据库。

（三）农村地区法治建设不完善

吴韡（2013）用每万人律师事务所的数量与劳动争议处理情况结案率来反映农村金融生态环境的法治建设状况。如果这两项指标的比率较高，那么金融纠纷案件的执行效率会大大提升，能够降低对债权债务

---

① 2019年2月23日中原银行首席经济学家王军在《数字化普惠金融助力解决农村金融供需不平衡》一文中提到"各级地方政府，特别是县、乡人民政府掌握着农村居民诸如土地承包和土地确权、新农合、社保、补贴、工商登记、税收登记、婚姻、子女教育等基础信息，这些信息散落在各个部门，金融机构提取农户基础信息较为困难，且提取方式的合规性与数据的安全性亟待解决"。资料来源：《证券日报》，https：//baijiahao.baidu.com/s? id = 16262008094388561 37&wfr = spider&for = pc。

人的影响。① 中国人民银行洛阳支行（2006）使用更为完善和综合的指标体系来反映法治建设状况，包括金融债券起诉率、依法收贷执行不成率、法院积案率、法院二审改判或发回重审率等指标。然而相关数据库与年鉴里缺少这些指标，② 因此，本文转向对农村地区法律服务需求、法治权威、法律服务工作者等方面相关文献的梳理来反映我国农村地区法治建设现状。

第一，我国农村地区法律服务需求缺乏。长期以来，由于城乡二元经济结构的存在，我国农村地区形成了以家庭为生产单位的小农经济，人与人之间的矛盾、纠纷等大多通过协商或熟人调节（韩伟，2018）。③因而，农村地区法律适用空间较为狭窄，农村地区法律服务需求不足（李毅，2017）。此外，基层法治机构④也择点而设，人员少、职责单一（刘丽敏，2013）。因而农村地区法律服务需求缺乏。所谓"国权不下县，县下唯宗族，宗族皆自治，自治靠伦理，伦理造乡绅"（秦晖，2003），便是这一道理。

第二，我国农村地区法治权威丧失。全国范围内269个行政村3675位农民的调查研究数据发现，我国34.9%的农民认为存在权大于法，法治权威丧失较为严重。另外，金钱与法律的关系调查显示，34.1%的村民认为金钱可以摆平法律（李牧、李丽，2018）。因此，我国农村地区法治意识相对缺乏，农民法治素养相对较低，法治权威丧失。

此外，部分农村地区即使配备有基层法律工作人员，也基本上很少接受过专业法律培训，无相应的法律资质，解决纠纷通常也以伦理和道

---

① 金融债券债务纠纷解决效率的提升会降低诉讼消耗的人财物。如执行时间过长往往会造成担保物权价值降低等。
② 本文查找了Wind、中国知网中国经济社会发展统计数据库、北大法律信息网、《中国统计年鉴》《中国农村统计年鉴》《中国金融年鉴》《中国法律年鉴》，没有找到近些年来城镇地区和农村地区的诉讼结案率、律师事务所数量、律师人数等统计指标数据。仅《中国法律年鉴》列举了2001—2003年基层法务工作者人数和法律服务所数量，分别包括121904人和34219个、10795人和28647个、98500人和26889个，由于缺少2004年以后的数据，故客观上没办法做出比较。
③ 资料来源：人民论坛，http://www.rmlt.com.cn/2018/1026/531372.shtml。
④ 我国农村地区法律机构体系由公安派出所、派出法庭、派驻基层检察室、基层司法所构成。

德为主（董琦，2018）。因此，我国农村地区法治建设不完善。

总之，相较于城镇，我国农村地区呈现出经济基础薄弱、信用体系不健全和法治建设不完善等现状。这些因素表明了我国农村地区金融生态环境较差。然而农村地区金融生态环境较差与我国数字普惠金融服务下沉困难又有何关系？下文将对这一问题进行理论剖析。

三 农村金融生态环境差导致数字普惠金融服务下沉难的机理

以上分析表明我国农村地区金融生态环境较差，具体表现为经济基础薄弱、信用体系不健全和法治建设不完善等。徐诺金（2005a）指出，金融生态环境具有鲜明的制度结构特征，因而这三者可视为数字普惠金融服务下沉的制度环境。因此，本文借鉴新制度经济学的理论，分别从经济基础、信用体系和法治建设三个方面来分析农村地区金融生态环境差导致数字普惠金融服务下沉困难的机理。

（一）经济基础薄弱影响数字普惠金融服务供给

农村地区经济基础薄弱，金融活跃度相对较低影响了数字普惠金融服务供给。经济基础是金融发展的空间和生长土壤，经济基础好会创造金融服务的需求，并促进金融发展。我国地区经济增长和金融发展均存在显著空间相关性（阳佳余、张少东，2018），农村经济基础对农村金融发展起决定性作用（李明贤、李学文，2007）。具体如下三方面所述：首先，农村经济发展水平越高代表了其实体经济部门越强；而实体经济部门强就会推动农村金融机构业务发展，同时也会促进金融机构业务结构的优化与调整。然而我国农村经济发展水平相对较低，对数字普惠金融发展的带动力较弱。其次，第三产业对 GDP 的贡献越大，金融市场效率越高，金融活跃程度越高，数字普惠金融服务的供给就会越旺盛。然而，我国农村地区第三产业占比较低，金融活跃程度相对较低（卢亚娟、张菁晶，2018），农民的金融参与度不高，数字普惠金融缺乏良好的氛围，阻碍了数字普惠金融服务下沉。最后，农村市场经济景气程度①反映的是农村经济主体商贸和投资行为等活跃程度。经济活跃程度越高则金融服务与金融中介服务的需求越旺盛,直接带动金融体系发展。显然,我国农村地区人均固定资产投资较少,商贸与投资活动相对不活跃,这些抑制了数字普惠金融服务需求。总之,我国农村地区经济发展水平相对较低、金融和经济活跃程度相对较低等因素影响了农村地区数字普惠金融的发展。

(二) 信用体系不健全阻碍数字普惠金融服务供给

农村地区信用体系不健全,农户信用等级偏低、信用风险相对较高阻碍了数字普惠金融服务的供给。我国农村地区信用体系不健全,农户征信意识淡薄(朱莉等,2015),金融机构和农户之间信息不对称程度相对较高,金融服务的信用风险相对较大。而风险定价原理表明金融机构在给高风险的人群提供金融服务时更可能收取高费用,低风险的人群会面临一个较低的费用率,从而金融供给者在给农户提供数字普惠金融服务时期望收取高的费用以弥补其可能的损失。然而,金融需求者却是平均收入水平较低的农户,其自身对金融服务的心理保留价倾向于一个社会平均价格,所以他们更不愿意为此支付更高的价格。最终,供给者也更不可能为他们提供数字普惠金融服务,农村地区的数字普惠金融服务市场上就出现需求过剩与供给不足并存的局面,也就出现当下的农民"贷款难、融资贵"以及农户贷款不良率普遍偏高等现实问题。此外,数字普惠金融服务的"金融脱媒"属性决定了其发展必须具备良好的信用环境(李瑞雪,2015)。

总之,数字普惠金融服务的运营环境大多是在线上,更加注重信用环境状况,而农村地区的信用环境较差导致数字普惠金融服务在农村地区供给不足,从而出现数字普惠金融服务下沉困难的局面。

(三) 法治建设不完善抑制数字普惠金融服务供给

农村地区法治建设不完善加大了金融机构的交易成本,抑制了数字

---

① 经济景气程度常用经济行业景气指数来衡量,其是生产和生活活力程度的表现,常常用固定资产投资额来反映。

普惠金融服务的供给。金融机构在提供数字普惠金融服务产品时，除金融服务本身定价上的信用风险较高外，还有金融机构和农户之间达成金融服务合约交易所产生的交易成本。诺贝尔经济学奖获得者 Ronald H. Coase 最早提出了交易成本这一概念，其指出交易过程中存在谈判、协商、合约执行之外的其他费用。因此，金融机构在提供数字普惠金融服务时还要考虑与农户的交易合约执行所发生的成本。然而，当下我国农村地区农户的法律素质较低，故意逃废债、骗取信贷经常发生，时常出现"有法难依、执法不严"等现象，并且即使是执行生效判决也需要很长的时间，执行效率低下，金融法治环境相对脆弱（孔慧娟，2018），金融机构的债权等得不到有效保护，金融机构交易成本较高。因此，农村地区法治建设不完善致使金融机构的交易成本较高，无法有效维护金融机构的权益，数字普惠金融服务供给不足。

总之，在以上三者的综合作用下，① 数字普惠金融服务在农村地区下沉难，农村地区数字普惠金融服务供给不足。针对以上影响因素，为了构建良好的农村地区金融生态环境以实现数字普惠金融服务下沉，下文提出一些对策建议。

四 数字普惠金融服务下沉的对策建议

数字普惠金融服务下沉引起政府相关部门的高度重视。中国人民银行、银保监会等五部门 2018 年发布的《关于金融服务乡村振兴的指导意见》指出："要基本实现乡镇金融机构网点全覆盖，数字普惠金融在农村得到有效普及。"然而农村地区经济基础薄弱、信用体系不健全、法治建设不完善等因素导致数字普惠金融下沉受阻。本文根据农村金融生态环境的现状，分别从夯实经济基础、健全信用体系与完善法治建设方面提出一些对策建议。

（一）夯实农村经济基础

经济基础薄弱致使数字普惠金融下沉到农村地区困难，因此夯实经

---

① 当然还有更多因素的影响，本文研究较为宏观难以面面俱到，因而抓大放小，选取这三者。

济基础有助于构建良好的金融生态环境以推动农村地区数字普惠金融发展。本文结合上文我国农村地区金融生态环境现状,从政府、金融机构与农民的视角来提出建议。

第一,政府应在农村金融体系中引入竞争机制,增强农村金融活力。当下农村金融市场中的金融机构多以农村信用社、中国邮政储蓄银行、中国农业银行分支机构、农村资金互助合作社等为主,市场垄断性较强,不利于实现金融服务资源的有效配置。因此,本文建议地方政府放松市场准入,进一步消除金融机构进入壁垒,在农村金融市场引入竞争机制,如增加不同类型村镇银行、金融综合服务联络站、贷款公司等,增强农村金融活力(吴韡,2013)。青海省在农村金融体系中引进金融机构方面取得了显著的成效,截至2017年年末,新设村镇银行3家,加强了当地农村金融市场的金融机构之间的竞争,推动了农信社等金融机构的改革,增强了农村金融市场活力。[1]

第二,金融机构创新金融服务满足不同层级需求主体,推动金融服务业快速发展。金融服务业是第三产业的核心产业,为了实现金融又快又好地服务实体经济,应当构建多层次金融市场体系,进行数字普惠金融服务产品创新以满足农村经济发展的多层次需求(易可君,2006)。具体而言,金融机构应结合农村的发展特点和农户多样化的融资需求,将数字普惠金融服务和产品渗透到农业生产的各个环节,充分运用大数据等新技术为农户提供有针对性的特色化服务,有效提高农户金融服务可获得性。例如,2018年1月19日桂林银行设立南宁科技支行,借助大数据风控的特点,开发了"惠边贷""互市贷"等金融产品,满足了不同收入群体农户的金融需求,推动金融服务业快速发展。[2]

第三,农民应积极推进新型农业发展模式,提高其可支配收入水平。农民人均可支配收入水平低下导致其没有足够多的资本参与金融市场活动,提升农民人均可支配收入是关键。农村地区创收根本上还得依靠农业,但传统农业发展模式存在很大的局限性,探寻新型农业发展模

---

[1] 资料来源:华夏经纬网,http://www.huaxia.com/qh-tw/qhyw/2018/06/5783787.html。

[2] 资料来源:人民网本地站,http://mini.eastday.com/mobile/180124112434565.html。

式势在必行。新型农业模式除结合高科技技术的优势发展现代农业外，还应当将互联网思维融合到农业经营的全流程。例如，我国农村农业部推选的"互联网+"现代农业百佳案例之一的"用互联网思维经营农业，做最美新农人"。案例中农户陈某承保200亩山地种植水果，除线下销售和展示外，还利用互联网的方式销售水果和干果，加强市场宣传、拓宽市场渠道。目前销售品种达到300种左右，实现创收900万元。①

（二）健全农村信用体系

为实现数字普惠金融可持续发展，更好地为农户提供金融服务，必须要有准确可靠的用户信用信息。因此政府应持续推进征信体系的建设，多维度获取农户的信用数据，充分发挥民间社会资本在征信体系中的作用，着力推进农村地区诚信文化建设，加快信用法律制度建设。

第一，政府应充分发挥民间社会资本在征信体系中的作用。农村地区是乡土亲情社会，人与人之间的联络和往来形成良好的社会关系网。这些良好的社会关系网能够缓解其资金约束，以备不时之需，构成了其信用资源的重要组成部分。因此，征信体系建设应充分利用民间信用资源，将其关系网等纳入征信体系建设中。此外，相关部门和机构应充分利用数字普惠金融发展过程中数字技术带来的优势，利用大数据、云计算等技术来推动农村征信体系建设，为农村地区搭建一个信息共享和互动的平台（朱莉等，2015）。

第二，政府和金融机构要着力推进农村地区诚信意识和诚信文化建设。政府和金融机构的相关工作人员要积极向农户普及征信相关知识，例如，中国人民银行2014年发布的《金融信用基础数据库用户管理规范》和《征信机构信息安全规范》等；并且还要采取相应的方式，如线下宣传、发放折页、播放视频等方式帮助农民认识到信用信息的重要性，增强农户的诚信意识，在农村地区形成人人讲诚信、守信用的良好风气。另外，工商等多部门单位应联合起来建立农户信用档案，对农户

---

① 资料来源：农业部市场与经济信息司，http://www.moa.gov.cn/ztzl/scdh/sbal/201609/t20160905_5265232.htm。

实施相应的处罚和激励措施。

第三,政府应加快信用法律制度建设。信用立法作为顶层机制设计在征信体系建设中必不可少,是完善农村征信体系建设的重要保障,有利于维护信用环境。完善的信用法律制度能够保证执法部门严格执法,真正打击逃废债行为,提高失信成本,营造良好的金融生态环境(黄明、王修华,2009)。

(三) 完善农村法治建设

徐诺金(2005b)指出,金融生态环境建设,根本上取决于法治建设,它是金融市场有序进行的制度保证。为了促进数字普惠金融下沉,本文从金融立法、执法,以及金融监管等方面提出完善法治建设的政策建议。

第一,政府应尽快完善金融产权、金融业务的法律规范。市场经济是法治经济,要完善金融产权主体利益,引导产权主体在利益最大化的同时,遵守金融业务规范。而当下农村地区金融法治建设不完善,金融主体的债权容易落空,债务人侵害债权人的现象经常发生(皮天雷,2006)。因此,本文建议政府应尽快完善金融产权界定,加强对金融市场主体的法律监督,降低不良资产率。

第二,服务部门应提高金融执法效率。我国农村地区普遍存在金融执法受阻现象,表现为金融执法程序复杂、诉讼执行时间过长,执行效率低下。司法程序执行成本较高,债权债务的利益得不到及时履行对双方均不利。因此服务部门应当提高执法效率,保证债权债务人的利益及时履行,降低交易成本,为数字普惠金融供给提供良好的发展环境。

第三,政府应平衡农村地区金融监管与金融发展。金融生态环境构建离不开政府的监管,但干预过度将破坏金融生态环境。一方面,金融生态环境的构建除依靠司法系统维护市场秩序外,政府的监管行为会有效地提高金融运行效率、规避金融风险等,起到引导和纠正的作用(韩廷春、雷颖絜,2008)。金融监管对维护金融体系的稳定与有效运行具有不可替代的作用。另一方面,谢德仁和陈运森(2009)指出,一个地区金融生态环境越差,地方政府对银行等金融机构的经营干预能力越强,银行越缺乏经营独立性。因此政府应当平衡对金融监管与发展。

此外，农户应该提高其数字金融素养。农村地区教育水平相对落后，农户很少接受系统的金融知识教育，他们大多不了解数字普惠金融，对金融服务存在排斥心理，因此提高农户的金融素养对解决数字普惠金融下沉难的问题至关重要。

参考文献

[1] 陈本凤、周洋西：《城镇化进程中的城乡金融排斥现象研究》，《金融论坛》2013年第10期。

[2] 陈运森、谢德仁：《金融生态环境、产权性质与负债的治理效应》，《经济研究》2009年第5期。

[3] 董琦：《为农村发展注入法制能量》，《人民论坛》2018年第7期。

[4] 段继坤、易可君：《论新农村建设与农村金融生态系统的重构》，《财经理论与实践》2006年第5期。

[5] 韩廷春、雷颖絜：《金融生态环境对金融主体发展的影响》，《世界经济》2008年第3期。

[6] 韩伟：《让农村法律服务体系更完善》，《人民论坛》2018年第29期。

[7] 黄明、王修华：《基于征信视角的农村金融生态环境优化研究》，《农村经济》2009年第11期。

[8] 贾立、李天德、朱莉：《城乡差异背景下农村征信体系的建构对策》，《农村经济》2015年第11期。

[9] 孔慧娟：《拓宽农村法制教育的广度和深度》，《人民论坛》2018年第16期。

[10] 李丽、李牧：《当前乡村法制秩序构建存在的突出问题及解决之道》，《社会主义研究》2018年第1期。

[11] 李明贤、李学文：《我国农村金融发展的经济基础分析》，《农业经济问题》2007年第12期。

[12] 李瑞雪：《金融脱媒背景下互联网金融监管制度构建》，《现代经济探讨》2015年第2期。

[13] 李扬、刘煜辉、王国刚：《金融生态界说：金融生态概念提出》，

《中国工商》2005 年第 11 期。

[14] 李毅：《农村法律服务：现状、问题与完善》，《中共天津市委党校学报》2017 年第 4 期。

[15] 刘丽敏：《城乡一体化视域下的新农村法制建设》，《河北学刊》2013 年第 4 期。

[16] 卢亚娟、张菁晶：《农村家庭金融资产选择行为的影响因素研究——基于 CHFS 微观数据的分析》，《管理世界》2018 年第 5 期。

[17] 皮天雷：《金融生态的法律制度研究：基于新制度经济学的分析》，《金融理论与实践》2006 年第 2 期。

[18] 秦晖：《传统十论——本土社会的制度、文化及其变革》，复旦大学出版社 2003 年版。

[19] 田霖：《我国金融排斥的城乡二元性研究》，《中国工业经济》2011 年第 2 期。

[20] 吴韡：《农村金融生态环境的评估及优化——以湖北省为例》，《农业经济问题》2013 年第 9 期。

[21] 徐诺金：《论我国的金融生态问题》，《金融研究》2005a 年第 2 期。

[22] 徐诺金：《论我国金融生态环境问题》，《金融研究》2005b 年第 11 期。

[23] 阳佳余、张少东：《地区金融发展与经济增长的空间效应研究》，《湖南大学学报》（社会科学版）2018 年第 1 期。

[24] 杨永清、陈璐：《川西南民族地区农村金融精准扶贫对策研究——以凉山州为例》，《西昌学院学报》（自然科学版）2017 年第 3 期。

[25] 中国人民银行洛阳市中心支行课题组：《区域金融生态环境评价指标体系研究》，《金融研究》2006 年第 1 期。

后 记

在本书撰写的过程中，我们越发深刻地认识到数字普惠金融这一领域具有巨大的学术研究价值和实践发展潜力。首先，这一研究领域与实践结合得十分紧密，但是就目前来看我国数字普惠金融的理论研究还远远赶不上业界实践的脚步。其次，我国数字普惠金融的实践涉及政府监管、金融机构行为、金融消费者选择等多方市场参与主体的决策。在这些主体的动态变化和互动博弈之中，我国数字普惠金融的业界实践和学术发展得以不断推进。最后，我国数字普惠金融的创新、风险与监管之间相互联系、密不可分。可见，我国数字普惠金融领域非常值得社会各界去深入探究，不断推动。

在本书的撰写过程中，来自不同专业、不同高校的团队成员怀着对数字普惠金融的炽热之心凝聚在一起协同作战。不同背景的团队成员发挥各自的特长和学科优势，每篇热点问题都是作者根据自己的兴趣进行的自主选择。这使每篇热点问题都各具特色，从不同的视角诠释和理解了我国数字普惠金融的一些最新热点。在撰写本书的过程中，团队成员取长补短，积极进行内部交流和相互学习。在为期数月的撰写过程中，我们每周都开展研讨会，讨论和总结写作过程中的经验教训。同时，我们每篇热点问题都经过了反复几十稿的修改，每篇热点问题都得到团队其他成员的反复批注和审阅。在内部严格把控和互学互助的氛围中，团队成员的齐心协力使本书最终得以顺利完成。参与本书写作的人员有（排名按照文章的先后顺序）：中山大学岭南（大学）学院曾燕、中山大学岭南（大学）学院黄晓迪、中山大学数学学院谢天、中山大学哲学系刘子吟、中山大学岭南（大学）学院曾庆霄、中山大学岭南（大学）学院曹一秋、中山大学岭南（大学）学院康思阳、中山大学数学学院吴宇轩、西安电子科技大学数学与统计学院曾毅、中山大学岭南（大学）学院李浩恩、中山大学岭南（大学）学院陈肖雄、中山大学哲学系李书萱、中山大学岭南（大学）学院杨波、中山大学岭南（大学）学院陈夙雨。

  本书的完成离不开许多人的帮助。首先，我们要感谢诸多学者、专家的帮助与指导。他们给出的意见与建议帮助我们更加完善和丰富了本书的内容。其次，我们要感谢中山大学周吉梅老师在本书的编辑过程中给予了我们莫大的帮助。再次，衷心感谢每一位团队成员的辛勤付出，没有他们，就不可能有本书的最终成稿。最后，特别感谢国家社会科学基金重大项目"数字普惠金融的创新、风险与监管研究"（编号18ZDA092）和广东省自然科学杰出青年基金项"时间不一致性投资决策问题的理论及保险时间应用研究"（批准号 2015A030306040）的资助。

  由于时间和水平有限，本书不足乃至谬误之处在所难免，敬请专家和各界同人提出宝贵意见。

曾　燕
2019 年 3 月 30 日